汉语作为第二语言教学丛书

作为第二语言的汉语概说

总主编　赵金铭
编　著　施春宏

图书在版编目(CIP)数据

作为第二语言的汉语概说/施春宏编著. —北京：北京大学出版社,2009.1
(汉语作为第二语言教学丛书)
ISBN 978-7-301-14727-6

Ⅰ.作… Ⅱ.施… Ⅲ.对外汉语教学－教学研究 Ⅳ.H195

中国版本图书馆CIP数据核字(2008)第191113号

书　　　名：作为第二语言的汉语概说
著作责任者：施春宏　编著
责 任 编 辑：沈　岚
标 准 书 号：ISBN 978-7-301-14727-6/H·2171
出 版 发 行：北京大学出版社
地　　　址：北京市海淀区成府路205号　100871
网　　　址：http://www.pup.cn
电 子 邮 箱：zpup@pup.pku.edu.cn
电　　　话：邮购部 62752015　发行部 62750672　编辑部 62752028
　　　　　　出版部 62754962
印　刷　者：世界知识印刷厂
经　销　者：新华书店
　　　　　　730毫米×980毫米　16开本　23印张　380千字
　　　　　　2009年1月第1版　2010年9月第2次印刷
定　　价：45.00元

未经许可，不得以任何方式复制或抄袭本书之部分或全部内容。
版权所有，侵权必究　举报电话：010－62752024
　　　　　　　　　　电子邮箱：fd@pup.pku.edu.cn

汉语作为第二语言教学丛书

总主编 赵金铭
（作者按姓氏笔画排列）
毛　悦　　　　　《汉语作为第二语言要素教学》
杜道明　　　　　《汉语作为第二语言教学文化概说》
张宁志　　　　　《汉语作为第二语言教学概论》
施春宏　　　　　《作为第二语言的汉语概说》
姜丽萍　　　　　《汉语作为第二语言课堂教学》
翟　艳　苏英霞　《汉语作为第二语言技能教学》

序

赵金铭

汉语正加快走向世界,越来越多的人有志于从事汉语作为第二语言教学工作。汉语作为第二语言教学是一门学科,是一种工作,更是一项国家和民族的崇高事业。什么样的人可以胜任教学工作,应有一个标准,须有一个准入证。于是2005年国家对外汉语教学领导小组办公室推出《汉语作为外语教学能力等级标准及等级大纲》(以下简称《大纲》,北京大学出版社,2005年6月出版)。该大纲依据公认的标准,从现代汉语、中国文化和汉语作为第二语言教学理论三大板块出发,分别为初、中、高级制定考试大纲,设计了样卷,并附有参考答案和评分标准。该大纲一经公布,有志于从事对外汉语教学和刚刚从事对外汉语教学的人都摩拳擦掌,跃跃欲试,希望通过考试,验证一下自己作为对外汉语教师是否合格。更多的人则希望获得教师资格证书,以便跻身于对外汉语教师行列。当时,北京大学出版社作了需求分析和市场调查,针对只有大纲,而尚无合适的考试参考用书的情况,不失时机,着手组织业内专家策划、论证,并开始编写复习考试指导用书。

话分两头,就在这一年7月,首届"世界汉语大会"召开,以此为契机,我国的对外汉语教学在继续深入做好来华留学生汉语教学工作的同时,开始更加注重"走出去",把目光转向汉语国际推广。这在我国对外汉语发展史上是一个历史的转折点,是里程碑式的转变。当我们真正"走出去",并置身于非母语的教学环境之中时,我们会发现自身的很多不足,有着诸多的不适应。我们会发现作为一个国际汉语教师无论是知识结构,教学组织与适应能力,跨文化交际能力,还是作为语言教师的基本素养,都有待完善和深化,甚至从某种意义上说,应该根据所在国的实际情况重新调整。这正是汉语加快走向世界之后,所面临的亟待解决的问题之一,即:改革和完善对外汉语教学专门人才培养体系,培养一大批适应汉语国际推广新形势需要的国内外从事汉语作为第二语言/外语教学和传播中华文化的专门人才。这种人才应该是具有熟练的汉语作为第二语言教学技能和良好的跨文化交际能力,能胜任多种教学任务的高层次、应用型、复合型专门人才。

于是,回过头来,再看《大纲》,虽也包括汉语作为第二语言教学技能训练的内容,诸如汉语作为第二语言教学课程设计、课堂教学、汉语作为第二语言教学法及主要流派、教材的编写和选择、测试与评估等,但还不够完备,不够具体,不够细致,不成体系。从样卷设计的内容来看,似更偏重于知识的测试。而作为一个能力考试,对第二语言教学技能的测试,则体现不够。尤其是作为外向型的教师,应具有较高的一种外语的应用能力,而作为一名教师,更必须具有教师所应具备的综合素质,这后两点,《大纲》竟告阙如。然而《大纲》"是中国推向世界的首部汉语作为外语教学能力的专业标准,是能力认定的依据。"(《大纲》前言)因此,改进迫在眉睫。我们迫切需要一套完善、科学、规范的国际汉语教师标准体系,这个体系能对从事国际汉语教学工作的教师的知识、能力和素质进行全面描述,能为国家汉语教师的培养、培训、能力评价和资格认证提供依据。我们欣喜地看到在《大纲》问世两年半之后,国家汉语国际推广领导小组办公室研制的《国际汉语教师标准》(以下简称《标准》,外语教学与研究出版社,2007年11月出版)正式出台,弥补了空缺。《标准》由5个模块组成:语言基本知识与技能;文化与交际;第二语言习得与学习策略;教学方法;教师综合素质。每个模块包含若干具体标准,标准下再设基本概念和基本能力。《标准》内容涵盖汉语作为第二语言教学的方方面面,突出能力的描述是其特色。制定标准,是为"高山仰止,景行行止",作为从业人员的规范,它本身不太容易操作。如何确定一个人是否达到标准,还得通过某种方法进行检测。检测,可以是知识的书面测试,也可以是教学行为的评定。不管怎么说,应试者总可以在《标准》的范围内进行准备。这就需要有以《标准》为依据的汉语作为第二语言教学参考用书。

北京大学出版社一直十分关注汉语作为第二语言教学师资培养与教师培训用书的出版,当《标准》面世之后,立即组织业内人士讨论、论证,策划编写一套以《标准》为标杆的教师学习、考试用书。这套《汉语作为第二语言教学丛书》(以下简称《丛书》)便是应时而生。《丛书》按照《标准》进行设计,力求涵盖《标准》所涉及的各门类的主要内容。《丛书》总主编为赵金铭,共计6册,计为:

《作为第二语言的汉语概说》(施春宏编著)

《汉语作为第二语言要素教学》(毛悦编著),以上两册对应"语言知识与技能"模块;

《汉语作为第二语言教学文化概说》(杜道明编著)对应"文化与交际"模块;

《汉语作为第二语言教学概论》(张宁志编著)

《汉语作为第二语言技能教学》(翟艳、苏英霞编著)

《汉语作为第二语言课堂教学》(姜丽萍编著),以上三册交叉对应"第二语言习得与学习策略"和"教学方法"两个模块。

《丛书》不仅是作为将来国际汉语教师资格考试的参考用书,也是已从事国际汉语教学和将要从事国际汉语教学的人提升自己和自修的必备教材。所以这套《丛书》的读者对象为下列三类人:一是拟准备参加未来的国际汉语教师资格认定考试,以获取资格证书的人,可把《丛书》作为复习考试的参考用书;二是非语言学、汉语、或外语出身的人,兴趣所在,将来有志于从事国际汉语教学工作,可把《丛书》作为入门自学的教材;三是已进入国内对外汉语教师队伍,深感一旦"走出去",还要不断提升自己,全面提高个人学养,《丛书》可作为汉语教师进修教材。

为达到上述目的,《丛书》的编写原则为:一是多采用一般性、通用的理论,注重带有规律性的结论。无论是语言理论、语言教学理论还是语言学习理论,都取已形成共识的观点。个人的不成熟的具有创新意义的意见一般不作重点阐述。二是理论与实践密切结合,注重教学技能的培养。以教学实例阐释教学原理,用案例证实学习规律。不尚空谈,授人以"渔"。三是照顾到国内外不同的教学与学习环境。各国各地教学理念不同,外语教学传统各异,应因地制宜,采用灵活、多变的教学策略。

《丛书》一改过去依据考试大纲编写参考书的做法,而是从知识结构的需求,技能训练的标准出发,思考一个国际汉语教师所应具备的知识与技能。所以,不管以后考试大纲如何编写,万变不离其宗,《丛书》终可作为学习、备考、提升的有用的参考书。

兹略述《丛书》编写的来龙去脉,读者对象,编写原则,实用范围,不过是亮明我们的初衷。《丛书》的价值到底如何,还是使用者最有发言权。俗话说,"褒贬是买家"。还望广大读者,不吝指正,以便编者择善而从,不断修改,使其日臻完善。

2008 年 10 月 5 日

前 言

　　本书是为汉语作为第二语言教与学而编写的现代汉语教材,对现代汉语语音、词汇、语法和汉字的基本知识做了较为系统的阐述,目的是帮助学习者理解和掌握现代汉语基本知识,提高分析汉语语言现象、运用汉语进行交际的能力,为更好地运用汉语、从事汉语作为外语教学工作打好基础。

　　本书的使用对象主要是已经从事或将要从事汉语作为外语教学的教师和准教师,以及将汉语作为第二语言学习与交际的学习者。这样,本书的使用者既包括母语为汉语的人,又包括母语为非汉语的人。无论是以哪一种语言为母语的使用者,他们都是将汉语作为一门外语来教与学的。这就要求本书必须考虑两个视角:汉语知识的学习者和汉语知识的传授者。

　　由于本书是一本教学、考试用书和自学用书,这就要求我们尽可能介绍通行的说法,有时还需要根据教与学的实际情况在各家说法中有所折中。然而,正是基于使用对象的特殊性以及由此而确立的实用为本的编写原则,本书跟目前通行的现代汉语教材在知识结构、内容编排和编写思路上便有相当的不同,除了系统而简明地介绍了现代汉语基本知识外,更加突出汉语作为第二语言教与学的特殊要求,有重点、有层次地指出汉语作为第二语言教与学过程中存在的种种特殊情况。尤其是在汉语作为第二语言教与学中比较容易出现差错的地方,叙述得比较充分,同时在剖析特殊现象时注重分析方法或策略上的启发。如语音部分在说明语流音变时,注重音变过程的操作说明;在介绍汉语拼音方案时,对拼音符号和实际读音之间的关系作了比较细致地说明。又如词汇部分编入了一般教材不怎么涉及但新近引起重视的易混淆词方面的内容;对词义结构关系的说明渗透在整个章节中。再如语法部分在介绍词类知识时,编写得比较详细,但又不是单纯地列举各类词的特征,而是重在特殊和疑难之处(如名词做谓语、动态助词"了"、介词跟方位词的配合使用等)的梳理;在分析句子的类型(尤其是"把"字句、"被"字句等的结构和功能这类汉语"老大难"问题)时,特别注重从可操作性角度来安排叙述的角度和分析的策略,并由此推出可信而适用的结论。还如汉字部分的笔画数的计算问题,在通行的现代汉语教材中一般是不必讲解的,而从母语为非汉语者识记汉字、书写汉字、查检工具书的角度考虑,则需要说明,于是我们介绍了计算笔画数的基本规则及书写规范。这些内容都重在理解和运用,而不是单纯的记忆。有些前后有交叉的内容,则采取参看的方式来处理。我们觉得这样的安排更符合学习和认知的过程。同时,本书在充分讲解各个知识点的同时,有意识地通过语言类型比较来突出汉语的个性以及跟其他语言的共性,帮助学习者在学完现代汉语基本知识之后能够比较容易地感知到现代汉语各个方面或大或小的特点。如汉语具有显著的话题特征,这是汉语跟印欧语言相区别的一个突出之处,理解和掌握汉语的话题表达方式是学会"地道"汉语的一个重要方面,而一般教材对此不够重视,本书则在很多相关之处做了比较充分的说明。另外,本书比较重视对语言学习(习得)过程中产生的偏误现象的分析。我们特别关注共性和个性、原则和规则、规律和例外、通例和特例之间的关系在语言现象中的体现。当然,限于篇幅,很多地方都没有展开。

在编写过程中,本书特别注重语言学新理论、新方法对分析汉语现象、认识交际本质的启发作用,特别注重语言学和语言教学研究新成果的吸收和运用。除了积极吸收汉语作为外语教学(对外汉语教学)和第二语言习得的研究成果外,还积极吸收现代语言学理论的最新成果并力图将其深入浅出地融会在汉语知识的讲解中。如我们在讲解语音知识时吸收了节律音系学、韵律音系学等的新认识,在讲解词汇和语法知识时渗透了功能语言学(包括认知语言学、话语语言学)、语言类型学、生成语言学、韵律语言学、比较语言学、应用语言学等的新看法,在讲解汉字时注意到了现代汉字学的新进展,尤其是汉字构形学、字用学等的新见解。同时,还融入了我们的实践和思考。在力求准确描写现代汉语中的语言现象时,我们还试图给出一定的解释,并在语言观和方法论上作出启发性的说明。可以这样说,本书虽是一本针对特定对象的教学、考试用书和自学用书,但在梳理、介绍、选择、拓展之中渗透了我们对语言的本质、交际的本质、语言的结构和功能、语言分析的观念和方法等方面的认识。因此在全书的框架设定、内容的选择和安排以及具体语言现象的分析等方面都体现了某些新追求。如何在介绍传统的语言知识过程中展示现代语言学和语言教学、语言应用的最新发现,是我们着意探索的地方。另外,近年来,语言学界和教育界已经注意到国别化问题在汉语作为外语教学(如对外汉语教学、国际汉语教育)中的地位和作用,有不少学者为此做了很深入的专题研究。实际上,这是传统的"因材施教"理念和方式在新的形势背景下的拓展。但如何做好国别化教学,目前尚处于探索阶段,其中很重要的一项措施就是使教材国别化。本书虽不是专门针对某个国家、某个地区或某种语言、某个民族而编写的,但对国别化以至语别化、族别化的编写理念也有所尝试。编写完这本书,笔者深切地感受到,编写教材的过程就是重新学习和继续研究的过程。几年的编写经历告诉编者:语言的伟大、精妙、系统远远超出我们的理解能力;要想做语言(学)教师,首先要做语言的学生。

  本书在语言学术语的安排上也有特殊考虑。凡是对语言学知识稍有接触的人都知道,语言学的术语相当繁多,术语之间的关系又比较复杂。本书在编写过程中尽可能注意到术语的层级和统一。在教学中我们深切地感受到,只有比较好地处理术语的层次,才能更加突出知识结构的层次性,更加方便学习者对汉语知识的感知和掌握。因此,我们尽量不用后文才解释的术语来说明前文的问题,如果不能避免就尽可能用参看的方式标注出来。另外,在语言学界,一个概念有多个术语名称的现象比较普遍。如果只介绍一种术语,不利于读者进一步阅读其他语言(学)教材和论著;而如果不分主次或前后不一致,又徒然增加读者的负担。所以,本书尽可能采用语言学界比较通行的术语,对所指相同而名称不同的常用术语用"也叫"的方式注明。为醒目起见,书中比较重要的术语都用黑体字标出。需要提及的是,通行的某些教材中对个别术语的内涵或术语之间关系的认识得不够到位,本书则根据学界的最新见解做了调整,如对"新词"的理解、对"本义"和"基本义"关系的说明,又如将一般所谓的"旧词的消亡"调整为"旧词的隐现"等。我们认为,这种认识更合乎语言及语言交际的事实。

  本书举例比较丰富。面向汉语背景的学习者,举例可以少一些,而对非汉语背景的学习者,尤其是主要靠自学来理解现代汉语的人,举例丰富而类型多样是有好处的。同时,我们特别注意用例本身的语言学之外的价值。本书还为每节编写了进一步思考与检测的练习,并对大部分题目拟定了参考答案。

  总之,我们努力将本书编成一本系统、简明、实用而又有新见的汉语作为第二语言的现代汉语教材,而不是单纯的现代汉语读物或考试辅导用书。我们希望它不但能满足学习者掌握知识和参加考试的需要,同时还能进一步帮助学习者有效提高观察、分析、解释语言现象的能力和运用语言的水平。

  最后说一下本书的编写情况。本书自 2004 年 5 月开始编写,数易其稿,至今已四年有余。本丛书总主编赵金铭教授指导了全书的编写工作,并审阅了书稿。北京大学的陆俭明教授和袁毓林教授、中国传媒大学的于根元教授等给了笔者很多指教。北京语言大学的同事们热情解答了笔者在编写过程中遇到的各种问题。北京语言大学的学生白鸽、蔡淑美、丁强、范晓蕾、付翠、黄理秋、李艳、唐瑜、杨慧君、姚倩、岳凌、张春华在读研究生或本科生期间阅读了不同阶段的书稿,对本书的具体内容提出了很多极具建设性的建议和意见。另外,笔者在北京语言大学、清华大学、哈尔滨工业大学、香港中文大学(专业进修学院)、泰国易三仓大学(曼谷学院)等高校教过众多类型的课程班、培训班和研修班,如课程与教学论专业对外汉语教学课程、对外汉语教学法证书课程、对外汉语教师资格考试、汉语作为外语教学能力考试、国际汉语教育课程、国际汉语教师培训、国际汉语教师资格考试等,本书的很多内容都渗透在教学过程中。有些内容甚至渗透在硕士生的教学过程中。师生的互动使我受益匪浅,使编写过程更加坚实。在此,谨向所有给我以指导和帮助的老师、同事、学生、读者表示诚挚的谢意。

这里还要特别感谢北京大学出版社汉语与语言学编辑部的沈浦娜主任和沈岚老师的不断鼓励和辛勤编辑。

需要说明的是,本书在编写过程中,参考了很多语言学前辈和时贤的观点,由于体例所限,未能在书中注明,参考文献也只是列出了所参考的部分中文著作、论文集、教材和工具书,大量的学术论著未能列出,这是特别遗憾的事情。这里谨致无限谢意和歉意。

由于笔者能力所限,书中肯定有不少地方做得还不甚到位,欢迎读者在使用过程中提出宝贵的意见和建议。通讯地址是:100083 北京市海淀区学院路 15 号北京语言大学对外汉语研究中心(施春宏收),电子信箱是:qingyangshi@sina.com。我们将根据您的意见做进一步的修订。

施春宏

2008 年国庆前夕

于哈佛燕京图书馆

目 录

绪言 汉语概述 ··· 1

第一章 语音 ·· 5
 第一节 概述 ·· 5
  一、语音的性质 ·· 5
   (一)语音的物理属性 ·· 5
   (二)语音的生理属性 ·· 7
   (三)语音的社会属性 ·· 9
  二、语音的基本概念 ·· 10
   (一)音节 ··· 10
   (二)音素 ··· 10
   (三)元音和辅音 ·· 11
   (四)声母、韵母、声调 ··· 11
  三、现代汉语语音的特点 ·· 12
   (一)辅音的特点 ·· 12
   (二)元音的特点 ·· 13
   (三)声调的特点 ·· 13
  四、汉语拼音方案 ··· 13
   (一)汉语拼音方案的基本内容 ······························· 13
   (二)汉语拼音方案的优点 ····································· 15
   (三)汉语拼音方案的用途 ····································· 16
   [附]国际音标 ·· 16

 【思考与检测一】 ·· 18
 第二节 声母 ·· 19
  一、声母的发音 ·· 19
   (一)声母的发音部位 ·· 19

（二）声母的发音方法 ·· 20
　二、普通话声母总表 ·· 21
　三、声母和辅音的关系 ·· 23
　四、声母辨正 ·· 23

【思考与检测二】 ·· 27

第三节　韵母 ·· 28
　一、韵母的分类 ·· 28
　　　（一）韵母的结构分类 ··· 28
　　　（二）韵母的四呼分类 ··· 29
　二、单元音韵母的发音 ·· 31
　　　（一）舌面元音单韵母的发音 ······································· 31
　　　（二）舌尖元音单韵母的发音 ······································· 34
　　　（三）卷舌元音单韵母的发音 ······································· 34
　三、复元音韵母的构成及其发音 ·· 35
　　　（一）前响复元音韵母 ··· 35
　　　（二）后响复元音韵母 ··· 36
　　　（三）中响复元音韵母 ··· 36
　四、鼻音韵母的构成及其发音 ·· 36
　　　（一）前鼻音韵母（舌尖鼻音韵母） ································· 36
　　　（二）后鼻音韵母（舌根鼻音韵母） ································· 37
　五、元音的发音变化 ·· 38
　　　（一）a 的发音变化及其出现的语音条件 ····························· 38
　　　（二）o 的发音变化及其出现的语音条件 ····························· 39
　　　（三）e 的发音变化及其出现的语音条件 ····························· 39
　　　（四）i 的发音变化及其出现的语音条件 ····························· 40
　　　（五）u 的发音变化及其出现的语音条件 ····························· 40
　　　（六）ü 的发音变化及其出现的语音条件 ···························· 40
　六、韵母和元音的关系 ·· 41
　七、韵母辨正 ·· 41

【思考与检测三】 ·· 43

第四节　声调 ·· 44
　一、声调的性质 ·· 45
　二、调值、调型和调类 ·· 45

三、普通话的四声 ………………………………………………… 47
　　四、声调辨正 ……………………………………………………… 48
【思考与检测四】 ………………………………………………………… 50
第五节　音节 …………………………………………………………… 51
　　一、汉语音节的结构 ……………………………………………… 51
　　　（一）汉语音节的构成方式 …………………………………… 51
　　　（二）汉语音节的结构类型 …………………………………… 52
　　二、普通话声韵调的配合规律 …………………………………… 53
　　三、普通话音节的拼写规则 ……………………………………… 55
【思考与检测五】 ………………………………………………………… 58
第六节　语流音变 ……………………………………………………… 58
　　一、轻声 …………………………………………………………… 59
　　　（一）轻声的性质 ……………………………………………… 59
　　　（二）轻声的调值 ……………………………………………… 59
　　　（三）轻声的作用 ……………………………………………… 60
　　　（四）轻声的规律 ……………………………………………… 61
　　二、儿化 …………………………………………………………… 63
　　　（一）儿化的性质 ……………………………………………… 63
　　　（二）儿化的作用 ……………………………………………… 64
　　　（三）儿化韵的发音规律 ……………………………………… 65
　　三、变调 …………………………………………………………… 66
　　　（一）上声的变调 ……………………………………………… 66
　　　（二）"一""不"的变调 ………………………………………… 68
【思考与检测六】 ………………………………………………………… 70

第二章　词汇 …………………………………………………………… 73
　第一节　概述 …………………………………………………………… 73
　　一、什么是词汇 …………………………………………………… 73
　　二、词汇单位 ……………………………………………………… 74
　　　（一）词 ………………………………………………………… 74
　　　（二）固定短语 ………………………………………………… 75
　　　（三）语素 ……………………………………………………… 76
　　　（四）词、语素与汉字的关系 ………………………………… 77

【思考与检测一】 ………………………………………………………… 79
第二节　汉语词的构造 ………………………………………… 79
　　一、单音词和复音词 ……………………………………………… 80
　　二、单纯词和合成词 ……………………………………………… 80
　　　（一）单纯词 …………………………………………………… 80
　　　（二）合成词 …………………………………………………… 82
　　三、词根和词缀 …………………………………………………… 82
　　　（一）词根 ……………………………………………………… 82
　　　（二）词缀 ……………………………………………………… 83
　　四、合成词的构成方式 …………………………………………… 85
　　　（一）复合式 …………………………………………………… 85
　　　（二）附加式 …………………………………………………… 86
　　　（三）重叠式 …………………………………………………… 87
　　五、合成词的层次 ………………………………………………… 88
　　六、简称 …………………………………………………………… 89
　　　（一）简称的方式 ……………………………………………… 89
　　　（二）简称的词化 ……………………………………………… 91

【思考与检测二】 ………………………………………………………… 92
第三节　词义 ……………………………………………………… 93
　　一、什么是词义 …………………………………………………… 93
　　二、词义的性质 …………………………………………………… 94
　　　（一）词义的概括性 …………………………………………… 94
　　　（二）词义的模糊性 …………………………………………… 94
　　　（三）词义的民族性 …………………………………………… 95
　　三、词义的构成 …………………………………………………… 96
　　　（一）理性义 …………………………………………………… 96
　　　（二）色彩义 …………………………………………………… 96
　　四、单义词、多义词和同音词 …………………………………… 99
　　　（一）义项 ……………………………………………………… 99
　　　（二）单义词 …………………………………………………… 100
　　　（三）多义词 …………………………………………………… 101
　　　（四）同音词 …………………………………………………… 104

【思考与检测三】 ………………………………………………………… 105

第四节 同义词和反义词 ……………………………………………… 108
一、同义词 …………………………………………………………… 108
(一) 什么是同义词 ……………………………………………… 108
(二) 同义词的类型 ……………………………………………… 109
(三) 同义词的辨析 ……………………………………………… 110
(四) 同义词的辨析步骤 ………………………………………… 115
(五) 易混淆词的问题 …………………………………………… 115
二、反义词 …………………………………………………………… 117
(一) 什么是反义词 ……………………………………………… 117
(二) 反义词的类型 ……………………………………………… 117
(三) 反义词的对应关系 ………………………………………… 118

【思考与检测四】 ……………………………………………………… 119

第五节 汉语词汇的构成 …………………………………………… 120
一、基本词汇 ………………………………………………………… 120
(一) 基本词汇的内涵和范围 …………………………………… 120
(二) 基本词汇的特点 …………………………………………… 122
二、一般词汇 ………………………………………………………… 123
(一) 一般词汇的内涵和范围 …………………………………… 123
(二) 新词和古语词 ……………………………………………… 124
(三) 方言词和外来词 …………………………………………… 125
(四) 行业语 ……………………………………………………… 128
三、熟语 ……………………………………………………………… 129
(一) 熟语的内涵 ………………………………………………… 129
(二) 成语 ………………………………………………………… 129
(三) 惯用语 ……………………………………………………… 131
(四) 歇后语 ……………………………………………………… 131

【思考与检测五】 ……………………………………………………… 132

第六节 汉语词汇的发展变化 ……………………………………… 133
一、新词的产生 ……………………………………………………… 134
(一) 对新词的理解 ……………………………………………… 134
(二) 新词的产生途径 …………………………………………… 135
二、旧词的隐现 ……………………………………………………… 136
(一) 旧词的隐退 ………………………………………………… 136

　　　　（二）旧词的复现 ·· 137
　　三、词义的演变 ··· 137
　　　　（一）词义的扩大 ·· 138
　　　　（二）词义的缩小 ·· 138
　　　　（三）词义的转移 ·· 138

【思考与检测六】 ·· 139

第三章　语法 ·· 140

第一节　概述 ·· 140

　　一、什么是语法 ··· 140
　　二、语法单位 ·· 141
　　　　（一）语素 ·· 142
　　　　（二）词 ·· 142
　　　　（三）短语（词组） ·· 142
　　　　（四）句子 ·· 143

【思考与检测一】 ·· 143

第二节　句子成分 ·· 144

　　一、句子成分的内涵 ·· 144
　　二、句子的一般成分 ·· 145
　　　　（一）主语和谓语 ··· 146
　　　　（二）述语和宾语 ··· 146
　　　　（三）中心语和修饰语 ··· 147
　　三、句子的特殊成分 ·· 150

【思考与检测二】 ·· 151

第三节　汉语词类（上）——实词 ·· 151

　　一、词类及其划分依据 ··· 151
　　二、名词 ·· 154
　　　　（一）名词的主要语法功能 ·· 154
　　　　（二）名词的分类 ··· 156
　　　　（三）时间词、处所词、方位词 ··· 157
　　三、动词 ·· 159
　　　　（一）动词的主要语法功能 ·· 160
　　　　（二）及物动词和不及物动词 ··· 160

（三）动词的特殊小类 …………………………………… 161
　　（四）动词的重叠 ………………………………………… 162
　　（五）离合词问题 ………………………………………… 163

四、形容词 …………………………………………………………… 165
　　（一）形容词的主要语法功能 …………………………… 165
　　（二）形容词的基本类别 ………………………………… 165
　　（三）形容词的重叠 ……………………………………… 167

五、区别词 …………………………………………………………… 168
　　（一）什么是区别词 ……………………………………… 168
　　（二）区别词的语法功能 ………………………………… 168

六、数词 ……………………………………………………………… 169
　　（一）数词的语法功能 …………………………………… 169
　　（二）数词的分类及其称数法 …………………………… 170
　　（三）概数的表示方法 …………………………………… 171
　　（四）"二"和"两" ……………………………………… 171
　　（五）"俩"和"仨" ……………………………………… 172

七、量词 ……………………………………………………………… 172
　　（一）量词的语法功能 …………………………………… 172
　　（二）量词的分类 ………………………………………… 173
　　（三）数量词的语法功能 ………………………………… 175
　　（四）量词和名词的搭配 ………………………………… 175
　　（五）量词及数量词的重叠 ……………………………… 177
　　（六）时间量的表达问题 ………………………………… 177

八、代词 ……………………………………………………………… 178
　　（一）代词的分类 ………………………………………… 178
　　（二）代词的语法功能 …………………………………… 178
　　（三）代词的活用 ………………………………………… 179

九、副词 ……………………………………………………………… 180
　　（一）副词的语法功能 …………………………………… 181
　　（二）副词的分类 ………………………………………… 182
　　（三）副词的位置与表达 ………………………………… 183

十、拟声词 …………………………………………………………… 183

【思考与检测三】 ……………………………………………………… 184

第四节　汉语词类(下)——虚词 … 185
一、介词 … 186
(一) 介词的语法功能 … 186
(二) 介词的分类 … 186
二、连词 … 187
(一) 连词的语法功能 … 188
(二) 连词的分类 … 188
三、助词 … 189
(一) 助词的语法功能 … 189
(二) 助词的分类 … 189
四、语气词 … 195
(一) 语气词的特点 … 195
(二) 语气词的分类 … 195
五、叹词 … 197

【思考与检测四】 … 198

第五节　短语 … 201
一、什么是短语 … 201
二、基本短语类型 … 202
(一) 主谓短语 … 202
(二) 述宾短语 … 203
(三) 联合短语 … 203
(四) 偏正短语 … 204
(五) 述补短语 … 205
三、特殊短语类型 … 207
(一) 连谓短语 … 207
(二) 兼语短语 … 208
(三) 复指短语 … 208
四、其他短语类型 … 209
(一) 方位短语 … 209
(二) 介宾短语 … 209
(三) "的"字短语 … 209
五、层次分析法 … 210
(一) 复杂短语的层次性 … 210

（二）层次分析法及其分析程序 ⋯⋯⋯⋯⋯⋯⋯⋯⋯⋯⋯⋯⋯⋯⋯ 211
　六、句子成分分析法 ⋯⋯⋯⋯⋯⋯⋯⋯⋯⋯⋯⋯⋯⋯⋯⋯⋯⋯⋯⋯⋯⋯ 213
　　　（一）句子成分分析法的内涵 ⋯⋯⋯⋯⋯⋯⋯⋯⋯⋯⋯⋯⋯⋯⋯⋯ 214
　　　（二）中心成分和附加成分 ⋯⋯⋯⋯⋯⋯⋯⋯⋯⋯⋯⋯⋯⋯⋯⋯⋯ 214
　　　（三）句子成分分析法的分析程序 ⋯⋯⋯⋯⋯⋯⋯⋯⋯⋯⋯⋯⋯⋯ 214

【思考与检测五】 ⋯⋯⋯⋯⋯⋯⋯⋯⋯⋯⋯⋯⋯⋯⋯⋯⋯⋯⋯⋯⋯⋯⋯⋯ 216

第六节　句子的类型 ⋯⋯⋯⋯⋯⋯⋯⋯⋯⋯⋯⋯⋯⋯⋯⋯⋯⋯⋯⋯⋯ 218
　一、句子的结构类型 ⋯⋯⋯⋯⋯⋯⋯⋯⋯⋯⋯⋯⋯⋯⋯⋯⋯⋯⋯⋯⋯⋯ 218
　　　（一）单句和复句 ⋯⋯⋯⋯⋯⋯⋯⋯⋯⋯⋯⋯⋯⋯⋯⋯⋯⋯⋯⋯⋯ 218
　　　（二）单句的结构类型 ⋯⋯⋯⋯⋯⋯⋯⋯⋯⋯⋯⋯⋯⋯⋯⋯⋯⋯⋯ 219
　二、句子的语气类型 ⋯⋯⋯⋯⋯⋯⋯⋯⋯⋯⋯⋯⋯⋯⋯⋯⋯⋯⋯⋯⋯⋯ 222
　　　（一）陈述句 ⋯⋯⋯⋯⋯⋯⋯⋯⋯⋯⋯⋯⋯⋯⋯⋯⋯⋯⋯⋯⋯⋯⋯ 222
　　　（二）疑问句 ⋯⋯⋯⋯⋯⋯⋯⋯⋯⋯⋯⋯⋯⋯⋯⋯⋯⋯⋯⋯⋯⋯⋯ 223
　　　（三）祈使句 ⋯⋯⋯⋯⋯⋯⋯⋯⋯⋯⋯⋯⋯⋯⋯⋯⋯⋯⋯⋯⋯⋯⋯ 225
　　　（四）感叹句 ⋯⋯⋯⋯⋯⋯⋯⋯⋯⋯⋯⋯⋯⋯⋯⋯⋯⋯⋯⋯⋯⋯⋯ 225
　三、句子的特征类型 ⋯⋯⋯⋯⋯⋯⋯⋯⋯⋯⋯⋯⋯⋯⋯⋯⋯⋯⋯⋯⋯⋯ 226
　　　（一）"是"字句 ⋯⋯⋯⋯⋯⋯⋯⋯⋯⋯⋯⋯⋯⋯⋯⋯⋯⋯⋯⋯⋯⋯ 226
　　　（二）"是……的"句 ⋯⋯⋯⋯⋯⋯⋯⋯⋯⋯⋯⋯⋯⋯⋯⋯⋯⋯⋯⋯ 228
　　　（三）"有"字句 ⋯⋯⋯⋯⋯⋯⋯⋯⋯⋯⋯⋯⋯⋯⋯⋯⋯⋯⋯⋯⋯⋯ 230
　　　（四）"把"字句 ⋯⋯⋯⋯⋯⋯⋯⋯⋯⋯⋯⋯⋯⋯⋯⋯⋯⋯⋯⋯⋯⋯ 231
　　　（五）被动句 ⋯⋯⋯⋯⋯⋯⋯⋯⋯⋯⋯⋯⋯⋯⋯⋯⋯⋯⋯⋯⋯⋯⋯ 234
　　　（六）存现句 ⋯⋯⋯⋯⋯⋯⋯⋯⋯⋯⋯⋯⋯⋯⋯⋯⋯⋯⋯⋯⋯⋯⋯ 236
　　　（七）比较句 ⋯⋯⋯⋯⋯⋯⋯⋯⋯⋯⋯⋯⋯⋯⋯⋯⋯⋯⋯⋯⋯⋯⋯ 238

【思考与检测六】 ⋯⋯⋯⋯⋯⋯⋯⋯⋯⋯⋯⋯⋯⋯⋯⋯⋯⋯⋯⋯⋯⋯⋯⋯ 240

第七节　复句 ⋯⋯⋯⋯⋯⋯⋯⋯⋯⋯⋯⋯⋯⋯⋯⋯⋯⋯⋯⋯⋯⋯⋯⋯⋯ 243
　一、复句及其关联词语 ⋯⋯⋯⋯⋯⋯⋯⋯⋯⋯⋯⋯⋯⋯⋯⋯⋯⋯⋯⋯⋯ 243
　　　（一）什么是复句 ⋯⋯⋯⋯⋯⋯⋯⋯⋯⋯⋯⋯⋯⋯⋯⋯⋯⋯⋯⋯⋯ 243
　　　（二）复句中的关联词语 ⋯⋯⋯⋯⋯⋯⋯⋯⋯⋯⋯⋯⋯⋯⋯⋯⋯⋯ 243
　二、复句的类型 ⋯⋯⋯⋯⋯⋯⋯⋯⋯⋯⋯⋯⋯⋯⋯⋯⋯⋯⋯⋯⋯⋯⋯⋯ 245
　　　（一）联合复句 ⋯⋯⋯⋯⋯⋯⋯⋯⋯⋯⋯⋯⋯⋯⋯⋯⋯⋯⋯⋯⋯⋯ 245
　　　（二）偏正复句 ⋯⋯⋯⋯⋯⋯⋯⋯⋯⋯⋯⋯⋯⋯⋯⋯⋯⋯⋯⋯⋯⋯ 247
　三、多重复句和紧缩句 ⋯⋯⋯⋯⋯⋯⋯⋯⋯⋯⋯⋯⋯⋯⋯⋯⋯⋯⋯⋯⋯ 251
　　　（一）多重复句 ⋯⋯⋯⋯⋯⋯⋯⋯⋯⋯⋯⋯⋯⋯⋯⋯⋯⋯⋯⋯⋯⋯ 251

（二）紧缩句 ·· 252
【思考与检测七】 ·· 253
第八节　常见语法偏误分析 ·· 255
　　一、句子成分方面的偏误 ···································· 256
　　二、语序方面的偏误 ··· 258
　　三、句子层次和关联方面的偏误 ···························· 259
【思考与检测八】 ·· 261
第九节　现代汉语语法的特点 ····································· 262
　　一、汉语是话题特征显著的语言 ···························· 263
　　二、汉语没有严格意义的形态标志和形态变化 ··········· 265
　　三、汉语词类和句子成分之间不是一一对应的关系 ····· 266
　　四、汉语短语的构造规则和句子的构造规则基本一致 ·· 267
【思考与检测九】 ·· 268

第四章　汉字 ··· 269
第一节　概述 ·· 270
　　一、汉字的性质 ··· 270
　　二、汉字的特点 ··· 271
　　三、汉字的作用 ··· 273
【思考与检测一】 ·· 274
第二节　汉字的构造和演变 ······································· 274
　　一、汉字的构造 ··· 274
　　　（一）笔画 ··· 274
　　　（二）部件 ··· 277
　　　（三）整字 ··· 281
　　二、汉字的书写规则 ··· 283
　　三、汉字形体的演变 ··· 286
　　　（一）汉字形体演变的过程 ······························· 287
　　　（二）汉字形体演变的规律 ······························· 289
【思考与检测二】 ·· 289
第三节　现代汉字的结构方式 ····································· 290
　　一、会意 ·· 291

二、形声 ··· 293
  （一）形声字的结构类型 ······························ 294
  （二）形旁和声旁的作用 ······························ 295
  （三）形声字常见形旁及其所表字义的类属 ············ 296
  （四）形旁和声旁的局限性 ···························· 297

【思考与检测三】 ·· 299

第四节　汉字的简化和使用 ························· 299

一、汉字的简化 ·· 299
  （一）繁体字和简化字 ································ 300
  （二）简化的方法 ···································· 300
  （三）掌握繁体字和简化字的对应关系 ················ 302

二、汉字的使用 ·· 304
  （一）错字和别字 ···································· 304
  （二）产生错别字的原因 ······························ 304
  （三）避免写错别字 ·································· 306

【思考与检测四】 ·· 306

第五节　常用汉语字典、字表及检字法 ············ 307

一、常用汉语字典 ······································ 307
二、常用字表 ·· 308
三、常用检字法 ·· 310
  （一）部首检字法 ···································· 310
  （二）笔画检字法 ···································· 311
  （三）音序检字法 ···································· 311

【思考与检测五】 ·· 312

主要参考文献 ·· 313
思考与检测答案 ·· 316

绪言　汉语概述

语言是人类最重要、最有效的交际工具和思维工具。语言存在于社会交际的过程中,它随着社会的产生而产生,随着社会的发展而发展。语言表达有口头和书面两种形式,书面表达是用文字写出来的语言表达形式。有了书面表达形式,语言的交际作用和思维作用就发挥得更加充分。

每种语言总是属于一定的民族的。虽然不同的民族可能使用不同的语言,也可能使用同一种语言,但一个民族总有一种用来交际的语言。汉民族用来交际的语言就是汉语。

汉语源远流长,它是随着汉民族的形成而逐渐发展起来的一种民族交际语。古代汉语跟现代汉语在语音、词汇、语法等方面都有不小的差异(记录汉语的汉字从古到今也有很大的变化)。现代汉语是在古代汉语的基础上形成和发展起来的,它是现代汉民族的共同交际语。

对于现代汉语,一般有两种理解。广义的现代汉语是指 20 世纪初以来的现代汉民族交际语,它包括现代汉民族全体成员共同使用的语言和不同地域使用的各种汉语方言。狭义的现代汉语就是指现代汉民族交际中全体成员共同使用的语言,也就是现代汉民族共同语——普通话。

本书所讲的现代汉语是狭义的现代汉语,即**现代汉民族共同语(普通话)**,它以**北京语音为标准音,以北方话为基础方言,以典范的现代白话文著作为语法规范**。这是现代汉民族共同语的基本内涵,也是确定现代汉民族共同语的三项标准。其实,绝大多数场合中,作为第二语言或外语来学习和讲授时中所说的汉语,都是指狭义的现代汉语,即普通话。

由于社会、历史、政治、经济、地理等方面原因,汉语在漫长发展过程中必然会在各个地区呈现出发展的不平衡现象,于是就形成了一些地域方言。中国地域广阔,人口众多,方言使用情况比较复杂,各方言之间在语音、词汇和语法等方面有许多明显差异。但每种方言内部在语音、词汇和语法上都具有特定的系统性,能够满足使用该方言的社会交际的需要。从另一方面看,各方言之间在语音上又具有比较整齐的对应规律,基本词汇大体相同,语法结构也基本一致。

人们根据汉语各个方言所具有的一些主要语言特征,划分出七大方言区,每个大方言区内部仍有差异。汉语七大方言区的分布情况大致如下:

1. 北方方言区

北方方言也叫北方话、官话,以北京话为代表。主要分布在长江以北地区,江苏镇江以西、江西九江以东的长江南岸沿江地带,四川、云南、贵州、湖北(东南角除外)等省,湖南西北角,广西西北部。使用人口约有8亿多,占汉族总人口的70%以上。北方方言是通行地域最广、使用人口最多的一种方言。

一般而言,民族共同语总是在一种方言的基础上发展而来的。普通话就是在汉语北方方言的基础上发展起来的。

2. 吴方言区

吴方言也叫江浙话,以上海话为代表。主要分布在上海,江苏长江以南镇江以东地区(不包括镇江),浙江大部分地区等。使用人口约占汉族总人口的8.4%。

3. 湘方言区

湘方言也叫湖南话,以长沙话为代表。主要分布在湖南大部分地区。使用人口约占汉族总人口的5%。

4. 赣方言区

赣方言也叫江西话,以南昌话为代表。分布在江西大部分地区(东北沿江地带和南部除外),湖北东南一带。使用人口约占汉族总人口的2.4%。

5. 客家方言区

客家方言以广东梅县(今梅州市)话为代表。主要分布在广东、广西、福建、江西、台湾等的部分地区,湖南、四川的少部分地区。使用人口约占汉族总人口的4%。华侨和华裔中有不少人说客家方言。

6. 闽方言区

闽方言内部分歧最大,相互之间往往不能通话。闽东、闽南、闽北、闽中、莆仙五个地区分别以福州话、厦门话、建瓯话、永安话、莆仙话为代表。主要分布在福建的大部分地区,广东、浙江的部分地区,海南和台湾的大部分地区。使用人口约占汉族总人口的4.2%。华侨和华裔中有不少人说闽方言。

7. 粤方言区

粤方言也叫广东话,以广州话为代表。分布在广东、广西的大部分地区以及香港、澳门特别行政区。使用人口约占汉族总人口的5%。华侨和华裔中有不少人说粤方言。

汉语方言之间的差异表现在语音、词汇、语法等各个方面,其中以语音的差异最为显著,其次是词汇,语法的差异较小。汉语方言的分区,目前主要是从语音方面考虑的。

汉语各方言跟普通话的差别有大有小。闽方言和粤方言跟普通话的差别最大,吴方言次之,客家方言、赣方言、湘方言跟普通话的差别要小一些。北方方言是普通话的基础方言,跟普通话的差别最小。现在,由于普通话的逐步推广,方言区的人一般能够听懂北方方言,但其他各个方言之间的语言交流则比较困难。

为了消除交际过程中的方言隔阂,促进社会的发展,中国政府一直在大力推广普通话。随着普通话的逐步普及和社会交往的加深,普通话的影响必然日益增强,这就势必影响到方言的使用。然而,必须明确的是,在方言地区推广普通话并不意味着要消灭方言。我们既尊重普通话作为汉民族共同语和全国通用语的地位,也重视方言的特定交际价值。

中国是一个多民族的国家,除汉族外,还有55个民族。由于汉语使用人口最多、使用区域最广,所以成为中国各民族之间的共同交际语。同时,汉语是联合国的六种工作语言之一(另外五种工作语言是英语、法语、俄语、西班牙语、阿拉伯语)。汉语在促进中华民族的形成和团结、维护国家统一、传播中国文化、促进国际交流等方面起着巨大的作用。学习汉语是打开一扇认识中国、促进交流的重要窗口。

第一章 语 音

第一节 概 述

一、语音的性质

语音是由人的发音器官发出来的表达一定意义的声音。

既然语音是一种声音,它就跟自然界的其他声音一样,都是由物体振动而产生的,因此具有所有声音所具有的物理属性。但是,语音又是一种特殊的声音,这种特殊性表现在两个方面。一是这种声音是由人的发音器官发出来的,因此语音具有生理属性。像风声鹤唳、虎啸雷鸣,它们不是人所发出来的,因此不能看作语音。二是这种声音要表达某种意义,声音和意义之间的联系必然要为使用该语言的交际群体理解和接受,因此语音具有社会属性。像感冒时的咳嗽声、婴儿的啼哭声也不能看作语音,因为它们虽然是人发出来的,但不表达交际中的某种意义。

下面分别从语音的物理属性、生理属性和社会属性三个方面来阐述语音的性质。

(一) 语音的物理属性

语音跟自然界的其他声音一样,具有音高、音强、音长、音色这四种要素。

1. 音高

音高指的是声音的高低,它决定于发音体振动的快慢(即频率)。在同一个时间里,振动的次数越多(即频率越高),声音就越高;振动的次数越少,声音就越低。声音的高低往往跟发音体的大小、长短、厚薄、粗细、松紧有关,大的、长的、厚的、粗的、松的物体振动频率低,发出的声音就低;反之发出的声音就高。弹过古筝吉他、拉过提琴的人都知道,不同的弦粗细不同,代表不同的音高;同一根弦,调紧一些,音就高些,调松一些,音就低些;调好弦后,无论用多大力气弹拉同一根弦,音高都没有什么变化。

就语音而言,声音的高低跟人声带的长短、厚薄、松紧有关。一般而言,女人跟男人相比,小孩跟成人相比,声带要短一些、薄一些,所以说话的声音要高一些。就同一个人而言,可以发出高低不同的声音,是因为人可以控制声带的松紧,声带绷紧,声音就高;声带放松,声音就低。

音高变化在一些语言的语音系统中有区别意义的作用,这主要体现在声调上。汉语是有声调的语言,声调的不同往往体现为意义的不同,如"好(hǎo)吃"和"好(hào)吃"的意义的不同就是由于音高的差别造成的。所以音高在汉语语音系统中的作用很大。这对母语中没有声调(如英语)的汉语学习者来说,是一个学习重点和难点。

2. 音强

音强指的是声音的强弱,它决定于发音体振动幅度的大小。声音的强弱跟振幅的大小成正比,振幅越大,声音越强;振幅越小,声音越弱。发音体振幅的大小取决于发音时用力的大小。比如同一根琴弦,长度和松紧都没变,但用力拉时声音就强,轻轻拉时声音就弱。又如用力擂门和轻轻敲门,听到的声音强弱也不同。

就语音而言,声音的强弱跟发音时呼出的气流对声带和其他发音器官冲击压力的大小有关。音强在语言系统中的作用主要体现在轻重音上。汉语一般不靠轻重音来区别词的意义,但有时也有区别意义的作用,如"自然(zìrán,指自然界)"和"自然(zìran,指不拘谨,不勉强)",第二个音节读成轻声和不读轻声,两个词的意义并不相同。而英语单词中的重音一般有固定的位置;有时重音位置不同,意义也不同,如"content(内容;内含物)"和"con'tent(满足;使满足)"是不同的词。

音高和音强不是一回事,两者之间没有对应关系。即声音高不一定就强,声音低不一定就弱。以弹钢琴为例,不同的琴键代表不同的音高,弹的时候无论用力大小,每个琴键的音高都不变,但音强有大小变化。

3. 音长

音长指的是声音的长短,它决定于发音体振动时间的长短。振动时间越长,声音越长;振动时间越短,声音越短。

普通话一般不靠声音长短来区别词的意义,而汉语有的方言中音长变化有区别词的意义的作用,如广州话中,"[sam](心)"和"[saːm](三)是完全不同的词。英语中长短音有区别意义的作用,如"sit[sit](坐)"和"seat[siːt](座位)"是不同的词。

4．音色

音色也叫**音质**，指的是声音的个性、特色。音色的不同主要决定于音波振动形式的差异。

音波振动形式的不同主要是由发音体、发音方法、共鸣器的形状这三个因素决定的。在这三个音素中，只要有一个不同，发出的音色就不同。

第一，发音体不同。比如小提琴的发音体是琴弦，口琴的发音体是簧片，尽管演奏的是同一高度的曲调，人们仍然能够听出哪种声音是小提琴发出的，哪种声音是口琴发出的，就是因为两种乐器的发音体不同而使它们各有自己的音色。对人发音而言，发音体就是声带，每个人的声带都有细微的差别，因此每个人的声音也就有所不同。

第二，发音方法不同。同一把小提琴，用弓拉和用手指弹拨，给人的音响感觉并不一样，就是因为发音方法不同而产生了不同的音色。普通话中 b 和 p 的发音不同，就是发音时呼出气流的强弱不同造成的；g 和 h 的发音不同，是因为 g 用爆发的方式发音，而 h 用摩擦的方式发音。

第三，共鸣器的形状不同。将两根完全相同的琴弦分别装在小提琴和二胡上（发音体相同），然后都用弓来拉（发音方法相同），演奏同一曲调，人们仍然能够听出哪种声音是小提琴发出的，哪种声音是胡琴发出的。这是因为小提琴的共鸣器是个扁平的音箱，而二胡的共鸣器是个短小的圆筒，两种乐器共鸣器的形状不同而使它们各有自己的音色。普通话元音 i 发音时嘴唇是展平的，元音 ü 发音时嘴唇是拢圆的，这种嘴唇形状的不同造成了口腔形状的差异，形成了不同的共鸣器，因而听上去是两个不同的音。我们在发音时，先发 i，然后将嘴唇逐渐拢圆，就能很清楚地听出这种声音变化，直至发出圆唇的 ü。

世界上的声音千变万化，任何声音都是音高、音强、音长、音色的统一体，因此都可以从上面四个方面来分析和辨认。其中，音色是不同的声音能够相互区别的最本质特征，其他三种要素的重要性在不同语言中并不完全相同。在汉语中，音高具有极为重要的作用，音强和音长是次要的。而在英语中，音强和音长是主要的，音高则没有区别意义的作用。

（二）语音的生理属性

语音是由人的发音器官发出来的，发音器官的活动部位不同，活动方式不同，就形成了不同的语音。了解发音器官的构造及其活动情况，就有助于我们弄清楚每个音的发音原理，提高准确发音和细微辨音的能力。

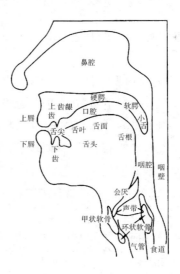

图 1　发音器官纵切面示意图

人类的发音器官可以分为三大部分(对照图1"发音器官纵切面示意图"来了解):

1．肺

肺是发音的动力器官。气流由肺部呼出后通过气管到达喉头,作用于声带,并经过咽腔、口腔、鼻腔等共鸣腔的调节,发出各种不同的声音。一般情况下语音都是利用呼出气流发出的,但是有些语言以及汉语的个别方言中也存在利用吸气发出个别音的情况。

肺呼出气流的压力大小跟语音的强弱直接相关,呼气量大,声音就强,呼气量小,声音就弱。我们发"爸爸(bàba)"时,前后两个音节的气流量差别较大,形成了重轻的差异。

2．声带

人类发音的振动体是喉头里的声带。喉头上通咽头,下连气管。声带位于喉头的中间,是由两片富有弹性的肌肉组成,可以拉紧或放松。两片声带之间的空隙叫声门,随着声带的拉紧或放松而关闭或打开。从肺部呼出的气流通过喉头时,如果声带放松,声门打开,声带不振动,这时发出的是**噪音**;如果声带靠拢,声门关闭,气流从声门的缝隙中挤出并振动声带,这时发出的是**乐音**。元音发音时都振动声带,所以都是乐音;辅音有的不振动声带(如普通话中的b、p),有的振动声带(如普通话中的m、n),所以既有噪音也有乐音。

声带和音高的关系最为密切。语音的高低决定于声带的张力和声带本身的状况。声带拉紧,声音就变高;声带放松,声音就变低。女性的声带比男性的要短而薄,所以一般要比男性声音高;小孩的声带更短更薄,所以声音又尖又细。小孩叫喊时,我们常常觉得特别刺耳,就是这个原因。

3. 声腔

声腔包括口腔、鼻腔、咽腔,是发音的共鸣器官。根据发音时参与的部位来划分,口腔上部可分为上唇、上齿、上齿龈、硬腭、软腭和小舌六个部位,口腔下部可分为下唇、下齿和舌头三个部位。其中舌头又可分为舌尖、舌叶、舌面,舌面又可进一步分为舌面前、舌面中、舌面后(习惯上也叫舌根)。舌头和软腭、小舌是能活动的发音器官。

口腔的后面是咽腔,咽腔上通鼻腔,下接喉头,是人类特有的共鸣腔。鼻腔和口腔靠软腭和小舌隔开。说话的时候,如果软腭和小舌上升堵住鼻腔,气流只能从口腔出去,这时声音只能在口腔中共鸣,这样的音就是**口音**。如果软腭和小舌下垂,口腔被阻塞,气流只能从鼻腔出去,这时声音只能在鼻腔中共鸣,这样的音就是**鼻音**。如果软腭和小舌居中,口腔和鼻腔都没有阻碍,气流可以同时从口腔和鼻腔出去,声音同时在口腔和鼻腔共鸣,这样的音就叫鼻化音(也叫半鼻音或口鼻音)。

(三)语音的社会属性

作为一种社会现象,语音跟一般声音的不同之处就在于,语音能够表达一定的意义。语音的社会属性主要表现在下面两个方面。

首先,可以从音和义之间的关系来看。一个声音表示什么意义,或者一个意义用什么声音来表示,并不是由这个声音或者意义本身来决定的。也就是说,音义之间的联系不是一种必然的联系,它实际上是由使用这种语言的群体约定俗成的。一旦某个音和某种意义之间的关系通过约定俗成固定下来,那么使用者就必须遵守这种规则,不能随意改变,否则交际就无法顺利完成。如普通话中用 běn 来指"把成沓的纸装订在一起的东西",使用时不能随意地用 tiān 或其他的声音来代替。

其次,可以从不同语言或方言之间语音系统的差异来看。各种语言或方言都有自己的语音系统。有的语言或方言中有某个音,而另一些语言或方言中没有。如英语中有[θ]、[ð]汉语普通话中没有;汉语普通话中有 j、q、x,英语中没有。有的语言或方言中某些音有对立关系,而另一些语言或方言没有。如汉语中有 b—p、d—t、g—k 等不送气音和送气音的对立,英语中没有;英语中塞音、擦音有清浊的对立,汉语普通话中没有。另外,有的语言或方言中某些音能够组合,而在另一些语言或方言中不能。如英语中辅音和辅音可以连在一起构成复辅音,汉语则不能。又如广州话中 g、k、h 可以跟 i、ü、iao、üan 之类的音相拼,而普通话中不能。

在语音的物理属性、生理属性和社会属性这三种属性之中,社会属性是语音的本质。从根本上看,语音的社会属性来自于语言的交际功能。

二、语音的基本概念

这里先简单介绍一下有关语音的几个基本概念。从第二节开始将从这样一些方面详细描写现代汉语语音系统的构成情况。

(一) 音节

音节是语流当中最自然的语音单位,也是听觉上最容易分辨出来的语音片断。音节是一个没有经过任何语音训练的人都能够听出的最小语音单位。比如让一个没有受过任何语音训练的人将他听到的"lǐxiǎngchǎnshēngqíjì"这个语音片断划分成更小的几个语音片断,他很容易就能划分出六个更小的语音片断来(lǐ、xiǎng、chǎn、shēng、qí、jì),这就是我们所说的音节。从生理上看,每发一个音节肌肉就会紧张一次。如发"xī'ān(西安)"时肌肉紧张两次,所以是两个音节;而发"xiān(先)"时肌肉只紧张一次,所以是一个音节。

汉字是用来记录汉语的。一般说来,一个汉字就代表一个音节。如上面的汉语拼音写下来就是"理想产生奇迹"六个汉字。但是,汉字毕竟只是书写单位,所以不能简单地根据记录语音的汉字来划分语音中的音节。也就是说,汉字和音节之间虽然基本上相对应,但也有个别例外现象,主要是儿化词的实际读音和书写的不一致问题。如"花儿",虽然写的是两个汉字,但实际上只代表一个音节"huār"。

(二) 音素

音素是从音色的角度切分出来的最小的语音单位。它是构成音节的最小单位或最小语音片段。

音节不是语音的最小单位。念一个音节时,如果把它念得慢一点就会发现,在这个音节的整个发音过程中发音部位会有明显的变化。如发"bin(宾)"这个音节,能明显地感觉到从开始的发音到收尾的发音,音色发生了变化。据此,我们就可以把"bin"这个音节再进一步切分为"b、i、n"这三个音。可见音节还可以切分成更小的单位。至于"b、i、n",不能再做进一步的分析了,这就是音素。所谓"素",就是指基本元素、基本要素,音素当然就是语音的基本元素。与此类似的是,词汇和语法中有"语素"(也叫"词素"),表示语法的基本单位;很多书上还提到"义素",表示语义的基本单位。

汉语的音节最少由一个音素构成,最多由四个音素构成。如"ā(啊)、tā(他)、tān(贪)、tiān(天)",就分别由一个、两个、三个、四个音素构成。注意,像"chuàng(创)"这样的音节也是由四个音素构成,其中的"ch、ng"都是用两个符号代表一个音素。

(三) 元音和辅音

音素内部的性质是有差异的,如我们发"a"时,声带振动,但气流在口腔中没有受到阻碍;发"p"时,声带不振动,但气流在口腔中受到阻碍;发"n"时,不但声带振动,气流还从鼻腔通过并发音。这样我们就有可能根据音素内部的性质差异将音素分成元音和辅音两大类。

元音是指气流通过口腔时不受发音器官阻碍而形成的音。如 a、o、e、i、u、ü 等。所有的元音都振动声带。

辅音是指气流通过口腔时受到发音器官阻碍而形成的音。如 b、p、t、n、x、zh 等。发辅音时,有的振动声带,有的不振动声带。

振动声带的音素叫浊音,不振动声带的音素叫清音。元音都是浊音;辅音中有的是浊音(如 m、n、l),有的是清音(如 b、p、t)。

元音和辅音的主要区别在于:

1. 气流是否在口腔受到阻碍。发元音时,气流通过口腔时不受阻碍;发辅音时,气流通过口腔时一定会受到某个发音部位的阻碍。这是元音和辅音最根本的区别。

2. 发音器官的紧张状况是否均衡。发元音时,发音器官各部位保持均衡的紧张状况;发辅音时,发音器官构成阻碍的部位特别紧张。

3. 气流的强弱。发元音时,气流比较弱;发辅音时,气流比较强。

4. 声带是否振动。发元音时,声带振动,声音比较响亮;发辅音时,声带不一定振动,声音一般不响亮。

(四) 声母、韵母、声调

根据汉语语音的特点,传统的汉语语音分析(即音韵学)把一个音节分析成声母和韵母两部分,还有一个贯穿整个音节的声调。这里先简单地做个介绍。

1. 声母

声母是指音节开头的辅音,即音节中位于元音前头的那个音素。如"kǎo(考)、

chá(查)"的声母分别是 k、ch。有的音节开头没有辅音,也就是说元音前头那部分音素是零,习惯上叫零声母。如"ā(阿)、ǒu(偶)、èr(二)"音节开头没有辅音,这种音节就叫做零声母音节。

2. 韵母

韵母指音节中声母后面的部分。如"tā(他)、xué(学)、mǐn(敏)、zhuàng(状)"的韵母分别是 a、üe、in、uang。有的韵母只由元音构成,如 a、üe;有的韵母由元音和辅音共同构成,如 in、uang。零声母音节只有韵母,如"è(饿)、ān(安)"的韵母就是 e、an。

声母和韵母跟辅音和元音并不是一回事。声母和韵母的区分是传统的汉语语音分析中的单位,是结构单位的名称,韵母内部还有结构,它不是单纯从音素的角度来考虑的;而元音和辅音的区分是现代语音分析(即普通语音学)中的单位,是语音的最小单位,它是从音素的角度来考虑的,可以用来分析所有语言的语音现象。

3. 声调

声调是指音节中具有区别意义作用的音高变化。例如"bà(爸)"念起来音高是从高到低的变化,"jué(决)"念起来音高是从低向高的变化。汉语中的这种变化形式就是声调。声调具有区别意义的作用,如"mā(妈)、má(麻)、mǎ(马)、mà(骂)"四个音节的声母和韵母都相同,而它们的意义不同,这种不同正是声调的差异造成的。

本书的现代汉语语音知识就是按照声母、韵母和声调以及由它们组成的音节这种传统的汉语语音分析的分类来介绍的。

三、现代汉语语音的特点

特点是通过比较而显示出来的。我们可以通过跟其他语言(如英语、德语、日语、韩国语等)语音的比较得出现代汉语语音的特点。下面就从辅音、元音和声调三个方面来说明现代汉语共同语(即普通话)语音的特点。

(一)辅音的特点

1. 现代汉语音节结构没有复辅音

充当现代汉语声母和出现于韵母中的辅音都是单个的辅音。在英语中,比如单词"street [striːt](街道)",在元音[iː]前有三个辅音音素[s]、[t]、[r]连在一起出现,而现代汉语中没有这样的组合形式。

2. 现代汉语中辅音有送气和不送气的区别

汉语中送气和不送气的差别能够起到区别意义的作用。如"pāo(抛)"和"bāo

(包)"中的 p 和 b,前者送气,后者不送气,构成音节后表示的意义不同。而英语中的送气和不送气不具有区别意义的作用,如"spring(春天)",其中的 p 念成送气音和不送气音,一般不会影响对这个词的意义的理解。

(二) 元音的特点

在汉语音节中,元音占优势。

一般说来,汉语音节可以没有辅音,但不能没有元音。在普通话中,除"m、n、ng、hm、hng"这几个可以表示叹词的特殊音之外(后两个更加特殊,无需了解),每个音节都有元音。而且,在韵母结构中,只有"n、ng"这两个辅音可以构成出现在某些韵母的结尾(如"en、ang"等),其他全部由元音构成(如"u、ia、ei、iou"等)。

(三) 声调的特点

汉语是一种有声调的语言,每个音节都有一个声调。

在汉语的音节结构中,声调具有区别意义的作用,因此是必不可少的语音成分。普通话中有四个声调,汉语方言声调有多有少,最少的有三个声调,多的达到十一二个。汉语中的每个字单念时都有确定的声调。在词语或句子当中,有的字可以念轻声,但这并不意味着这个字没有声调,这是因为字音在语流中发生了变化,把声调读得又轻又短。

正是由于汉语元音占优势,没有复辅音,同时每个音节都有一个声调,使得汉语音节与音节之间界限分明,结构形式比较整齐,同时富有高低升降的变化。这便形成了汉语节奏鲜明、音乐性强的特殊风格。

四、汉语拼音方案

为了给汉语记音和给汉字注音,从古到今人们采取过多种记音方法,如汉字记音、注音字母记音、拼音字母记音等。现在,通行最广的是"汉语拼音方案"。

(一) 汉语拼音方案的基本内容

汉语拼音方案是记录汉语普通话语音系统的一种记音方法,包括一套系统的记音符号。它于1958年由中华人民共和国第一届全国人民代表大会第五次会议批准公布,是国家法定的记音方法,也得到国际社会的认可。

汉语拼音方案的基本内容包括字母表、声母表、韵母表、声调符号、隔音符号等五个部分。

一、字母表

字母：	A a	B b	C c	D d	E e	F f	G g
名称：	ㄚ	ㄅㄝ	ㄘㄝ	ㄉㄝ	ㄜ	ㄝㄈ	ㄍㄝ
	H h	I i	J j	K k	L l	M m	N n
	ㄏㄚ	ㄧ	ㄐㄧㄝ	ㄎㄝ	ㄝㄌ	ㄝㄇ	ㄋㄝ
	O o	P p	Q q	R r	S s	T t	
	ㄛ	ㄆㄝ	ㄑㄧㄡ	ㄚㄦ	ㄝㄙ	ㄊㄝ	
	U u	V v	W w	X x	Y y	Z z	
	ㄨ	ㄪㄝ	ㄨㄚ	ㄒㄧ	ㄧㄚ	ㄗㄝ	

V 只用来拼写外来语、少数民族语言和方言。

字母的手写体依照拉丁字母的一般书写习惯。

二、声母表

b	p	m	f		d	t	n	l
ㄅ玻	ㄆ坡	ㄇ摸	ㄈ佛		ㄉ得	ㄊ特	ㄋ讷	ㄌ勒
g	k	h			j	q	x	
ㄍ哥	ㄎ科	ㄏ喝			ㄐ基	ㄑ欺	ㄒ希	
zh	ch	sh	r		z	c	s	
ㄓ知	ㄔ蚩	ㄕ诗	ㄖ日		ㄗ资	ㄘ雌	ㄙ思	

在给汉字注音的时候，为了使拼式简短，zh ch sh 可以省作 ẑ ĉ ŝ。

三、韵母表

	i	u	ü
	ㄧ衣	ㄨ乌	ㄩ迂
a	ia	ua	
ㄚ啊	ㄧㄚ呀	ㄨㄚ蛙	
o		uo	
ㄛ喔		ㄨㄛ窝	
e	ie		üe
ㄜ鹅	ㄧㄝ耶		ㄩㄝ约
ai		uai	
ㄞ哀		ㄨㄞ歪	
ei		uei	
ㄟ诶		ㄨㄟ威	
ao	iao		
ㄠ熬	ㄧㄠ腰		
ou	iou		
ㄡ欧	ㄧㄡ忧		

续表

an ㄢ安	ian 丨ㄢ烟	uan ㄨㄢ弯	üan ㄩㄢ冤
en ㄣ恩	in 丨ㄣ因	uen ㄨㄣ温	ün ㄩㄣ晕
ang ㄤ昂	iang 丨ㄤ央	uang ㄨㄤ汪	
eng 亨的韵母	ing 丨ㄥ英	ueng ㄨㄥ翁	
ong (ㄨㄥ)轰的韵母	iong ㄩㄥ雍		

(1) "知、蚩、诗、日、资、雌、思"等七个音节的韵母用 i,即:知、蚩、诗、日、资、雌、思等字拼作 zhi,chi,shi,ri,zi,ci,si。

(2) 韵母儿写成 er,用作韵尾的时候写成 r。例如:"儿童"拼作 értóng,"花儿"拼作 huār。

(3) 韵母ㄝ单用的时候写成 ê。

(4) i 行的韵母,前面没有声母的时候,写成 yi(衣),ya(呀),ye(耶),yao(腰),you(忧),yan(烟),yin(因),yang(央),ying(英),yong(雍)。

u 行的韵母,前面没有声母的时候,写成 wu(乌),wa(蛙),wo(窝),wai(歪),wei(威),wan(弯),wen(温),wang(汪),weng(翁)。

ü 行的韵母,前面没有声母的时候,写成 yu(迂),yue(约),yuan(冤),yun(晕);ü 上两点省略。

ü 行的韵母跟声母 j,q,x 拼的时候,写成 ju(居),qu(区),xu(虚),ü 上两点也省略;但是跟声母 n,l 拼的时候,仍然写成 nü(女),lü(吕)。

(5) iou,uei,uen 前面加声母的时候,写成 iu,ui,un。例如:niu(牛),gui(归),lun(论)。

(6) 在给汉字注音的时候,为了使拼式简短,ng 可以省作 ŋ。

四、声调符号

阴平　阳平　上声　去声
　ˉ　　　ˊ　　　ˇ　　　ˋ

声调符号标在音节的主要元音上,轻声不标。例如:

妈 mā　麻 má　马 mǎ　骂 mà　吗 ma
(阴平)(阳平)(上声)(去声)(轻声)

五、隔音符号

a,o,e 开头的音节连接在其他音节后面的时候,如果音节的界限发生混淆,用隔音符号(')隔开,例如:pi'ao(皮袄)。

(二) 汉语拼音方案的优点

比起过去设计的各种记音方法,汉语拼音方案更为完善、优越。

1. 在符号数量上，记音符号少，基本字母只有 26 个，便于一般使用者学习和记忆。

2. 在字母形式上，采用国际上流行的拉丁字母拼写普通话的语音，书写方便，便于国际间交流，便于对汉字进行信息化处理。

3. 在记音方法上，它采用音素化记音方法，使记录和分析语音更加准确科学。

应该注意的是，汉语拼音方案只能用来拼写普通话的语音，不能拼写方言和古音。

（三）汉语拼音方案的用途

汉语拼音方案主要是给汉字注音和作为推广普通话的工具。此外，还可以用来作为中国各少数民族创制和改革文字的共同基础，用来帮助母语为非汉语的人学汉语，用来音译人名、地名和科学术语，以及用来编制索引和代号等。

[附]国际音标

国际音标是国际上通用的一套记音符号，用来记录各种语言的语音。它由国际语音学会 1888 年制定，后经多次修订补充，一直沿用至今。掌握国际音标对于语言教学和语言研究都很有帮助，语言文字工作者应该努力掌握国际音标。因此这里也做一些介绍。

国际音标采取一音一符、一符一音的记音原则，不会出现记音含混的情况。它在音标的数量上远远超过任何一种语言的拼音字母，能够细致准确地记录世界上各种语言或方言的语音。它的音标符号是在国际通行的拉丁字母的基础上制定的，容易掌握，使用方便。因此国际音标成为各国语言学家分析语音最常用的符号。

为了比较方便地说明汉语拼音中某些音的差异，便于大家认读，我们有时在汉语拼音后面注上国际音标。按照惯例，国际音标记音时通常用方括号[　]括起来，以区别于其他记音符号。本书中凡是[　]中的音标都是国际音标，没有加[　]的都是汉语拼音。

下面就是"国际音标简表"，此表只列语音教学中通行的辅音简表和元音简表。

表 1　国际音标简表

一、辅音表

发音方法		发音部位	双唇	唇齿	齿间	舌尖前	舌尖中	舌尖后	舌叶	舌面前	舌面中	舌面后	小舌	喉
塞音	清	不送气	p				t				c	k		ʔ
		送气	pʻ				tʻ				cʻ	kʻ		
	浊		b				d					g		
塞擦音	清	不送气		pf		ts		tʂ	tʃ	tɕ				
		送气		pfʻ		tsʻ		tʂʻ	tʃʻ	tɕʻ				
	浊			bv		dz		dʐ	dʒ	dʑ				
鼻音	浊		m	ɱ			n			ȵ		ŋ		
颤音	浊					r							R	
闪音	浊					ɾ								
边音	浊						l							
擦音	清			f	θ	s		ʂ	ʃ	ɕ	ç	x		h
	浊			v	ð	z		ʐ	ʒ	z	j	ɣ		ɦ
半元音	浊		w ɥ	ʋ						j(ɥ)	(w)			

二、元音表

舌位前后 舌位高低	唇形	前		央	后	
		不圆	圆		不圆	圆
高		i	y		ɯ	u
半高		e	ø		ɤ	o
中				ə		
半低		ɛ	œ	ɐ	ʌ	ɔ
低		a	Œ	A	ɑ	ɒ

需要注意的是,汉语拼音方案和国际音标在记录普通话的音素时,许多符号差别很大。以辅音为例,两种记音方法所用符号完全相同的只有m[m]、n[n]、l[l]、s[s]、v[v]。汉语拼音方案送气音和不送气音用不同的字母,而国际音标采取在基础符号上添加符号的办法来区别。如b[p]和p[pʻ]、d[t]和t[tʻ]、g[k]和k[kʻ]、j[tɕ]和q[tɕʻ]、zh[tʂ]和ch[tʂʻ]、z[ts]和c[tsʻ]。其他不同的辅音符号还有h[x]、x[ɕ]、sh[ʂ]、r[ʐ]。汉语拼音方案中的ng实际代表一个音素,国际音标记作[ŋ]。元音符号的一些区别等我们介绍韵母的时候再做说明。

另外，台湾地区使用的注音方案是"注音符号"（曾称作"注音字母"），它采用简单的汉字笔画式符号。这里便将汉语拼音方案、注音符号和国际音标这三种记音符号列表对照。

表2　三种记音符号对照表

拼音字母	注音符号	国际音标	拼音字母	注音符号	国际音标	拼音字母	注音符号	国际音标
b	ㄅ	[p]	z	ㄗ	[ts]	ia	ㄧㄚ	[iA]
p	ㄆ	[pʻ]	c	ㄘ	[tsʻ]	ie	ㄧㄝ	[iɛ]
m	ㄇ	[m]	s	ㄙ	[s]	iao	ㄧㄠ	[iau]
f	ㄈ	[f]	a	ㄚ	[A]	iou	ㄧㄡ	[iou]
v	万	[v]	o	ㄛ	[o]	ian	ㄧㄢ	[ian]
d	ㄉ	[t]	e	ㄜ	[ɤ]	in	ㄧㄣ	[in]
t	ㄊ	[tʻ]	ê	ㄝ	[ɛ]	iang	ㄧㄤ	[iaŋ]
n	ㄋ	[n]	i	ㄧ	[i]	ing	ㄧㄥ	[iŋ]
l	ㄌ	[n]	-i(前)	—	[ɿ]	ua	ㄨㄚ	[uA]
g	ㄍ	[k]	-i(后)	—	[ʅ]	uo	ㄨㄛ	[uo]
k	ㄎ	[kʻ]	u	ㄨ	[u]	uai	ㄨㄞ	[uai]
ng	兀	[ŋ]	ü	ㄩ	[y]	uei	ㄨㄟ	[uei]
h	ㄏ	[x]	er	ㄦ	[ɚ]	uan	ㄨㄢ	[uan]
j	ㄐ	[tɕ]	ai	ㄞ	[ai]	uen	ㄨㄣ	[uən]
q	ㄑ	[tɕʻ]	ei	ㄟ	[ei]	uang	ㄨㄤ	[uaŋ]
/	广	[ɲ]	ao	ㄠ	[au]	ueng	ㄨㄥ	[uəŋ]
x	ㄒ	[ɕ]	ou	ㄡ	[ou]	ong	ㄨㄥ	[uŋ]
zh	ㄓ	[tʂ]	an	ㄢ	[an]	üe	ㄩㄝ	[yɛ]
ch	ㄔ	[tʂʻ]	en	ㄣ	[ən]	üan	ㄩㄢ	[yan]
sh	ㄕ	[ʂ]	ang	ㄤ	[aŋ]	ün	ㄩㄣ	[yn]
r	ㄖ	[ʐ]	eng	ㄥ	[əŋ]	iong	ㄩㄥ	[yŋ]

【思考与检测一】

一、填空：

1. 语音具有_____、_____、_____这三个属性。
2. 语音的四要素指_____、_____、_____、_____。其中，_____是用来区别意义的最重要的要素。汉语的声调则是由_____决定的。

3. 音节是_____的语音单位,音素是_____的语音单位。

4. "shuāng"这个音节包含了____个音素,其中元音____个,辅音____个。

5. 汉语拼音方案的基本内容包括_____、_____、_____、_____、_____等五个部分。

二、跟其他声音相比,语音具有怎样的特点?

三、元音和辅音的主要区别是什么?

四、请简要说明声母、韵母和辅音、元音之间的关系。

五、请把"他在黑板上画的画儿很漂亮"这句话注上汉语拼音,并指出它包含了多少个音节。

六、"汉语拼音方案"由哪几个部分组成?它有什么优点?

七、请尝试着在"国际音标简表"中找出你的语言或方言中所具有的音素。

第二节 声 母

现代汉语语音系统包括现代汉语各种语音要素及其配合关系、变化规律。现代汉语语音要素主要包括声母、韵母、声调三个部分,这些语音要素的配合组成普通话的音节。在实际语言交际中,一个音节进入到语流当中去的时候,音素或声调可能要发生一些语音变化,这些变化存在着一定的规律。从本节开始,我们将依次介绍现代汉语语音系统的有关知识。下面先介绍声母。

一、声母的发音

声母是音节开头的辅音。普通话里一共有 22 个辅音,可以在音节里充当声母的,只有 21 个,因为舌根鼻辅音 ng[ŋ]不能出现在音节的开头。普通话的音节中可以不出现声母,即零声母。

声母的不同是由不同的发音部位和发音方法决定的。也就是气流在什么地方受阻(发音部位)以及如何受到阻碍、如何解除阻碍(发音方法)。这样,我们可以从发音部位和发音方法这两个角度来描写声母的发音,从而给声母分类。

(一) 声母的发音部位

发音部位发音时气流受到阻碍的位置。在发辅音时,通过口腔的气流会受到

口腔中两个互相配合的发音器官的阻碍。按照发音部位分,普通话声母可以分为七类。下面依发音器官从外到内进行说明:

(1) 双唇音:b、p、m。由上唇和下唇接触而阻塞气流所形成的音。

(2) 唇齿音:f。由上齿和下唇接近而阻碍气流所形成的音。

(3) 舌尖前音:z、c、s。由舌尖抵住或接近上齿背而阻碍气流所形成的音。

(4) 舌尖中音:d、t、n、l。由舌尖抵住上齿龈而阻碍气流所形成的音。

(5) 舌尖后音:zh、ch、sh、r。由舌尖抵住或接近硬腭前部而阻碍气流所形成的音。

(6) 舌面音:j、q、x。由舌面前部抵住或接近硬腭前部而阻碍气流所形成的音。舌面音也叫舌面前音。

(7) 舌根音:g、k、h。由舌面后部抵住或接近软腭而阻碍气流所形成的音。舌根音也叫舌面后音。

上面各类的命名,有的是用相互配合形成阻碍的两个发音器官来命名的(如双唇音、唇齿音),有的用发音器官的相对位置关系来命名(如舌尖前音、舌尖中音、舌尖后音)。有的虽然只用一个发音器官来命名(如舌面音、舌根音),但共同构成阻碍的另一个发音器官也是相对应而存在的。掌握了命名规则有助于记忆和练习发音。《汉语拼音方案》的声母表主要是按发音部位排列的,同部位的声母跟韵母的配合规律大致相同。

(二) 声母的发音方法

发音方法 发音时阻碍气流或解除阻碍的方法。根据辅音发音时气流运行的情况,可以把辅音的发音过程分为成阻(阻碍的形成)、持阻(阻碍的持续)、除阻(阻碍的解除)三个阶段。

发音方法可以从阻碍的方式(即成阻和除阻的不同方式)、声带是否振动、气流的强弱这三个方面来考察。

1. 根据阻碍的方式所分的类

(1) 塞音:b、p、d、t、g、k。发音时,口腔中的两个发音部位接触形成闭塞,软腭上升堵住鼻腔的通路,气流冲破阻碍,爆发成声。

(2) 擦音:f、h、s、sh、r、x。发音时,口腔中的两个发音部位靠近形成缝隙,软腭上升堵住鼻腔的通路,气流从缝隙中挤出,摩擦成声。

(3) 塞擦音:z、c、zh、ch、j、q。即先塞后擦的音。发音时,口腔中的两个发音部位先形成闭塞,软腭上升堵住鼻腔的通路,然后气流把阻塞部位冲开一道缝隙并从缝隙中挤出,摩擦成声。塞擦音的发音过程是一个完整的发音过程,塞和擦结合紧密,发出来的音构成一个语音单位,即是一个辅音,而不是由两个辅音构成的复辅音。

（4）鼻音:m、n。发音时,口腔中阻碍气流的部位完全闭塞,软腭下垂,打开鼻腔通道,气流振动声带,从鼻腔中通过而发声。

（5）边音:l。发音时,舌尖与上齿龈接触,舌头的两边留有空隙,软腭上升堵住鼻腔的通路,气流振动声带,从舌头两边通过而发声。

2. 根据声带是否振动所分的类

（1）浊音:发音时声带振动的音。只有 m、n、l、r 这 4 个声母。

（2）清音:发音时声带不振动的音。除上面 4 个浊音外,其他的声母都是清音。

3. 根据气流的强弱所分的类

（1）送气音:p、t、k、c、ch、q。发音时,口腔中呼出的气流比较强。

（2）不送气音:b、d、g、z、zh、j。发音时,口腔中呼出的气流比较弱。

需要说明的是,"不送气"并不表示发音时没有气流,而只是相对于气流比较强的送气音而言,这些音在发音时气流比较弱。如果真的没有气流,那就发不出声音了。另外,上面这些送气音和不送气音的区别只是在塞音、塞擦音中存在,但这也不意味着其他的音都是不送气音。恰恰相反,其他的音气流往往比较强。只是由于这些音没有不送气的音做对比,因此也就没有必要特别指出送气与否了。在描写语音的发音方法时,如果通过对比起到区别意义的作用,那么就得把这样的发音特点描写出来。这是我们在教学的说明中需要加以注意的。我们在学习和讲授语言知识时,既要注意术语对理解相关概念的提示作用,又要注意术语字面上所没有提示的地方,以免误解。

二、普通话声母总表

上面分别介绍了声母的发音部位和发音方法,我们可以将两者结合起来描写、说明声母的发音特点,列出一张普通话声母的总表([ ]内的符号是相应的国际音标):

表3　普通话声母总表

发音方法 发音部位	塞音		塞擦音		擦音		鼻音	边音
	清音		清音		清音	浊音	浊音	浊音
	不送气	送气	不送气	送气				
双唇音	b[p]	p[pʻ]					m[m]	
唇齿音					f[f]			
舌尖前音			z[ts]	c[tsʻ]	s[s]			
舌尖中音	d[t]	t[tʻ]					n[n]	l[l]
舌尖后音			zh[tʂ]	ch[tʂʻ]	sh[ʂ]	r[ʐ]		
舌面音			j[tɕ]	q[tɕʻ]	x[ɕ]			
舌根音	g[k]	k[kʻ]			h[x]			

有了这张普通话声母总表,对各个声母的描写也就方便多了。描写的顺序一般是:先发音部位后发音方法,发音方法中先送气与否,再清浊,最后是阻碍方式。下面按汉语拼音方案字母表的顺序依次描写普通话21个声母的发音特点。

b[p]　　　双唇、不送气、清、塞音

p[pʻ]　　双唇、送气、清、塞音

m[m]　　双唇、浊、鼻音

f[f]　　　唇齿、清、擦音

d[t]　　　舌尖中、不送气、清、塞音

t[tʻ]　　舌尖中、送气、清、塞音

n[n]　　舌尖中、浊、鼻音

l[l]　　　舌尖中、浊、边音

g[k]　　舌根、不送气、清、塞音

k[kʻ]　　舌根、送气、清、塞音

h[x]　　舌根、清、擦音

j[tɕ]　　舌面、不送气、清、塞擦音

q[tɕʻ]　　舌面、送气、清、塞擦音

x[ɕ]　　舌面、清、擦音

zh[tʂ]　　舌尖后、不送气、清、塞擦音

ch[tʂʻ]　　舌尖后、送气、清、塞擦音

sh[ʂ]　　　　舌尖后、清、擦音
r[ʐ]　　　　舌尖后、浊、擦音
z[ts]　　　　舌尖前、不送气、清、塞擦音
c[tsʻ]　　　　舌尖前、送气、清、塞擦音
s[s]　　　　舌尖前、清、擦音

三、声母和辅音的关系

　　声母和辅音是两个不同的概念。声母是汉语传统语音分析中的概念，辅音是普通语音学中的概念。声母是汉语音节的开头部分，辅音则是音素中的一个大类。虽然除零声母外，声母由辅音充当，但不是所有的辅音都能充当声母。如普通话共有22个辅音，但ng[ŋ]不能出现在音节开头做声母，只能出现在音节末尾，如"lěng（冷）"。另一方面，有的辅音(-n)除了能充当声母外，还可以出现在韵母中，充当韵尾。如"nán（男）"这个音节的首尾就各出现了一个辅音n。

四、声母辨正

　　每个语言或方言都有特定的语音系统。方言区的人或母语为非汉语的人学习普通话，就需要特别注意普通话的实际发音。对普通话中有而方言或其他语言中没有的辅音，需要找准普通话辅音的发音部位，反复练习发音方法。尤其是比较相似的音，更需要细细辨别。对母语为非汉语的学习者而言，还有一点需要注意，就是不要受特定语言使用的记音符号的影响，相同的记音符号在不同的语言中记录的可能是不同的音。如普通话的b、d、g是清音，而在英语音标中是浊音。下面简要介绍一些容易相混或不容易发准的声母。

　　1. 分辨zh、ch、sh 和 z、c、s

　　在普通话中，舌尖后音zh[tʂ]、ch[tʂʻ]、sh[ʂ]和舌尖前音z[ts]、c[tsʻ]、s[s]两组发音完全不同的音。可是许多方言（如吴方言、粤方言等）只有舌尖前音，没有舌尖后音，而把舌尖后音的字音都发成舌尖前音，如把"zhǔlì（主力）"念成"zǔlì（阻力）"。还有少数方言区只有舌尖后音，没有舌尖前音，因此把"sùlì（肃立）"念成"shùlì（树立）"。有的方言区虽然两组声母都有，但各自管辖的字跟普通话不完全一致。

像英语等语言的语音系统中由于没有舌尖后音 zh、ch、sh,学习者常常发不到位,或者舌头卷得过度,或者用自己语言中有的音如舌叶音[dʒ、tʃ、ʃ]等去代替。

分辨这两组声母的关键是找准发音部位。zh 组声母是舌尖上翘对准(接触或接近)硬腭前部,z 组声母是舌尖平伸对准(接触或接近)上齿背。然后,要熟记常见字。记常见字,除了下一番苦功夫,也可利用一些方法来帮助记忆。如可以根据汉字的声旁进行类推记忆。汉字中形声字占大多数,同声旁的字声母往往相同或相近(关于形声字及声旁,参见第四章"汉字"的第三节"汉字造字法")。例如:

zhǔ　　zhù　zhù　zhù　zhù　zhù　zhù　zhǔ
主——注　住　驻　柱　炷　蛀　拄　　　　（都是 zh 组声母）

zú　　zuì　suì　cù　cuì　cuì　cuì　cuì　cuì　cuì
卒——醉　碎　猝　翠　粹　悴　萃　淬　啐　（都是 z 组声母）

又如还可以借助声韵调配合规律来分析。ua、uai、uang 三个韵母只跟 zh、ch、sh 相拼,因此"抓、刷、拽、揣、率、庄、床、双"等字的声母只能是翘舌音。

2. 分辨 n 和 l

普通话中鼻音 n[n]和边音 l[l]的分别十分明显。而在汉语方言中,n 和 l 混读的现象相当普遍。有的方言中只有 n,有的方言中只有 l,有的方言中这两个声母都有但可以混读,有的方言 n、l 被并入到其他声母中。有一些母语非汉语的学习者由于受母语的影响,也分不清鼻音 n[n]和边音 l[l],或者将 l[l]发成别的音。

分辨这两组声母,首先要把握发音要领,关键是气流通过的地方。发鼻音 n 时气流从鼻腔通过,发边音 l 时气流从舌头两边出来。其实,对绝大多数学习者来说,发这两个音并不很困难,难就难在需要记住哪些字的声母是 n[n],哪些字的声母是 l[l]。因此要记住一部分 n、l 声母的常见字。普通话中,声母是 n 的字很少,声母是 l 的字比较多。因此,记住常用的鼻音字比较省事。有的 n 音字可以通过声旁或同声旁的字来类推,例如(下面有的字虽不常用,但也一并列出):

那(nà)—哪(nǎ,na)、娜(nà,nuó)、挪(nuó)

乃(nǎi)—奶(nǎi)、氖(nǎi)

奈(nài)—捺(nà)

南(nán)—喃(nán)、楠(nán)、腩(nǎn)

囊(náng)—曩(nǎng)、攮(nǎng)、馕(náng)

脑(nǎo)—恼(nǎo)

内(nèi)—纳(nà)、呐(nà)、钠(nà)、衲(nà)

尼(ní)—泥(ní)、呢(ne,ní)、昵(nì)、旎(nǐ)、怩(nì)

倪(ní)—霓(ní)、睨(nì)、鲵(ní)

你(nǐ)—您(nín)

念(niàn)—捻(niǎn)

聂(niè)—蹑(niè)、嗫(niè)、镊(niè)、颞(niè)

宁(níng,nìng)—泞(nìng)、咛(níng)、狞(níng)、拧(níng,nǐng,nìng)、
　　　　　　柠(níng)

农(nóng)—浓(nóng)、脓(nóng)、哝(nóng)

奴(nú)—努(nǔ)、怒(nù)、弩(nǔ)、驽(nú)、孥(nú)

还有一些不能类推的字,如"拿、耐、男、难、挠、闹、馁、嫩、能、拟、逆、匿、腻、年、黏、碾、娘、酿、尿、凝、牛、拗、弄、女、暖"等,需要一个一个去记。

3. 分辨 f 和 h

f[f]和 h[x]都是擦音,但发音部位不同,f[f]是唇齿音,h[x]是舌根音,普通话中分得很清楚。但是,不少南方方言都不能分清 f 和 h,属于北方方言的江淮方言、西南方言也不同程度地存在类似现象。多数是把 h 声母的部分字混入 f,把"hu-"念成"f-"。如在这些方言中,"公费—工会""包饭—包换"都是同音词。有的地方则把 f 声母的部分字混入 h。

韩国语中没有[f],日本的学习者发[f]时常常上齿不参加发音动作,他们都容易将[f]发成双唇擦音。母语为英语、德语等的学习者容易将[x]发成喉擦音[h]。

分辨这两个声母除了找准发音部位外,重点应放在常用字的记忆上,弄清哪些字的声母读 f,哪些字的声母读 h。比较下列几组词语的发音:

fā shēng　huā shēng　　fáng fēng　huáng hūn　　fēi bái　huī bái
发　生 — 花　生　　　防　风 — 黄　昏　　　飞 白 — 灰 白

fā fán　huā huán　　fèi huà　huì huà　　kāi fā　kāi huā
发 凡 — 花 环　　　废 话 — 会 话　　　开 发 — 开 花

4. 分辨送气音和不送气音

普通话声母中不送气音有 6 个:b[p]、d[t]、g[k]、z[ts]、zh[tʂ]、j[tɕ],相对应的送气音也有 6 个:p[pʻ]、t[tʻ]、k[kʻ]、c[tsʻ]、ch[tʂʻ]、q[tɕʻ]。普通话中声母的送气和不送气具有区别意义的作用,如"dù zi bǎo le(肚子饱了)"和"tù zi pǎo le(兔子跑了)",听感上有差异,意思上有分别。汉语各地方言中也有送气不送气的这种对立,但一些字的归属跟普通话不太一致。有些方言中把普通话的一部分

不送气音念成了送气音,有些方言中把普通话的一部分送气音念成了不送气音。有这种情况的学习者,应该熟记有关的字。

有些语言中没有送气和不送气的区别,因此听不出上面两个句子的差别来。母语为英语、法语等印欧语言的学习者容易将不送气音[p、t、k]发成浊音[b、d、g],这时应该注意控制声带,不要用力。日本韩国的学习者容易将送气音[p'、t'、k']发成不送气音[p、t、k],送气不够,这时要学会掌握送气的力度。可以通过强化两者对立的方式来练习。比较下列几组词语的发音:

bǔ xiě	pǔ xiě	dūn xià	tūn xià	mǐ gāng	mǐ kāng
补写	谱写	蹲下	吞下	米缸	米糠
zì jí	cì jí	gōng zhǎng	gōng chǎng	jīng huá	qīng huá
字集	次级	工长	工厂	精华	清华

5. 分辨清音和浊音

普通话中浊辅音声母很少,只有 m、n、l、r 这 4 个,塞音、擦音、塞擦音都只有清音,没有浊音。可是有些方言中还有跟这些清音对应的浊音。这些方言区的人在学习普通话时,就要把浊声母改成相应的清声母。如下面成对的字在吴方言里声母一清一浊(前清后浊),而在普通话里都是清辅音。

bài	bài	bēi	péi	dòng	dòng	fāng	fáng
拜	败	杯	培	冻	洞	方	房
guāng	kuáng	jiāo	qiáo	jìng	jìng	shī	shí
光	狂	娇	桥	敬	净	诗	时

上面说过,母语为英语、法语等印欧语言的学习者容易将不送气音发成浊音,他们不是分不清清音和浊音(相反,他们对清浊的区分很敏感,倒是说普通话的人学英语、法语时不容易区分清浊,将浊辅音发成了清辅音),而是不容易把握送气音的发音方法,将普通话中的送气音和不送气音的对立看作清音和浊音的对立了。

6. 读准 j、q、x

普通话中一些 j[tɕ]、q[tɕ']、x[ɕ]的字有些方言读 g[k]、k[k']、h[x],普通话中一些 zh[tʂ]、ch[tʂ']、sh[ʂ]的字有些方言读 j、q、x。此时就需要有针对性地纠正。

非汉语背景的人在学习汉语时特别常见的错误是不容易将 j、q、x 这组声母发到位。因为很多语言中没有舌面前音,便用相似的音去代替。如母语为英语背景的学习者在发这些音时,常常发成舌叶音[dʒ、tʃ、ʃ]。其实,发 j、q、x 时,是舌面前部跟硬腭前部接触,而不是舌叶跟上齿龈接触。

【思考与检测二】

一、填空：

1. 普通话共有_____个辅音声母。

2. 根据不同的发音部位，普通话声母可以分为_____、_____、_____、_____、_____、_____、_____七类。

3. 根据发音器官阻碍气流方式的不同，普通话声母可以分为_____、_____、_____、_____、_____五类。

4. 普通话里的浊声母有_____。

5. 普通话的舌根音包括_____；舌尖前音包括_____。

二、声母和辅音有什么不同？

三、普通话里有哪些声母送气和不送气相配？请各举三例说明。

四、普通话里一共有几个擦音声母？请各举三例说明。

五、下列各组中哪个字的声母的发音部位跟其他四个字不同？

　1. 导 逃 找 脑 老　　2. 占 然 山 前 产

　3. 棍 均 寻 群 见　　4. 上 仓 怎 森 尊

六、下列各组中哪个字的声母的发音方法跟其他四个字不同？

　1. 本 当 头 刚 村　　2. 条 人 忙 兰 娘

　3. 加 壮 前 出 三　　4. 水 法 析 黄 补

七、根据下面的发音条件写出声母。

　1. 舌尖中、浊、边音（　）

　2. 双唇、送气、清、塞音（　）

　3. 舌尖中、不送气、清、塞音（　）

　4. 唇齿、清、擦音（　）

　5. 舌尖前、送气、清、塞擦音（　）

　6. 舌尖后、送气、清、塞擦音（　）

　7. 舌根、清、擦音（　）

　8. 舌面、清、擦音（　）

八、写出下列各字的声母，并说明每组中两个字的声母在发音上有什么区别。

　　变—片　　旦—贪　　存—纯　　男—兰　　复—护　　街—该

　　海—写　　字—次　　强—扛　　庄—窗　　赞—站　　桑—商

九、声母辨别练习。

补写—谱写	读书—图书	干完—看完	经理—清理
摘除—拆除	早上—草上	放荡—晃荡	留念—留恋
昏乱—纷乱	陆地—入地	难求—篮球	诗人—私人
米缸—米糠	短暂—短见	有刺—有气	早市—找事
触发—促发	揭开—切开	入水—露水	商业—香液
不扫—不小	三人—仙人	恼人—老人	对味—退位
公费—工会	代沟—太抠	脆弱—最弱	糟了—焦了
主力—阻力—举例		数目—肃穆—畜牧	

十、改正下列各词中注错的声母。

jī gài	nǚ xíng	fàn fā	fù shòng	cuàn lián
机械	旅行	焕发	护送	串连
zǔ cí	nán shè	niáng si	dán lùn	kāi fāng
主持	蓝色	粮食	谈论	开荒
yóu hé	xū yíng	cǎn liàng	suǐ jǔn	chái léng
柔和	输赢	产量	水准	才能

第三节 韵 母

一、韵母的分类

韵母是音节中声母后边的部分。普通话有39个韵母。韵母既可以只由元音构成,也可以由元音加鼻辅音构成;既可以由一个元音构成,也可以由两个或三个元音构成。这样,我们可以根据韵母内部结构的特点进行分类,也可以根据韵母开头的元音进行分类。

(一) 韵母的结构分类

我们可以根据韵母的内部结构特点,将韵母分为单元音韵母、复元音韵母、鼻音韵母三大类。

1. 单元音韵母

单元音韵母指由单个元音构成的韵母,简称单韵母。普通话单韵母有10个,包括7个舌面元音,2个舌尖元音,1个卷舌元音:

舌面元音:a、o、e、ê、i、u、ü

舌尖元音：-i[ɿ]（前）、-i[ʅ]（后）

卷舌元音：er[ɚ]

其中,舌面元音既可以单独做韵母,也可以跟其他元音组合构成复韵母;舌尖元音和卷舌元音只能单独做韵母,可以统称为特殊元音韵母。

2. 复元音韵母

复元音韵母指由两个或三个元音复合而成的韵母,简称**复韵母**。普通话复韵母有13个：

ai、ei、ao、ou

ia、ie、iao、iou

ua、uo、uai、uei

üe

由两个元音组成的复合元音叫二合元音,由三个元音组成的复合元音叫三合元音。

3. 鼻音韵母

鼻音韵母指由一个或两个元音带上做韵尾的鼻辅音结合而成的韵母,简称**鼻韵母**。带前鼻音（舌尖鼻音）n的韵母叫做**前鼻音韵母**,带后鼻音（舌根鼻音）ng的韵母叫做**后鼻音韵母**。普通话中前鼻音韵母有8个,后鼻音韵母也有8个：

前鼻音韵母：an、en、in、ün、ian、uan、üan、uen

后鼻音韵母：ang、eng、ing、ong、iong、iang、uang、ueng

跟作为声母的鼻辅音相比,做韵尾时的鼻辅音发音很不相同,它们都是塞而不破,在发音过程中没有除阻阶段。

（二）韵母的四呼分类

传统上根据韵母开头元音发音时的口形特点,将韵母分成开口呼、齐齿呼、合口呼、撮口呼四类,简称**四呼**。

开口呼：没有韵头,而韵腹又不是i、u、ü的韵母。例如a、o、e、ê、er、-i[ɿ]、-i[ʅ]、en、ang等。

齐齿呼：韵头或韵腹是i的韵母。例如i、ie、iao、iou、iang等。

合口呼：韵头或韵腹是u的韵母。例如u、ua、uei、uang、ong[uŋ]等。

撮口呼：韵头或韵腹是ü的韵母。例如：ü、üe、üan、ün、iong[yŋ]。

实际上,开口呼就是其他三呼之外的所有韵母。《汉语拼音方案》的韵母表就是按四呼排列的。

应该注意的是,判定"四呼",不能单纯地以韵母开头字母的书写符号为依据,而要根据韵母的实际发音来判断。普通话韵母总表中没有将 ong 归入开口呼,而是归入合口呼,这是按它的实际读音[uŋ]来归类的;没有将 iong 归入齐齿呼,而是归入开口呼,而是归入撮口呼,也是按它的实际读音[yŋ]归类的。汉语拼音方案没有采用 ung、üng 来表示这两个韵母,只是为了字形清楚,避免手写时 u 和 ü 混淆。另外,没有将舌尖前元音-i[ɿ]、舌尖后元音-i[ʅ]归入齐齿呼,而是归入开口呼,也是根据它们实际发音的口形特点为依据的。

四呼是传统语音分析对韵母的分类,这种分类能充分显示汉语语音系统的整齐性,它能够更好地揭示汉语声母和韵母拼合的规律:同呼的韵母,它们跟声母的拼合规律大体相同。例如,开口呼可以跟 b、p、m、f 相拼,合口呼(除 u 以外)不能跟 b、p、m、f 相拼。又如 g、k、h 只能跟开口呼、合口呼相拼,不能跟齐齿呼、撮口呼相拼,而 j、q、x 正相反。这对学习普通话有很大的实践意义。我们在后面分析汉语的音节特点时还要具体谈。

上面从不同的角度对韵母进行了分类,下面将两者结合起来,列出一张普通话韵母的总表([　]内的是相应的国际音标):

表4　普通话韵母总表

按结构分 \ 按口形分 韵母	开口呼	齐齿呼	合口呼	撮口呼
单元音韵母	-i[ɿ] [ʅ]	i[i]	u[u]	ü[y]
	a[A]			
	o[o]			
	e[ɤ]			
	ê[ɛ]			
	er[ɚ]			
复元音韵母	ai[ai]		uai[uai]	
	ei[ei]		uei[uei]	
	ao[au]	iao[iau]		
	ou[ou]	iou[iou]		

续表

带鼻音韵母	an [an]	ian[iɛn]	uan[uan]	üan[yɛn]
	en [ən]	in [in]	uen[uən]	ün [yn]
	ang[aŋ]	iang[iaŋ]	uang[uaŋ]	
	eng[əŋ]	ing[iŋ]	ueng[uəŋ]	
			ong[uŋ]	iong[yŋ]

注意，上面这个表中有不少空格，可见虽然理论上有某些组合的可能性，但在普通话的实际语音系统中并没有这些韵母。其实，上表中的某些空格所代表的韵母结构在有的方言中是存在的。

二、单元音韵母的发音

单元音的不同主要是由口形的变化和舌位的高低前后这些方面的差异造成的。因此，在讲授、学习和练习单元音时要特别注意从这两方面去把握。

上面曾将单元音分成舌面元音、舌尖元音、卷舌元音三类。下面便按单元音的这三种类型分别说明。

（一）舌面元音单韵母的发音

舌面元音就是发音时舌面起主要作用的元音。普通话共有 7 个舌面元音：ɑ、o、e、ê、i、u、ü。

1. 舌面元音的舌位和唇形

发音时，口腔可开可合，舌头可以抬高降低、前伸后缩，嘴唇也可圆可不圆。我们可以把口腔开合的程度叫开口度，舌面较高的部位叫舌位。开口度越大，舌面跟硬腭的距离就相对比较远，也就是舌位越低；开口度越小，舌面跟硬腭的距离就相对比较近，也就是舌位越高。因此说明发音方法时，可以用舌位的高低来说明开口度的大小。

下面是一幅非常直观的元音舌位图，图中口腔内曲线最高点的位置就是发这个舌面元音的舌面最高点，在前的实线和在后的虚线表示发舌面元音时舌面位置的前后。对着这个图，学习者模仿起来就比较方便了。

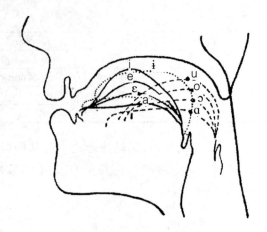

图 2　舌面元音舌位图(直观)

这样,我们就可以根据舌位的高低、舌位的前后、嘴唇的圆与不圆来观察舌面元音的发音,通过了解这些发音器官的变化及配合情况,掌握舌面元音单韵母的发音要领。如果将普通话舌面元音单韵母这三个方面的发音情况综合起来,就可以用下面这幅抽象一些的"舌面元音舌位唇形图"来表示。

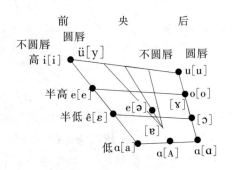

图 3　舌面元音舌位唇形图

这幅图虽然抽象了点,但也不难理解,它实际就是上面"舌面元音舌位图"的线条化处理,很好地说明了各个舌面元音发音时的相对关系。图中纵向的线条表示舌位的高低,从上到下一般分为高、半高、半低、低四个层次;横向的线条表示舌位的前后,从左到右一般分为前、央、后三个层次。同时规定每条纵向线条的左边表示不圆唇,右边表示圆唇。这样就可以将每个舌面元音在这幅图上标示出来。

(1) 从舌位的高低来看,可以把元音分为高元音(即闭元音,如 i、u、ü)、半高元音(即半闭元音,如 e、o)、半低元音(即半开元音,如 ê)、低元音(即开元音,如 ɑ)等。

(2) 从舌位的前后来看,可以把元音分为前元音(如 i、ü、e[e]、ê[ɛ]、a[a]),央元音(如 a[A]、e[ə]),后元音(如 u、o)。

(3) 从唇形的圆不圆来看,可以把元音分为圆唇元音(如 u、ü、o)、不圆唇元音(如 i、a、e)。

初看这幅图有些复杂,其实明白了其中的构造原理,将会极大地帮助我们提高对语音系统性的认识,而且对我们学习新的元音(如汉语方言或其他语言的舌面元音)、比较相近的元音也将大有好处。图中[ ]外的写法是普通话单元音;[ ]内的写法是相应的国际音标,记录的是每个音素的实际读音。从这里可以看出,汉语拼音方案中有时用一个记音符号代表语言中的几个读音。

2. 舌面元音单韵母的发音

下面对每个舌面元音单韵母的发音进行描写。由于所有元音在发音时声带都振动,所以在描写时就省略了。

a[A]　舌面、央、低、不圆唇元音。发音时,口腔大开,舌位低,舌头居中央,双唇自然展开。例如:

沙发　打岔　腊八　哪怕　蚂蚱　拉杂

o[o]　舌面、后、半高、圆唇元音。发音时,口腔半开,舌位半高,舌头后缩,嘴唇拢圆。例如:

泼墨　磨破　薄膜　脉脉　婆婆　卧佛

e[ɤ]　舌面、后、半高、不圆唇元音。发音时,舌位的高低、前后跟 o 基本相同,所不同的是双唇展开。例如:

合格　隔阂　客车　折射　特色　舍得

ê[ɛ]　舌面、前、半低、不圆唇元音。发音时,口腔半开,舌位半低,舌头前伸使舌尖抵住下齿背,唇形不圆。普通话中这个音不跟声母相拼,只有"欸"(做叹词用,阴平、阳平、上升、去声四声都有)这个字念 ê。此外,还能进入 ie[iɛ]、üe[yɛ]这两个复韵母中。

i[i]　舌面、前、高、不圆唇元音。发音时,舌头前伸使舌尖抵住下齿背,开口度很小,嘴唇展开呈扁平状。例如:

机密　仪器　笔记　悉尼　地皮　利益

u[u]　舌面、后、高、圆唇元音。发音时,舌头后缩使舌根接近软腭,开口度很

小,双唇拢圆。例如:

谷物　读书　父母　朴素　户主　祝福

ü[y]　舌面、前、高、圆唇元音。发音时,舌位的高低、前后跟 i 基本相同,所不同的是双唇拢圆。例如:

绿区　序曲　雨具　女婿　局域　语序

(二) 舌尖元音单韵母的发音

发舌面元音时,舌尖始终不抬起,放在下齿附近。舌尖元音发音时,主要是舌尖起作用,靠舌尖的前后和嘴唇圆不圆来区别不同的音。普通话中有 2 个舌尖元音。

-i[ɿ]　舌尖前、高、不圆唇元音。发音时,舌尖前伸靠近(但不接触)上齿背,开口度很小,唇形不圆。它不能自成音节,只跟 z、c、s 相拼,例如:

字词　恣肆　刺死　次子　私自　四字词

-i[ʅ]　舌尖后、高、不圆唇元音。发音时,舌尖上翘靠近(但不接触)硬腭前部,开口度很小,唇形不圆。它不能自成音节,只跟 zh、ch、sh、r 相拼。例如:

支持　知识　日食　迟滞　值日　直市尺

注意,汉语拼音方案只用一个标写符号 i 同时表示 i[i]、-i[ɿ]、-i[ʅ]三个音素。因为它们出现的语音环境并不相同:舌尖前音-i[ɿ]只跟 z、c、s 相拼,舌尖后音-i[ʅ]只跟 zh、ch、sh、r 相拼,舌面元音 i[i]不跟这两组声母相拼,所以可以用同一个符号来记。实际读音时不要混淆。

(三) 卷舌元音单韵母的发音

卷舌元音是舌尖和舌面同时起作用的元音。普通话中可以自成音节的卷舌元音只有 1 个 er。

er[ɚ]或[ər]　卷舌、央、中、不圆唇元音。发音时,口腔略开,开口度比[ɛ]略小,舌位居中,舌头稍后缩,唇形不圆。它只能自成音节,给"二、而、儿、尔、迩、耳、饵、贰"等少数几个字注音。

注意,汉语拼音方案中用于 er 的 r 并不代表辅音音素,只是表示卷舌动作,所以 er 韵母虽用两个符号标写,仍然是单韵母。

三、复元音韵母的构成及其发音

复元音韵母是由两个或三个元音组合而成的韵母,因此发音时舌位、唇形都有变化。复元音的发音并不是发完一个元音再发另一个元音,而是由一个元音的发音状况快速地滑向另一个元音,形成一个整体,整个发音过程气流连贯。复元音韵母共有 13 个:ai、ei、ao、ou、ia、ie、iao、iou、ua、uo、uai、uei、üe。

组成复元音韵母的各个元音,它们在韵母中所占的比例和所起的作用一般是不相等的,其中往往有一个元音发得比较清晰响亮,可以看作这个复元音韵母中的主要元音,这个音就叫**韵腹**,如 ai 中的 a,ie 中的 e,iou 中的 o。韵母中出现在韵腹前面的元音叫**韵头**,如 ie 中的 i,uai 中的 u,üe 中的 ü;出现在韵腹后面的音叫**韵尾**,如 ai 中的 i,iou 中的 u。韵母中除了包括元音韵尾外,还包括 n、ng 这样的鼻辅音韵尾,请见下面鼻韵母中的说明。

韵腹一般由 a、o、e、ê 充当,i、u、ü、-i、er 也可以充当。韵头只由 i、u、ü 三个高元音充当,发音时,它发得轻而短,只表示复元音韵母发音的起点,一发出就滑向韵腹了。如"xià(下)、kuài(快)、xué(学)"中的 i、u、ü。韵尾只由 i、u 充当(汉语拼音方案 ao、iao 中的 o 实际读音是[u]),只表示韵母滑动的最后方向,发得比较含混且常常不怎么固定。相对于韵头,韵尾跟韵腹的联系更紧密些。也就是说,普通话复元音韵母中的各个元音常常并不等于字母所代表的单元音的音值,字母只是起到标示舌位运动方向的作用。这是我们讲授和学习时要特别注意的。

由于复元音韵母的发音以发得比较响亮的韵腹为中心,因此根据韵腹在韵母结构中的位置,可以将复元音韵母分为前响复元音韵母、后响复元音韵母、中响复元音韵母。下面分类描写它们的发音状况。

(一) 前响复元音韵母

包括 ai[ai]、ei[ei]、ao[au]、ou[ou]这 4 个韵母。发音时,开口度由大到小发生变化,舌位由低向高滑动。开头的元音发出后立即滑向后头的元音,前者发得响亮清晰,后者发得轻短模糊,只表示舌位滑动的方向,舌位一般都没有达到[i]和[u]那样的高度。例如:

ai	拍卖	开采	海带	白菜
ei	蓓蕾	配备	黑煤	北非
ao	早稻	劳保	高超	草稿
ou	售后	抖擞	五陋	欧洲

（二）后响复元音韵母

包括 ia[iA]、ie[iɛ]、ua[uA]、uo[uo]、üe[yɛ]这 5 个韵母。发音时,开口度由小到大发生变化,舌位由高向低滑动。开头的元音发得轻短,只表示舌头移动的开始,后头的元音发得响亮清晰,舌位的终点是确定的。例如：

ia	加压	下家	恰恰	压价
ie	贴切	结业	谢谢	节烈
ua	挂花	耍滑	娃娃	呱呱
uo	脱落	阔绰	硕果	过错
üe	约略	绝学	雀跃	月缺

（三）中响复元音韵母

包括 iao[iau]、iou[iou]、uai[uai]、uei[uei]这 4 个韵母。发音时,舌位由高向低再由低向高滑动。开头的元音发得轻短,中间的元音发得响亮清晰,后面的元音发得比较短促模糊,只表示舌位滑动的方向。例如：

iao	萧条	调料	巧妙	娇小
iou	优秀	求救	悠久	口授
uai	外快	摔坏	怀揣	乖乖
uei	汇兑	追随	水位	摧毁

注意,汉语拼音方案中规定,iou、uei 前面加声母时,写成 iu、ui,声调标在韵尾上。

四、鼻音韵母的构成及其发音

鼻音韵母是由元音和鼻辅音构成。包括带前鼻音韵尾 n 的鼻韵母和带后鼻音韵尾 ng 的鼻韵母。注意,汉语拼音方案用两个字母 ng 表示后鼻音的一个音素[ŋ]。

鼻韵母发音时,元音跟后面的鼻辅音不是简单地加在一起的,而是发音器官由元音的舌位向鼻辅音的舌位逐渐移动,鼻音成分逐渐增加,最后完全变成鼻音。鼻辅音韵尾在最后的除阻阶段并不发音。下面分类描写鼻韵母的发音状况。

（一）前鼻音韵母(舌尖鼻音韵母)

包括 an [an]、en [ən]、in [in]、ün [yn]、ian[iɛn]、uan[uan]、uen[uən]、üan [yɛn]这8个韵母。前面在声母部分已经介绍了前鼻音 n 的发音,韵尾 n 跟声母 n 的发音基本相同,区别只在于韵尾 n 在除阻阶段不发音,舌尖抵住上齿龈后并不很快离开,而是让这个动作成为整个韵母发音的收尾动作。例如:

an	谈判	参看	帆板	烂漫
en	根本	认真	沉闷	人身
in	民心	亲信	辛勤	引进
ün	军训	均匀	循循	群运
ian	天线	鲜艳	简便	先天
uan	转弯	贯穿	婉转	专款
uen	昆仑	春笋	温存	论文
üan	圆圈	全选	全权	玄远

注意,汉语拼音方案规定 uen 跟声母相拼时,中间的 e 省写,这时声调标在 u 上。

(二)后鼻音韵母(舌根鼻音韵母)

包括 ang[aŋ]、eng[əŋ]、ing[iŋ]、ong[uŋ]、iong[yŋ]、iang[iaŋ]、uang[uaŋ]、ueng[uəŋ]这8个韵母。前鼻音韵尾 n 和后鼻音韵尾 ng 在发音上的主要差别在于阻碍部位的气流一前一后。辅音 ng[ŋ]的发音特征是:舌面后、浊、鼻音。发音时,软腭下垂,打开鼻腔通道,舌面后部抵住软腭,气流振动声带,从鼻腔中通过而发声。这个音在普通话中不做声母,而只做韵尾。有些方言中则可以做声母。做韵尾时除阻阶段不发音,舌面后部抵住软腭后并不很快离开,而是让这个动作成为整个韵母发音的收尾动作。例如:

ang	帮忙	沧桑	上方	厂长
eng	风能	整风	升腾	丰盛
ing	精灵	宁静	倾听	平定
ong	冲动	工农	总统	从容
iong	汹涌	穷凶	熊熊	炯炯
iang	响亮	两项	强将	像样
uang	状况	狂妄	装潢	矿床
ueng	嗡嗡	翁	蓊	瓮

五、元音的发音变化

这里所谓的"发音变化",指的是汉语拼音方案中的某个记音符号在具体语音环境中的实际读音。也就是说,"发音变化"只是一个方便的说法,实际上要说的就是一个记音符号代表几个实际读音的问题。

从上面的舌面元音舌位唇形图可以看出,语言中的实际元音数目要比上面提到的多,而汉语拼音方案对不同元音进行了归并。也就是说,一个符号可能代表几个实际读音有差别的元音,这是为了简化记音符号系统的需要而做的科学整理。如在汉语拼音方案中,同样是 a,仔细区别起来,在 an、ia、ang 中的读音实际并不相同,发 an 中的 a 时舌尖接触下齿背,甚至用力抵住也基本能发出这个音;发 ia 中的 a 时,舌尖既不前伸也不后缩;发 ang 中的 a 时,舌头往后缩,甚至用力往后缩也能发出这个音。学习者实际感受一下,是能辨别清楚的。为什么用同一个符号来记不同的音却不会发生读音相混的现象呢?主要是它们出现的语音环境不同,也就是说,跟它们配合的其他音不一样,我们可以在不同的语音环境中辨识不同的音。其实,这并不难理解,因为这种现象在语言文字的各个层面都很普遍。如"钟",在"钟情、撞钟、闹钟、六点钟"里的意思并不相同,虽都用一个"钟"来表示,但并不影响我们对每个意思的理解。

由此可见,在汉语拼音方案中标成同一个记音符号的,实际读音未必完全一样。也就是说,汉语拼音方案中所标的音,进入到语音结构和语流当中实际音值可能要发生变化,出现不同的变化形式。这就需要我们在练习发音时细细体味,反复模仿。下面就对普通话舌面元音的变化形式及其出现的语音条件做一些说明。o 和 ü 的发音变化较小,而 a、e、i、u 这四个元音在实际发音中变化较大,下面分别说明。

(一) a 的发音变化及其出现的语音条件

a[a] 舌面、前、低、不圆唇元音。语音条件:出现在韵尾[-i]或[-n]前。即韵母 ai、uai、an、uan、ian、üan 中的 a。韵母 ian、üan 中的 a 开口度实际上比[a]稍小比[ɛ]稍大,因此可以记作[æ]或[ɛ]。例如:

矮(ǎi)   外(wài)   安(ān)   万(wàn)   烟(yān)   远(yuǎn)
海(hǎi)   怀(huái)   单(dān)   换(huàn)   天(tiān)   卷(juǎn)

a[A] 舌面、央、低、不圆唇元音。语音条件:没有韵尾。即韵母 a、ia、ua 中的 a。例如:

啊(ā)　　哑(yǎ)　　挖(wā)
妈(mā)　　假(jiǎ)　　瓜(guā)

a[ɑ]　舌面、后、低、不圆唇元音。语音条件：出现在韵尾[-u]或[-ŋ]前。即韵母 ao、iao、ang、iang、uang 中的 a。例如：

奥(ào)　　腰(yāo)　　昂(áng)　　央(yāng)　　往(wǎng)
告(gào)　　交(jiāo)　　杭(háng)　　将(jiāng)　　广(guǎng)

如果我们对 a 的发音为什么会有这些变换形式有所了解的话，就容易记住这些变化形式并发准这些音了。其实，a 的这些发音变化形式都是受语音环境影响的结果。如韵尾[-i]是舌面前元音，韵尾[-n]是前鼻音，出现在它们前面的韵腹 a 的实际发音也是舌面前元音，即在 ai 和 an 中念[a]。又如 uai、uan，做韵头的是舌面后元音，做韵尾的是舌面前元音或前鼻音，那么做韵腹的 a 又如何发生变化呢？其实，只要了解韵母结构成分之间的关系就清楚了。相对于韵头而言，韵腹跟韵尾之间的关系比韵腹跟韵头之间的关系要紧密得多，因此相互影响的可能性也就大一些，结果 uai、uan 这两个韵母中的 a 也念[a]。这也能说明为什么 a 后没有韵尾时的 ia、ua 的读音跟 a 做单韵母时的发音一样，因为这两个韵母虽没有韵尾，但从结构关系上讲，它跟韵头的关系仍然不够紧密，所以韵头对它的影响还是比较小。a[ɑ]的发音条件对语音的影响也是如此，受做韵尾的舌面后元音[u]和后鼻音[ŋ]的影响而发舌面后元音，不管它有无韵头或韵头是什么。这就告诉我们，语音的变化是在具体语音环境中进行的，我们根据发音体会是不难掌握它们的发音变化形式的。下面的一些语音变化形式也大体如此。

(二) o 的发音变化及其出现的语音条件

o[o]　舌面、后、半高、圆唇元音。语音条件：出现在唇音声母的后面。例如：

波(bō)　　坡(pō)　　摸(mō)　　佛(fó)

o 做复韵母的韵腹时嘴唇拢得没有发这个音时圆，如"后(hòu)、说(shuō)"。

(三) e 的发音变化及其出现的语音条件

e[e]　舌面、前、半高、不圆唇元音。语音条件：出现在韵尾[-i]前。即韵母 ei、uei 中的 e。uei 有声母时简写作 ui。例如：

诶(ēi)　　北(běi)　　未(wèi)　　亏(kuī)

e[ɛ]　舌面、前、半高、不圆唇元音。语音条件：没有韵尾。即韵母 ê、ie、üe 中的 e。例如：

欸(ê,四个声调都有)　节(jié)　决(jué)

e[ɤ]　舌面、后、半高、不圆唇元音。语音条件：没有韵头和韵尾。即单韵母中的 e。例如：

饿(è)　哥(gē)　可(kě)　特(tè)

e[ə]　舌面、央、中、不圆唇元音。语音条件：出现在鼻韵母中或做轻声音节的韵腹。即韵母 en、uen、eng、ueng 中的 e 和轻声音节中的 e。例如：

恩(ēn)　文(wén)　横(héng)　翁(wēng)
我·的(de)　来·了(le)　五·个(ge)

(四) i 的发音变化及其出现的语音条件

i[i]　舌面、前、高、不圆唇元音。语音条件：做韵腹(有声母时)。即韵母 i、in、ing 中的 i。例如：

皮(pí)　今(jīn)　听(tīng)

i 做韵尾时开口度比[i]稍大,但比[e]稍小,如"开(kāi)、给(gěi)"。做零声母的韵头时,发音都带有一些摩擦,汉语拼音方案中改写作 y,如"压(yā)、叶(yè)、要(yào)"。

注意,舌尖元音-i[ɿ](前)、-i[ʅ](后)在汉语拼音方案中也写作 i,如"资(zi)、雌(ci)、思(si)"中的-i[ɿ]和"知(zhi)、蚩(chi)、诗(shi)、日(ri)"中的-i[ʅ]。

(五) u 的发音变化及其出现的语音条件

u[u]　舌面、前、高、圆唇元音。语音条件：做韵母(有声母)。即韵母 u、ong[uŋ]中的 u。例如：

哭(kū)　工(gōng)

u 做韵尾时开口度比[u]稍大,但比[o]稍小,如"好(hǎo)、后(hòu)"。做单韵母或韵头(均零声母)时,发音时都带有一些摩擦,汉语拼音方案中改写作 w,如"屋(wū)、万(wàn)、未(wèi)"。在声母 f[f]后摩擦还要大一些,如"夫(fū)、复(fù)"。

(六) ü 的发音变化及其出现的语音条件

ü[y]　舌面、后、高、圆唇元音。语音条件：做韵腹或非零声母的韵头。即韵母 ü、üe、ün、üan 中的 ü。例如：

居(jū)　　　决(jué)　　　圈(quān)　　　均(jūn)

ü做零声母的韵头时,发音时带有一些摩擦,汉语拼音方案中改写作y,如"于(yú)、月(yuè)、圆(yuán)、云(yún)"。

六、韵母和元音的关系

跟声母和辅音的关系一样,韵母和元音也是两个不同的概念。韵母是汉语传统语音分析中的概念,元音是普通语音学中的概念。韵母是汉语音节的开头部分,元音则是音素中的一个大类。

一方面,韵母可以由一个单元音构成,如"bā(八)"音节中的a;也可以由两个或三个元音组成,如"tāo(掏)、tiāo(挑)"音节中的ao、iao。另一方面,有的韵母是由元音加辅音(鼻辅音)构成的,如"màn(慢)、mèng(梦)"音节中的an、eng。也就是说,一个元音只记录一个音素,而一个韵母既可能记录的是一个音素,也可能记录的是两个或三个音素。

七、韵母辨正

母语为非汉语的人以及汉语方言区的人学习普通话的韵母时特别需要注意下面几个方面。

1. 区分单韵母和复韵母

普通话中的单韵母和复韵母是各自成系统的,而且普通话的复韵母比较丰富。对母语为非汉语的人而言,需要注意的是,发复韵母时,两个或三个元音是处在一个发音过程中的,从一个元音到另一个元音是逐渐过渡的,整个发音过程形成一个整体,不是发完一个元音再发另一个元音。如guai是一个音节,不要一个元音一个元音地发,变成三个音节的"古阿姨"。

对方言区而言,普通话中有的复韵母在一些方言中念单韵母。这些方言区的人学普通话时,要注意复韵母的读法,防止丢失韵头(见下)或韵尾。也有一些方言相反,将普通话中有的单韵母念成复韵母,此时需要找准对应关系。

2. 防止丢失韵头

普通话的复韵母和鼻韵母的韵头i和u,在有些方言区中却没有。这些方言区的人学习普通话时必须增加韵头。练习这类发音,在有辅音声母的音节里,可以运用三拼连读法,先慢后快,使韵头到位。如"钻(zuān)",在有的方言中容易念成zān,练读时注意不要忽略了韵头的发音。先念成z-u-an,再快速读出整个音节。

对母语为非汉语者而言,往往不是丢失韵头的问题,而是常常将韵头跟声母拼成一个音节,其他部分发成一个音节,如把"zuān"发成"zū ān"。

3. 区分前鼻韵尾和后鼻韵尾

普通话有16个鼻辅音,其中前鼻音韵母和后鼻音韵母各8个,区分十分严格,如"因≠英、根≠耕、班≠帮、关≠光、连≠良"。对母语为非汉语者而言,如果能够区分-n[n]和-ng[ŋ]的读音,学普通话时主要就是字形和字音的对应问题。

对某些方言区的普通话学习者而言,区分前鼻韵尾和后鼻韵尾则是一个特别重要的语音问题,因为很多方言区存在两者混读的情况。有不少方言只有一个鼻音韵尾。总的来说,容易相混的是下面两组10个韵母:

	第一组		第二组		
前鼻音韵母	in	en	an	uan	ian
后鼻音韵母	ing	eng	ang	uang	iang

其中第一组相混程度最严重。另外的6个韵母(uen、ueng、ong和ün、iong、üan)一般很少混读。

分辨前鼻音韵尾和后鼻音韵尾,除了要区分-n[n]和-ng[ŋ]的发音外,还要记住普通话中哪些字发前鼻音,哪些字发后鼻音。一般可以利用声旁来类推,如"今、斤、林、辰、分、艮(gěn或gèn)、门、申、身、文、贞、真"做声旁的字以及跟"鳞、侵、温、珍"等同声旁的字是前鼻音韵尾;"丁、京、井、竟、令、青、曾、风、生、争、正"做声旁的字以及跟"峰、经、凌"等同声旁的字是后鼻音韵母,例外只有"邻(lín)"有个别多音字两个韵尾都有。例如:

亲:① qìng　　只用于"亲家、亲家公、亲家母"。
　　② qīn　　其他场合。
劲:① jìng　　只用于表示"强而有力"这个形容词性语义成分。例如:劲拔、劲草、劲敌、劲风、劲歌、劲旅、劲射、强劲、刚劲。
　　② jìn　　用作名词性语义成分,常儿化。例如:劲头、有劲、没劲、药劲、闯劲、干劲、高兴劲、带劲。

还可以通过声调拼合规律来帮助记忆。如普通话中的 d、t 只跟 ing 相拼,不跟 in 相拼。常用字如"丁、顶、定、听、停、廷"等都是后鼻音。又如 n、l 一般只跟

eng 相拼,不跟 en 相拼(除"嫩、恁")外,常用字如"能、冷、愣、棱"等。

4. 区分撮口呼、合口呼、齐齿呼

对母语为非汉语的学生,关键要注意发准撮口呼的音。练习单元音 ü[y]的关键是嘴唇要圆。发音时,双唇收拢向前突出,肌肉比较紧张,同时舌面向硬腭前部升起。可以先发[i],再将嘴唇拢圆就可以了。然后反复练习复韵母 üe[yɛ]和鼻韵母 üan[yan]、ün[yn]、iong[yŋ]。

对某些方言区的普通话学习者而言,要注意普通话的撮口呼、齐齿呼两类声母在一些方言中发生混淆的情况。有的方言区没有撮口呼韵母,把撮口呼念成齐齿呼,还有的把两者念错位了。有的方言区的撮口呼、合口呼两类韵母发生混淆。这些方言区的人学习普通话时,要注意把撮口呼的韵母从其他韵母中分出来。

5. 发准舌尖元音

舌尖元音是舌尖起作用,母语为非汉语的人常常发不到位。普通话中的两个舌尖元音-i[ɿ](前)、-i[ʅ](后)不能自成音节,只能做单韵母,且相拼的声母有限。-i(前)只跟 z、c、s 相拼,-i(后)只跟 zh、ch、sh、r 相拼。练读时,不妨先练习整体认读音节 zi、ci、si 和 zhi、chi、shi、ri,然后通过拉长音的办法读出舌尖元音。如用普通话念"资"(zī)并拉长,拉长的部分便是-i(前)这个音;用普通话念"知"(zhī)并拉长,拉长的部分便是-i(后)这个音。

【思考与检测三】

一、填空:

1. 根据韵母的内部结构特点,将韵母分为 _____、_____、_____三大类。
2. 韵母 in 和 ing 的不同在于 _____。
3. 普通话韵母中,只能自成音节的是_____。
4. 辅音中可以充当声母和韵尾的是_____,只能充当韵尾但是不能充当声母的是_____。
5. 前响复韵母有____ 4 个,后响复韵母有____ 5 个,中响复韵母有____ 4 个。

二、韵母和元音有什么不同?

三、给下列词语注上汉语拼音(声调可暂时不标)。

  心直口快 兵强马壮 多愁善感 马到成功

春光无限　　坚韧不拔　　等而下之　　自力更生

四、在下表中填上每个字音的声母、韵母中的韵头、韵腹、韵尾(声调可暂不考虑)。

汉字	汉语拼音	声母	韵母		
			韵头	韵身	
				韵腹	韵尾
思					
猫					
短					
恰					
庄					
用					

五、韵母辨别练习。

气味—趣味　　急促—局促　　分派—分配　　考试—口试

反问—访问　　申明—声明　　名义—名誉　　戏曲—序曲

私事—失事　　贫民—平民　　潜力—权力　　竭力—角力

灰色—黑色　　金星—精心　　确实—切实　　卫国—外国

出身—出声　　勋章—胸章　　亲近—钦敬—清静

六、改正下列各词中注错的音。

sǒu fù　　qìn xìn　　zù huò　　xuān qī
守护　　　庆幸　　　祝贺　　　先期

fī xín　　qīng qì　　jīng gò　　zò dèi
飞行　　　亲切　　　经过　　　作对

mó shì　　shēng yì　　zǎn nǎn　　mǒng liè
谋士　　　声誉　　　展览　　　猛烈

第四节　声　调

汉语的音节除了声母和韵母这两部分之外,还有一个不可或缺的组成部分,就是声调。对汉语而言,声调的作用一点也不亚于声母和韵母,因为它同样被用来区别意义。就母语为非汉语的学习者学习普通话语音系统的重点和难点而言,学好声调是最重要的一个方面。

一、声调的性质

声调是一个音节高低升降的变化。如"妈(mā)、麻(má)、马(mǎ)、骂(mà)"四个音节的差异,就是由于高低升降的变化不同造成的。由于汉语中一个音节基本上记录成一个汉字,因此声调也叫**字调**。

声调的变化主要由音高决定。音的高低决定于声带振动的频率,调节声带的松紧就能改变声带振动频率,使音高发生变化,进而形成不同的声调。声带紧,振动得快,声音听起来就高;声带松,振动得慢,声音听起来就低。在发音的过程中,声带先松后紧,声调就先低后高;声带先紧后松,声调就先高后低。当然,声调跟音长也有一些关系,有的声调长一些,有的短一些,但这种差别没有起到区别意义的作用,因此并不是汉语声调之间相互区别的主要特征。

在汉语里,声调具有区别意义的作用。如"huān(欢)、huán(环)、huǎn(缓)、huàn(换)"这四个音节,声母和韵母都相同,但意义不同,这种意义上的不同就是由声调的差异造成的。又比如,"汽车(qì chē)—骑车(qí chē)、长短(cháng duǎn)—唱段(chàng duàn)"的不同,也是由声调的区别作用造成的。

汉语是有声调的语言,声调在汉语语音系统中具有特殊的重要地位。汉语的声调可以从调值和调类三个方面来分析,学习汉语的声调先对这三个概念理解了,就容易将声调发到位,纠正不正确的声调发音。

二、调值、调型和调类

1. 调值

调值就是声调的实际读法,也就是一个音节高低升降曲直长短的变化形式。声调的音高是相对的,因此调值就是相对音高,也就是说,不同声调之间的区别是相对的。比如同样一个音节"mǎ(马)",一个小孩说时通常比一个成人说时绝对音高要高不少,但人们听起来还是这个音节,声调都是从高降到低再升到高。又如同样一个词"bīnkè(宾客)",男人念的时候通常比女人念的时候每个音节的绝对音高要低,但人们听起来还是这个词。可见,声调的高低升降变化的形式是相对的。

需要注意的是,声调的高低升降并不是跳跃似的变化,而是连续滑动的,中间没有停顿。如果用乐器演奏来打比方的话,它不像弹钢琴时音阶的升降变化,而近似于拉提琴时用揉抹的指法拉出的音。

为了把调值描写得清晰好懂,通常采用"五度标记法",就是用五度竖线来标记相对音高的一种方法。具体步骤是:先画一条竖线,作为音高的标尺;再将它由低到高分成四格五度,表示声调的相对音高:最高音 5 度,半高音 4 度,中音 3 度,半低音 2 度,最低音 1 度;然后用线条标出音高升降变化的具体形式。下图是用五度标记法标记的普通话四个声调的调值:

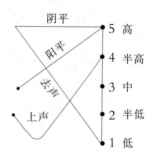

图 3　普通话调值示意图

根据音高变化的形式,制成五度标调符号(调号):˥、˧˥、˨˩˦、˥˩。这种方法就将调值的相对音高标写得很具体。这样的描写就使调值之间的关系变得更加形象直观。有时还可以直接采用数字来表示,两位数字表示直线调值,三位数字表示曲折调值。如上图中的四个声调用数字表示就是:55、35、214、51,这就是普通话中四个声调的基本调值。

2. 调型

跟调值相关的是调型,就是声调音值变化的样式,也就是声调滑动的走势,即它是平的(如 55、33、22、11 之类),升的(如 35、24、13、25 之类),降的(如 53、51、42、31 之类),还是曲折的(有的先降后升,如 213、214、515、412 之类;有的先升后降如 131、242、353、142 之类,这类曲折调普通话没有)。"型"的含义在这里不是类型,而是样式。平调是平直的调,升调是前低后高的调,降调是前高后低的调,降升调是先降再升的调。

普通话的调型有四类:高平调(55)、中升调(35)、降升调(214)、全降调(51)。调型在语音学习、语音教学中具有重要的意义。了解和掌握普通话的声调系统,首先就是要确定平调中的高平调 55、中平调 33、低平调 11,将它们作为"定位"调值反复练习,因为其他调值都可以由这些定位调值推出来。在普通话测试中,调值不到位,只能算缺陷,如果是调型不对,则算错误。如普通话的"214",如果念作"212"或"213",调值不对,但调型没错;但是如果念成"21"或"24"等,则算错读,因为调型错了。

3. 调类

调类是声调的分类,就是把一种语言中调值相同的字归纳在一起所形成的类别。因此,同一种语言或方言中,有多少种基本调值就归纳成多少种调类。如普通话中的四个基本调值,就归纳出几个调类:阴平、阳平、上声、去声。

这里将上面提到的几个概念列举在一起(以普通话为例),以便辨析:

调类	例字	调值	调型	调号
阴平	妈 mā	[55]	高平	˥
阳平	麻 má	[35]	中升	˧˥
上声	马 mǎ	[214]	降升	˨˩˦
去声	骂 mà	[51]	高降	˥˩

三、普通话的四声

从上面的分析中看出,普通话有四种基本调值,因此有四种调类(轻声、变调不包括在内):阴平、阳平、上声、去声。在教学中通常叫做第一声、第二声、第三声、第四声。汉语拼音方案规定用"ˉ ˊ ˇ ˋ"四个符号作为普通话四个声调的调号,这实际就是将五度标调符号"˥ ˧˥ ˨˩˦ ˥˩"除去右边的竖线后的记号。由于普通话只有四个声调,因此这四个调号既可以表示普通话的调值,也可以表示普通话的调类,还可以表示普通话的调型,一身兼三用。

1. 阴平(第一声)

发音时高而平,基本上没有升降变化,调值是55。阴平调也叫高平调或55调。例如:

tiān xīn jīn shī huā xiāng
天　新　津　师　花　香

2. 阳平(第二声)

发音时由中向高扬起,直线上升,调值是35。阳平调也叫中升调或35调。例如:

tái	xí	dá	mín	huí	máng
台	习	达	民	回	忙

3. 上声（第三声）

发音时先由半低降到底再升到半高，中间有曲折，调值是214。上声调也叫降升调或214调。例如：

qiǎo	dǎo	gǎn	měi	yǐ	zǒu
巧	导	敢	美	以	走

4. 去声（第四声）

发音时由最高点降到底，中间没有曲折，调值是51。去声调也叫全降调或51调。例如：

yè	shè	huà	jiè	xiàng	zhàn
业	设	话	界	象	战

在普通话里，去声字比较多，上声字最少。

普通话的四个声调"平、升、曲、降"，升降差异显著，并且明显地区别于汉语其他方言的声调。这成了普通话语音最显著和最基本的特征。

注意，"调号"虽然标在主要元音上，但高低升降的变化却贯穿整个音节，也就是说，声调是整个音节的音高现象，不只是主要元音的高低。

还有一个需要特别注意的现象，在汉语的同一个声调类型中，不管音节中的音素有多少个，这些音节的发音长度是一样的。如 bā（八）包含两个音素，bān（班）包含三个音素，biān（边）包含四个音素，它们都是阴平，虽然各个音节的长短不同，但是读阴平时的声调长短都是一样的。又如 è（饿）只有一个音素，而 guàn 包含四个音素，它们都是去声，虽然音节长短有别，但它们的声调长短也一样。也就是说，在汉语里同一声调的不同音节，都按同一声调的长度来发音。当然，不同的声调之间有不同的长度，一般认为，普通话中上声调最长，其次是阳平，再次是阴平，最短的是去声。

四、声调辨正

普通话语音和汉语方言语音声调系统差异较大，方言区的人学习普通话必须突破声调关。而母语为非汉语的人在学普通话时，由于母语中可能没有声调，就必须学会正确地在音节上添加声调，并读准声调。

首先要读准普通话四声的调值。这是掌握普通话声调的第一步。练习声调的比较好的方法是,先训练几个"定位"调值:高平调55、中平调33、低平调11。反复操练,做到有效地控制声带,把握音高,准确到位。再练习根据调值推演出来的其他调值,反复比较,如比较"35—13、51—31、21—31、212—21、214—212"。

对于绝大多数母语为非汉语者而言,普通话的阴平不难掌握,主要的问题往往是念得不够高,即将高平调念成了中平调。因此,发音时要有意识地抬高音调。

对于普通话的阳平,最主要的问题就是起调过高或过低,尤其是不容易升上去。起调过高或过低,就是没有定好位,因此需要训练调值的定位。如果不容易升上去,学习时可以用"去声+阳平"的双音节词来练习阳平的发音,如"作文、电流、调查、道德"。

对于普通话的上声,前面讲解时说它是个降升调,其实这只是一个简单的说法。实际上普通话的上声并不是一个简单的降升调,而是一个降平升的三折调[2114]。而且,后面升的趋势往往并不明显,因此发成[211]是没有问题的。这样就体现了普通话上声的两个特点:一是音高最低,一是音长最长。初学普通话的时候往往念得不够低不够长,而且容易错误地将注意力放在"升"的部分而不是"低"的地方上,听起来就好像第二声。发音时心理上不要受普通话上升调号"ˇ"的影响。

对于普通话的去声,掌握起来比较容易。它是全降型,从最高降到最低,降得比较快,音长比较短,读字音时要避免降得不够低、不够快,而且容易出现拖音现象。

其次要反复听辨、练读和熟记一些普通话四声的代表字。例如:

shēn móu yuǎn lǜ　　　　shān qióng shuǐ jìn
深　谋　远　虑　　　　　山　穷　水　尽

zhū rú cǐ lèi　　　　　　shēn qiáng tǐ zhuàng
诸　如　此　类　　　　　身　强　体　壮

fān rán huǐ wù　　　　　fēng tiáo yǔ shùn
翻　然　悔　悟　　　　　风　调　雨　顺

这些成语中的四个字的声调分别是普通话的四声,可以作为普通话四声的代表字。辨明、读准、熟记这些字,听普通话的字音就有了客观标准。

当然,这并不是说,读准了普通话的声母、韵母和四声的调值,就学好了普通话的语音。其实,我们在听别人说普通话时会发现这样一个现象,有的人读单字时字音咬得都很准,但在读文章或说话时却不怎么像说普通话。这是怎么回事呢?这就是还没有很好地掌握普通话的腔调,它包括变调、轻声、语调在内的多个整体性语音特征。变调和轻声,我们在下文讲完音节后再逐一说明。学习普通话腔调的过程,就是培养普通话在语音方面的语感的过程。只有普通话腔调水平上去了,普通话的等级水平才会得到较大提高。

【思考与检测四】

一、普通话的全部字音分属为哪几种基本调值?
    1. 调值指的是 _____,调类指的是 _____。
    2. 普通话语音系统的四个声调分别是 _____、_____、_____、_____。

二、读准下列词语的普通话声调并注音。
    1. 山明水秀　　非常可乐　　兵强马壮　　山盟海誓
       虚怀若谷　　生离死别　　英雄好汉　　鸡零狗碎
       花红柳绿　　阴阳上去　　光明磊落　　心直口快
    2. 广阔无边　　分秒必争　　无可非议　　好事成双
       身体力行　　身手不凡　　弄假成真　　心领神会
       梦想成真　　锦绣河山　　轻描淡写　　神通广大

三、拼读下列各个词语,并写出汉字。
    hézuò　　　ēnqíng　　　sìshí　　　yǔshuǐ　　　ānníng　　　yuānwang
    huāfèi　　　zìzhǔ　　　shìchǎng　　yīngxióng　　kǔnàn　　　zhuīqiú

四、下面各字都是声母和韵母相同而声调不同的多音字,请注出它们的各个读音和意义。
    1. 他背着家人背了很多外债。
    2. 用钉锤把这幅画钉在客厅的墙上。
    3. 好吃懒做的人容易惦记着别人的好事。
    4. 这对年轻父母特别注重教他们的孩子信教。
    5. 他推了一天石磨,脚都磨出了泡。
    6. 为了做一个有作为的人,他一直在默默地奋斗着。
    7. 在古代很长时期里,人们对于数和量是区别对待的,数是数出来的,量是量出来的。

五、下列各组词语的声母和韵母相同,但声调不同。请读准语音并写出汉字。
    chéngrén—chéngrèn　　yùyán—yǔyán　　shùyè—shūyè
    shídài—shìdài　　　　 bǐzhí—bìzhì　　 xiāngtóng—xiāngtōng
    tiānkōng—tiánkòng　　 huìyì—huíyì　　 qiāngbì—qiángbì

zhīdào—zhǐdǎo—zhídào   tōngxìn—tóngxīn—tòngxīn

第五节 音 节

一、汉语音节的结构

音节是语音的基本结构单位,是能够自然感知到的最小语音单位。音节是由元音和辅音组成的。汉语音节还包括声调。例如下面这句话包含10个音节:

dōng tiān lái le chūn tiān hái huì yuǎn ma
冬   天   来 了 春   天   还 会 远   吗

音节既然是一个结构单位,就必须从结构的角度去认识和分析。凡是结构,都是由一些成分构成,这些成分之间存在着一定的关系,有的成分之间的关系紧密一些,有的成分之间的关系松散一些;有的成分之间的关系是一种平行关系,有的成分之间的关系是上下包含关系。关系的亲疏远近会影响到它在结构中的表现。这是对结构的基本认识,也是我们分析问题的基础。无论是这里讲到的语音,还是后面要讲到的词汇、语法、汉字,如果我们善于从结构的视角来看问题,就既能提高我们对语言现象的观察能力和分析能力,也能加深我们对语言这个系统的认识。

(一) 汉语音节的构成方式

传统的分析汉语音节结构的方法,是将音节中的组成部分按其性质的差异分成声母和韵母,音节开头的辅音是声母,声母后面的部分是韵母。声调是贯穿音节始终的音高现象,它是汉语音节必不可少的组成部分。因此,汉语的音节一般由声母、韵母和声调构成。

跟其他语言相比,汉语的音节很容易分辨出来。除了像"花儿(huār)、棍儿(gùnr)"这样的儿化词中的"儿"之外,在汉语里音节和汉字是一致的,一个音节通常都用一个汉字来书写,一个汉字通常记录一个音节。这样,汉语的音节划分相对来说比较容易。

声母、韵母、声调是沿用传统的汉语语音学分析音节结构的概念。我们还可以按照普通语音学对音节的分析来分析汉语音节,看汉语音节由哪些音素构成。普通话的声母都比较简单,只能由一个辅音组成。有时音节的开头没有辅音,这个音节就叫零声母音节,如"ēn(恩)、áng(昂)"。普通话的韵母相对比较复杂,内部还有结构层次,还可以进一步分成韵头、韵腹、韵尾。每个韵母都有韵腹(主要元音),

但不一定有韵尾或韵头。

因此,从普通话音节结构上看,声调和韵腹是音节结构的必有要素,而声母、韵头和韵尾则不是音节结构的必有要素。这样看来,汉语音节最多由四个音素构成,如"xiāo(消)、zhuāng(庄)";最少只由一个音素构成,如"ā(啊)、é(鹅)"。音节中元音占绝对优势,辅音较少,有的音节没有辅音,如"ào(奥)、yǒu(有)"。

(二) 汉语音节的结构类型

从声母和韵母这两大部分的组合来看,普通话的音节结构共有 8 种类型,有声母的和没有声母的各有 4 种类型。由于每个音节必须含有韵腹,所以各个音节的组合类型就是在韵腹的基础上加上其他成分组合而成。

1. 没有声母只有韵母

(1) 只有韵腹:ā(啊)、é(鹅)、yī(衣)、wū(屋)

(2) 韵头+韵腹:yá(牙)、wǎ(瓦)、yuē(月)

(3) 韵腹+韵尾:ài(爱)、áng(昂)、yīng(英)、yún(云)

(4) 韵头+韵腹+韵尾:yān(烟)、wáng(王)、yuān(冤)

注意:上面这些音节中的 y 和 w,有的是在音节前添加的符号,如"yī、wū、yīng、yún、yuē、yuān",此时不代表一个音素;有的是由 i 和 u 改写而成的符号,如"yá、wǎ、yān、wáng",此时代表一个音素。具体的拼写规则参见下面对"普通话音节的拼写规则"的说明。

2. 既有声母又有韵母(前面 4 种类型分别跟声母组合)

(1) 声母+(韵腹):bā(八)、gé(格)、jī(基)、kū(枯)

(2) 声母+(韵头+韵腹):xiá(霞)、kuǎ(垮)、lüè(略)

(3) 声母+(韵腹+韵尾):zài(在)、máng(忙)、jīng(精)、qún(群)

(4) 声母+(韵头+韵腹+韵尾):jiān(坚)、kuáng(狂)、juān(娟)

在韵母中,所有的单元音都可以充当韵腹,而韵头只能由开口度较小的高元音 i、u、ü 充当,韵尾只能由 i、u 和 n、ng 充当。如果一个韵母中含有两个或三个元音,开口度比较大的元音做韵腹,如 ai 和 ia 中,a 是韵腹,开口度比 i 大;üe 和 ie 中,e 是韵腹,开口度比 ü 和 i 都大一些;iao 中的 a、uei 中的 e,开口度最大,都是韵腹。

有了这样一些知识,就可以比较方便地说明普通话声调符号的标写位置。声调都标在韵腹上,也就是标在开口度相对较大的元音上。一般教学中提到的按 a、o、e、i、u、ü 的先后顺序优先选择排在前面的字母标调,就是这个道理。另外,我们常将 iu 和 ui 的标调单独列出,指出它们的声调符号总是标在后一个字母上。其实这两个韵母的标调方式也符合根据开口度大小标调的总原则。它们在跟声母拼合时,iu 是 iou 的省写形式,ui 是 uei 的省写形式。在 iou 和 uei 中,开口度相对较大的元音是充当韵腹的 o 和 e,本来声调应该标在它们上面,但由于这个音素省写了,声调只能标在其他音素上。由于韵尾和韵腹的关系比韵头和韵腹的关系紧密,所以作为韵尾的音素就"优先继承"了韵腹的标调位置。从这里进一步看出,无论是研究还是教学,对结构成分及其关系的认识会使我们更容易接近问题的本质,很多例外现象,我们也能发现其中合乎规则的部分。掌握了规则,说明和记忆起来都比较方便。

二、普通话声韵调的配合规律

普通话的语音共有 21 个声母(加上零声母共 22 个)、39 个韵母和 4 个声调,这是普通话语音系统的基本组成部分。在这些成分中,并不是每个声母都能跟每个韵母相拼,也不是每个音节都有 4 种声调。

普通话声母、韵母、声调的配合有一定的规律性,其中声韵配合的规律性很强,而声调和声韵之间的配合关系只有一些倾向性的规则。下面介绍普通话声韵配合的一般规律。

在普通话语音系统中,相关发音部位的辅音声母往往跟同一类韵母相拼。声母和韵母之间最直接的联系体现在声母跟韵母开头的音的关系上。传统上将汉语的韵母分为开口呼、齐齿呼、合口呼和撮口呼,正是根据韵母开头音素的性质对韵母所做的分类,因此,声韵配合的规律性主要就表现在声母的发音部位跟韵母"四呼"的关系上。这里将普通话声母的发音部位跟韵母"四呼"的配合情况列成下表("+"表示该行声母能够跟该呼的全部韵母或部分韵母相拼,"—"表示不能相拼):

表 5 普通话声韵配合关系表

配合关系 声母	韵母	开口呼	齐齿呼	合口呼	撮口呼
双唇音	b、p、m、	+	+	+(限于 u)	—
唇齿音	f	+	—	+(限于 u)	—
舌尖中音	d、t	+	+	+	—
	n、l	+	+	+	+
舌根音	g、k、h	+	—	+	—

续表

舌面音	j、q、x	−	+	−	+
舌尖后音	zh、ch、sh、r	+	−	+	−
舌尖前音	z、c、s	+	−	+	−
零声母	∅	+	+	+	+

从表中能够看出普通话声韵配合的一些基本规律:

1. 从"四呼"来看

(1) 跟开口呼韵母配合的声母最多,只有舌面前音 j、q、x 不能配合。

(2) 跟撮口呼韵母配合的声母最少,只有舌面前音 j、q、x 和舌尖中音 n、l 能配合。

(3) 跟四呼韵母都配合的只有舌尖中音 n、l 和零声母。

2. 从声母来看

(1) 双唇音(b、p、m)只跟开口呼、齐齿呼和合口呼的 u 韵母相拼,不跟撮口呼相拼。

(2) 唇齿音(f)只跟开口呼和合口呼的 u 韵母相拼,不跟齐齿呼、撮口呼相拼。在所有的声母中,f 能配合的韵母最少。

(3) 舌尖中音(d、t、n、l)能跟开口呼、齐齿呼、合口呼相拼,但 d、t 不能跟撮口呼相拼,而 n、l 可以。

(4) 舌根音(g、k、h)、舌尖后音(zh、ch、sh、r)、舌尖前音(z、c、s)只能跟开、合两呼相拼,不能跟齐、撮两呼相拼。

(5) 舌面音(j、q、x)跟上面三套声母正相反,只能跟齐、撮两呼相拼,不能跟开、合两呼相拼。

(6) 零声母基本上能跟所有韵母相拼,只是不能跟舌尖韵母-i[ɿ]和-i[ʅ]相拼。-i[ɿ]必须跟 z、c、s 相拼,-i[ʅ]必须跟 zh、ch、sh 相拼。

注意,能不能相拼一般不是由于发音难不难造成的,而是由各个语言或方言语音系统内部各个成分的相互制约和历史发展造成的。如普通话中 f 不能跟 i 相拼,而上海话可以(如把"飞"念成"fi"),很多语言中也都有这样的音节组合;又如现代汉语中 g、k、x 不能跟齐齿呼、撮口呼相拼,古代汉语可以。

普通话的语音共有 22 个声母(含零声母)和 39 个韵母组合后可能构成的音节(不计声调),理论上有八百多个,可是实际上出现的只有四百多个。这正是声母和韵母的配合受到限制的结果。

掌握了普通话声韵配合规律,对于学好普通话,掌握拼音和拼写的规则,提高给汉字注音的能力,具有重要的作用。

三、普通话音节的拼写规则

汉语拼音方案和《汉语拼音正词法基本规则》对普通话音节的拼写做了一些规定,主要有下面一些内容。学习普通话时必须了解,这是正确拼写和认读汉语拼音、查检现代汉语字典词典的基础。

1. y、w 的用法

关于 i、u、ü 三行的韵母(也就是齐齿呼、合口呼、撮口呼韵母)自成音节时的写法,有如下规定:

(1) i 和 u 后面如果没有别的元音,就在 i 前直接加 y,在 u 前直接加 w。例如:

i→yi(衣)　　　in→yin(因)　　　ing→ying(英)　　　u→wu(乌)

(2) i 和 u 后面如果有别的元音,就把 i 改成 y,把 u 改成 w。例如:

a→ya(呀)　　　　　　ie→ye(耶)　　　　　　iao→yao(腰)
iou→you(忧)　　　　　ian→yan(烟)
iang→yang(央)　　　　iong→yong(雍)
ua→wa(蛙)　　　　　 uo→wo(窝)　　　　　　uai→wai(歪)
uei→wei(威)　　　　　uan→wan(弯)　　　　　uen→wen(温)
uang→wang(汪)　　　　ueng→weng(翁)

(3) ü 后面不管有没有元音,都在前面直接加 y,ü 上两点同时省略。例如:

ü→yu(迂)　　　　　　üe→yue(约)
üan→yuan(冤)　　　　 ün→yun(晕)

这样规定 y、w 的用法,目的是在按词连写时让 y、w 起到分割音节界限的作用。例如:"da+i→dayi(大衣)"中 i 前如果不加 y,连写时就可能误作一个音节"dai(带)";"sheng+u→shengwu(生物)"中 u 前如果不加 w,连写时就可能误作另一个词"shengu(身故)","xian+ian→xianyan(先验)"中 i 如果不改成 y,连写时就可能误作另一个词"xianian(瞎念)"。

2. 隔音符号的用法

a、o、e 开头的音节,连接在其他音节后面的时候,如果音节的界限发生混淆,就用隔音符号(')隔开。例如：

pí'ǎo(皮袄)   dàng'àn(档案)   cháng'é(嫦娥)   jiāng'ōu(江鸥)

其实，在现实的按词连写中，有些 a、o、e 开头的音节，即使不跟前面的音节发生界限混淆，如果前一个音节的最后一个音素是元音，人们通常也加隔音符号，这样就使音节之间的界限比较清楚。例如：

gè'àn(个案)   kě'ài(可爱)   mù'ǒu(木偶)

3. ü 上两点的省略

ü 行韵母除了自成音节前面加 y 后上面两点省略外，跟 j、q、x 相拼也省略两点。例如：

jū(居)   qū(区)   xū(虚)
jué(决)   quē(缺)   xuē(靴)
juān(捐)   quān(圈)   xuān(宣)
jūn(均)   qún(群)   xūn(勋)

但是 ü 跟 n、l 相拼时，上面两点不能省略，仍然写成"nǚ(女)、lǚ(吕)"。

其实 ü 能不能省略两点，就看省略后会不会跟韵母 u 发生混淆，不发生混淆的可以为了书写方便而省略 ü 上两点，发生混淆的就不能省略。普通话的声母和韵母的配合关系表明，声母 j、q、x 能跟撮口呼韵母相拼，而不能跟合口呼韵母相拼，因此 ju、que、xuan、jun 等音节里的符号 u 必然是音素 ü 而不是音素 u。而 n、l 既能跟 ü 相拼，也能跟 u 相拼，如果 ü 跟 n、l 相拼时两点省略了，那就会发生混淆。例如：

nǚ(女)—nǔ(努)   nǜ(衄)—nù(怒)
lǘ(驴)—lú(炉)   lǚ(吕)—lǔ(虏)   lǜ(律)—lù(路)

同样，nüe 和 lüe 中上的两点也不省略。例如：

nüè(虐、疟)—lüè(略、掠)

4. iou、uei、uen 的省写

iou、uei、uen 跟声母相拼时，分别写作 iu、ui、un。例如：

n+iou→niu(牛)   g+uei→gui(归)   l+uen→lun(论)

省写的原因是，这三个韵母跟声母相拼后，中间的元音 i、e 通常变得不明显，

省写后比较接近实际读音。

5. 标调法

（1）声调符号标在音节的主要元音（韵腹）上。例如：

bō（播）　　lái（来）　　kuā（夸）　　piào（票）

běn（本）　　féng（逢）　　biān（边）　　zhuàng（状）

（2）声调符号标在 i 上时，i 上的点儿省写。例如：

yī（衣）　　jǐn（紧）　　xíng（行）　　huì（会）

（3）iou、uei 省写成 iu、ui 之后，声调符号标在后一个音素上。例如：

jiù（就）　　kuī（亏）　　liú（刘）　　huì（会）

（4）四声声调一律标原调，不标变调。但是在语音教学时可以按变调写。

（5）轻声音节不标声调符号。例如：

shítou（石头）　　wǒmen（我们）　　bàba（爸爸）

dòufu（豆腐）　　zǎoshang（早上）　　qīngchu（清楚）

6. 分词连写

汉语书面语中词与词之间是没有空格的，因此从书面上不容易直观地区分出词来。而以词为书写单位，是用汉语拼音拼写普通话的基本规则。词内音节连写，词与词之间分写。例如：

Shàngdì zài cìyǔ wǒmen qīngchūn de tóngshí yě cìyǔ wǒmen
　上帝　在　赐予　我们　　青春　的　同时　，也　赐予　我们
qīngchūndòu
　青春痘　　。

7. 字母大小写

句子开头的字母和诗歌每行开头的字母要大写。专用名词的第一个字母大写；由几个词组成的专有名词，每个词的第一个字母大写。姓和名分开写，开头字母都要大写。例如：

Yǒu yīwèi jiào Zhāng Kāixīn de rén zài Guāngmíng Rìbào gōngzuò
　有　一位　叫　　张开新　　的　人　在　　光明　日报　　工作　。

【思考与检测五】

一、举例说明汉语音节结构的特点。

　　1. 普通话音节由_____、_____和_____三部分组成。

　　2. 在普通话音节结构中，_____和_____是必不可少的。

　　3. 普通话音节中，最多可以有_____个音素，最少必须有_____个音素。

二、改正下列拼写错误。

　　siāosi（消息）　　shānpuō（山坡）　　mōngyén（蒙人）
　　jànxē（间歇）　　　quèdìn（确定）　　　siànguǎng（向往）
　　píǎo（皮袄）　　　tuēihuān（推翻）　　　lióudùng（流动）
　　iluèn（议论）　　　lǎuōng（老翁）　　　xuānnùn（鲜嫩）
　　luìsuěi（泪水）　　qíujiòu（求救）　　　shàngè（上颚）
　　dèiǒu（对偶）　　　hǒjù（火炬）　　　　qóngkuèn（穷困）
　　iàoù（药物）　　　lǐndǎu（领导）　　　üuániòng（援用）
　　jùfù（住户）　　　yùyiè（玉液）　　　　tuēnghúng（通红）
　　xàolù（效率）　　　iǒuuèi（有为）　　　guèizhú（贵族）

三、给下列词语注上拼音。

　　水准　议案　越野　超额　准运　附小　娇贵　委员
　　西安　渔业　非法　菱藕　水流　花蕾　报恩　埋怨
　　双手劳动，慰藉心灵。
　　回顾往事，你将充满柔情。
　　天行健，君子以自强不息；地势坤，君子以厚德载物。

第六节　语流音变

　　说话的时候，并不是一个音发完后停顿一会儿接着发另一个音，而是在一定的时间内把一连串的音组合起来连续地发出。这样，前后相连的音之间就可能由于相互影响而发生程度不同的变化。这种在语流中由于受邻近音的影响而使得某个音发生一些变化的语音现象，叫做**语流音变**，也叫连读音变。

　　普通话的音变现象很多，最典型的是轻声、儿化、连读变调等。下面分别介绍。

一、轻　声

（一）轻声的性质

在语流中,某些音节失去原有的声调,念得又短又轻,这种声调就是**轻声**。通常把这些读轻声的字叫做做**轻声字**。例如：

里面　树下　过来　送回去　热热闹闹　糊里糊涂
动静　消息　喜欢　招呼　巴掌　老实　亮堂
我的　去过　人呢　妈妈　试试　鸭子　他们

轻声不是普通话四种声调之外的第五种声调,它是四声在语流当中的一种音变现象。在词语中念轻声的字,单个儿念时都有固定的声调。如 dòngjing（动静）和 kànyikàn（看一看）中的"静"和"一"都念轻声,但它们单独念时分别念成 jìng 和 yī。

在拼写音节时,轻声音节不标调。

有人调查过,在现代汉语中,平均每说 5 到 7 个字就有一个是轻声。可见,学习普通话时发好轻声非常重要。

（二）轻声的调值

作为一种音变现象,轻声只能在词语或句子中体现出来。轻声的性质主要取决于音长和音高。由于处于重读音节的后头,音长明显短于非轻声音节,音长一缩短,原来的调值就不能保持不变,同时音强变弱以至表现得不明显。

当一个字读轻声的时候,原来的声调失去了,声音的高低（即实际调值）往往受前一个字的声调的影响。如"子"读轻声时,在"桌子（zhuōzi）、台子（táizi）、椅子（yǐzi）、凳子（dèngzi）"中的音高各不相同。具体说来就是（[　]里的数值是相对调值）：

阴平[55]＋轻声[2]：先生、妈妈、桌子、趴下、黑的
阳平[35]＋轻声[3]：长处、爷爷、锤子、滑下、白的
上声[214]＋轻声[4]：好处、奶奶、椅子、躺下、紫的
去声[51]＋轻声[1]：坏处、爸爸、凳子、坐下、绿的

这种轻声音节调值的变化似乎比较复杂,其实有较强的规律:前面音节调值起点高的,轻声音节的调值就低;前面音节调值起点较低的,轻声音节的调值就较高;前面音节调值起点居中的,轻声音节的调值也居中。因此,一般情况下,我们不必

掌握得那么细致,大体记住大的趋势就可以了:当前面的字是上声时,轻声字的音调较高;当前面的字是其他声调时,轻声字的音调都比较低。

注意,由于轻声音节念得比较短,前面一个音节就念得比单念的时候长一些,但两个音节的长度之和仍跟原来两个音节的长度之和大体相同。如"东西(dōngxi)"和"东西(dōngxī)"这两个词的音节总长度基本相等。这是由于汉语词汇以双音节为节奏单位这个影响造成的。因此,练习普通话轻声词时,要有意地将前面一个音节读长一些,轻声字则念得又轻又短。有人用"突然停止"的方式或紧一下喉咙的方式来读轻声字,以期达到"短"的效果,这是不对的。

另外,轻声音节不仅引起音高、音长、音强的变化,还会引起音节中某些声母或韵母发生变化。例如,"泥巴"的"巴"轻读后,清塞音声母[p]变成浊塞音[b];"棉花"的"花"轻读后,韵母 uɑ[uA]变成[uə];"那个"的"个"轻读后,韵母 e[ɤ]变成[ə]。甚至有一些音节在读成轻声后,整个韵母都丢掉了。例如:"我们"的"们"、"豆腐"的"腐"、"意思"的"思",轻读后分别只留下声母[m]、[f]、[s]。

注意,虽然轻声字的声母或韵母发生了变化,但在拼写音节时,仍然按原来的声韵配合情况来标写,只是不标声调以显示是轻声字。例如上面这些词的汉语拼音是:

泥巴(níba)　　　　棉花(miánhua)　　　　那个(nàge)

我们(wǒmen)　　　豆腐(dòufu)　　　　　意思(yìsi)

需要说明的是,实际交际中人们对这些声音本身的变化一般并不太注意,而且大多也并不是非变不可。越是口语色彩重的交际场合出现得越多。因此,对于母语为非汉语者的初学者来说,除了一些常见的能够区别词义、词性作用的词外,一般不必专门去练习和记忆。下文会对轻声的规律作出说明。当然,到了一定的学习阶段,是需要将一些常见的轻声词记住的。这实际上不仅是母语为非汉语者的难题,同时也是汉语方言区的人学习普通话的一个难题。

(三) 轻声的作用

轻声这种音变现象,跟词汇、语法有密切的关系,有些词的轻声具有区别词义、区分词性的作用。

1. 区别词义。例如:

东西:dōngxī(指东和西两个方向):长安街是东西向的。

　　　dōngxi(指物品):我买了一点东西。

眉目：méimù(指眉毛和眼睛)：眉目传情。

　　méimu(指事情的头绪)：事情终于有了眉目。

孙子：Sūnzǐ(古代人名，"子"表示敬称)：孙子兵法。

　　sūnzi(指儿子的儿子)：爷爷教孙子。

2. 区分词性，进而也使词义有了区别。例如：

大意：dàyì(名词，指主要意思)：分析段落大意。

　　dàyi(形容词，指疏忽)：千万不能粗心大意。

花费：huāfèi(动词，因使用而消耗掉)：花费时间和精力。

　　huāfei(名词，消耗的钱)：买实验器材的花费。

地道：dìdào(名词，指在地下挖的通道)：挖了一条地道。

　　dìdao(形容词，指够标准)：地道的普通话。

3. 有的音节轻声与否造成语言单位性质的差异，形成了词和短语的区别。例如：

干事：gàn shì(短语)：干事的人比说话的人要累。

　　gànshi(名词)：她是学生会干事。

拉手：lā shǒu(短语)：大家拉手告别。

　　lāshou(名词)：在书柜上安个拉手。

买卖：mǎi mài(短语)：买卖土特产品。

　　mǎimai(名词)：买卖兴隆。

上面轻声词和非轻声词的词形相同。实际上，有的轻声词和非轻声词词形有别。例如：

龙头：lóngtóu(指龙的头)：在舞龙时，舞好龙头是关键。

笼头：lóngtou(指套在骡马等头上的东西)：给马套上笼头。

电子：diànzǐ(名词)：电子计算机。

垫子：diànzi(名词)：编织草垫子。

报仇：bàochóu(动词)：为父亲报仇。

报酬：bàochou(名词)：劳动报酬。

(四) 轻声的规律

一般说来，新词、专业术语中很少有轻声音节，轻声词大多是口语中的常用词。

普通话中有不少常用双音节词的第二个音节习惯上念轻声。这些词的规律性不强，一般不起区别意义的作用。例如：

姑娘　巴掌　包袱　葡萄　萝卜　玻璃　编辑　大夫
扫帚　柴火　耳朵　先生　相声　出息　晚上　衣服
打听　晃荡　忘记　吩咐　休息　冤枉　在乎　折腾
叫唤　咳嗽　收拾　利索　阔气　结实　凉快　规矩
机灵　聪明　含糊　明白　干净　清楚　便宜　迷惑

这不是说普通话的轻声现象就杂乱无章了。有一些跟词汇、语法有密切联系的轻声现象，还是有较强的规律的。下面一些成分在普通话中通常都读成轻声。

1. 主要起语法作用的成分：

(1) 语气词，如"吧、吗、呢、啊、嘛、啦"等。例如：

走吧　去吗　人呢　真大啊　让他说完嘛　好啦

(2) 助词"的、地、得"和"着、了、过"。例如：

我的　渐渐地　差得远　下着雨　吃了饭　看过电影

(3) 名词、代词的后缀"子、头"和"们、么"。例如：

桌子　砖头　他们　朋友们　这么　什么　多么　怎么

(4) 某些量词"个、些"等。例如：

五个　换个方式　那些　找些材料　披件大衣

(5) 用在名词或代词后面表示方位的词"上、下、里、边"等。例如：

地上　椅子下　屋里　这边

(6) 用在动词、形容词后表示趋向的词（即趋向补语），如"来、去、开、出来、进去、起来"等。例如：

回来　出去　走开　跑出来　溜进去　好起来

(7) 动词重叠式的后一个音节或重叠动词中的"一"和"不"。例如：

看看　想想　四处转转　你来说说
看一看　查一查　敢不敢　调查不调查

2. 部分四音节词语里的衬字。例如：

糊里糊涂　灰不溜秋　丁零当啷

3. 音节重叠的亲属称谓词中的第二个音节。例如：

爸爸　妈妈　哥哥　妹妹　爷爷

上面类型似乎很复杂，但是共性比较明显，也就是念轻声的大都是词汇意义都比较虚的成分。掌握了这个大的原则，就能更好地认识轻声的性质。而且，上面第一大类中，除了第(3)小类外，基本上都是单音节词。其实这里面蕴涵着这样的理论问题：在构词和造句中，词汇意义越虚，读音越弱。掌握了这个理论，能够深化我们对轻声的理解，有助于我们理解一些词汇现象和语法现象。其实，各个语言中读得比较弱比较轻的音节，也大体如此。这就进一步告诉我们，在学习一种新的语言的语音系统时，可以拿母语的语音系统进行有效的比较，找到系统之间的共性，提升自己对语言规律的认识，从而更快地提高学习的进度和程度。

二、儿　化

(一) 儿化的性质

普通话里有两个"儿"。一个有具体的意义，如"儿子、儿童、婴儿、幼儿"中的"儿"，这是我们介绍过的卷舌元音 er，只能自成音节而不能跟声母相拼组成音节。还有一个"儿"，没有具体的意义，如"花儿、鸟儿、冰棍儿、有劲儿"中的"儿"，它不能自成音节，只能跟在其他音节的后面，使这个音节的韵母带上卷舌动作，成为卷舌韵母。这种使一个音节中的韵母带上卷舌色彩的音变现象叫"儿化"，产生卷舌作用的韵母就叫"儿化韵"或"卷舌韵"。例如"花儿"，在念"huā"的时候直接在音节结尾处加上一个卷舌动作，念成"huār"。可见，这里的"儿"不表示一个独立的音节，也不是一个音素，只是一个卷舌动作的标志，它是一个音节的组成部分。

在用汉字书写韵母儿化的音节时，一般用两个汉字来表示。如"花儿""树枝儿""窟窿眼儿"。有时将"儿"写得小一些。如"花儿""树枝儿""窟窿眼儿"，甚至不写出来。这种"儿"是普通话里唯一不能独立成音节的汉字。在用汉语拼音来拼写儿化音节的时候，只需在原来的音节后直接加上一个表示卷舌作用的"r"就可以了。如"花儿(huār)、娘儿们(niángrmen)、树枝儿(shùzhīr)、窟窿眼儿(kūlongyǎnr)"。注意，不要见到词的末尾有"儿"就念儿化音。比较"闺女儿"和"小女儿"，前者在口语中常念成儿化音"guīnǚr";后者指最小的女儿,念作"xiǎonǚ'ér",不是儿化音。

(二)儿化的作用

跟轻声现象一样,儿化这种音变现象也跟词汇、语法有密切的关系,具有区别词义、区分词性的作用,有的儿化词还有特殊的感情色彩。

1. 区别词义。例如:

门(房子的一部分)——门儿(办法:这事没门儿)

天(天空)——天儿(时候:天儿还早呢;天气:天儿不错)

信(信件)——信儿(消息:没有信儿)

火星(行星名)——火星儿(很小的火:炉子里的火星儿迸出来了。)

白面(小麦磨成的粉)——白面儿(海洛因:千万别吸白面儿)

2. 区分词性,进而也区别了词义。例如:

画(动词)——画儿(名词)

笑话(动词,指耻笑)——笑话儿(名词,指故事)

错(形容词)——错儿(名词)

堆(动词、名词)——堆儿(量词)

个(量词)——个儿(名词)

儿化词绝大多数都是名词,只有少数例外。

3. 带有某种特殊的感情色彩,如小、亲切、喜爱、和缓等。例如:

一点儿　小球儿　头发丝儿　小事儿　——表示小

小王儿　小明儿　小孩儿　老头儿　——表示亲切

鲜花儿　蛐蛐儿　苹果脸儿　皮猴儿　——表示喜爱

当然,有很多儿化词只是一种口语表达,没有多少特殊的感情色彩。例如:

哪儿　西边儿　树桩儿　黑板擦儿　易拉罐儿　柜门儿

重活儿　光棍儿　圆圈儿　打嗝儿　纳闷儿　玩儿命

应该指出的是,儿化韵带有较多的方言色彩。对说北京话的人来说,有很多词的儿化只是一种语言习惯,它们并不具有上面所说的儿化韵的特定功能。具有区别词义和词性作用的儿化词是必须掌握的。

注意,儿化是一种非常口语化的语音现象,在比较正式的场合一般不用。因此有的儿化词在正式场合就需要换一个词来表达。如"头儿(tóur)",在随便的场合可以说"我是来找你们头儿的",而在正式的场合只能说"我是来找你们领导的"之类的话。有不少留学生知道了儿化现象后,到了对话的场合就用一下,这是不合适的。

(三) 儿化韵的发音规律

普通话的韵母,除了自成音节的 er 外,其他韵母都可以儿化。韵母儿化时,韵母的读音会发生变化,具体的变化情况决定于做韵腹和韵尾的音素的性质,韵头一般没有变化。下面是儿化的基本规律:

表 6 儿化音变规律简表

韵母	儿化时的变化规律	例词	
		写法	读法
无韵尾或韵尾是 u	直接加卷舌动作	鲜花儿 xiānhuār	[hua→huar]
		心窝儿 xīnwōr	[uo→uor]
		小猫儿 xiǎomāor	[mau→maur]
		饱嗝儿 bǎogér	[kɤ→kɤr]
		台阶儿 táijiēr	[tɕiɛ→tɕiɛr]
韵尾是 i 或 n	韵尾丢失,有的韵腹也有变化(向央元音靠拢)	一块儿 yīkuàir	[kuai→kuar]
		晚辈儿 wǎnbèir	[pei→pər]
		纳闷儿 nàmènr	[mən→mər]
		脚印儿 jiǎoyìnr	[in→iər]
		合群儿 héqúnr	[tɕ'yn→tɕ'yər]
韵腹是 i 或 ü	加央元音[ə]	玩意儿 wányìr	[i→iər]
		毛驴儿 máolǘr	[ly→lyər]
韵腹是舌尖元音-i [ɿ, ʅ]	变成央元音[ə]	石子儿 shízǐr	[tsɿ→tsər]
		果汁儿 guǒzhīr	[tʂʅ→tʂər]
韵尾是 ng	韵尾丢失,元音鼻化,有 i 韵腹的要加[ə̃]	药方儿 yàofāngr	[faŋ→fã̃r]
		信封儿 xìnfēngr	[fəŋ→fə̃r]
		火星儿 huǒxīngr	[ɕiŋ→ɕiə̃r]
		小熊儿 xiǎoxióngr	[ɕyŋ→ɕyə̃r]

这张表的内容似乎极其繁杂,很难把握。其实,从上面这张简表可以看出,儿化的发音有这样一条基本原则:便于卷舌的直接加-r;不便于卷舌的,或丢失韵尾,或加央元音[ə]过渡,或变成央元音[ə],然后加-r。掌握了这条原则,分析起来也就迎刃而解了。

所谓"便于卷舌",指的是韵母的最后一个音素开口度较大,舌位较低或较后

(a、o、e[ɛ]、e[ɤ]、u),发这个音时能够比较方便地把舌头卷起来。

所谓"不便于卷舌",指的是韵母最后一个音素的舌位跟卷舌动作发生冲突,发这个音时不容易地把舌头自然地卷起来,如舌位前而高的元音(i、ü、e[e])、舌尖元音(-i)、鼻韵尾(n、ng),卷舌时舌尖受到阻碍,有的抵住了上齿龈,有的抵住了硬腭前端。凡是需要加央元音过渡或变成央元音的音都是开口度比较小的前高元音和舌尖元音。

有了这个认识,大家就比较容易地记住这张儿化音变规律表了。其实,最直接而有效的办法就是自己发一发某个音节,再尝试着发到音节后半时将舌尖卷起来,此时发音方便不方便、不方便时又如何解决的,也就比较清楚了,一般是不需要死记硬背的。

另外,总的来说,儿化词大多用于单音节的口语词,大多数双音节或多音节的儿化词不用儿化一般也可以(只有那些能够区别词义、词性的词例外)。

三、变 调

学习普通话的字音时,一般开始是一个字一个字地学。只要我们把单字音发准了,"读"汉语时声调是可以读得很准的。但是,当我们把一些字连在一起说时,似乎就不那么准了,也就是人们常说的不那么地道了。为什么呢?其中一个很重要的原因就是在连着说时某些字的声调发生了变化。

大家已经知道,普通话的调类只有四个,它们的基本调值是[55]、[35]、[214]、[51]。一般说来,普通话的每个字都有一个固定的声调(多音字则有几个固定的声调)。但是当两个或两个以上的字连在一起说时,相邻的字音就可能相互发生影响而使某些字的声调发生变化。这种由于受相邻音的影响而使某个字音发生声调变化的音变现象叫做连读变调,简称**变调**。相对于变调,通常把一个字单念时的声调叫做**本调**。

普通话中最常见的变调类型主要有上声的变调和"一""不"的变调等。

(一)上声的变调

上声调只是在单念或词句末尾时念本调[214],其他场合都要变调。

1. 两个上声相连,前一个上声念阳平[35]。即:上声+上声 ⇒ 阳平+上声。例如:

北斗　本领　表演　橄榄　管理　假使　讲演

女子　浅显　水果　所以　舞蹈　远古　指导

2. 在非上声（阴平、阳平、去声）前，上声变成半上[211]。即：上声＋非上声⇒半上＋非上声。为了简便起见，[211]通常就标为[21]。例如：

在阴平前：北京　火车　紧张　老师　普通　小说
在阳平前：果实　海洋　讲台　可能　假如　语言
在去声前：感谢　岗位　鼓励　海燕　解放　晚饭

这样，"远古"听起来像"圆鼓"，"指导"听起来像"执导"，前一个字的变调听起来特别明显。

3. 在轻声前，前面的上声字一般仍要根据它后面轻声字的本调来变。这跟上面的两条规则实际一样。

（1）在非上声字改读的轻声前，变为半上[211]。即：上声＋轻声（←非上声）⇒半上＋非上声。例如：

比方　尾巴　手巾　眼睛　管家　喜欢
起来　老实　暖和　眼神　打量　老婆
宝贝　脑袋　妥当　讲究　打扮　扁担

（2）在由上声字改读的轻声前，一般变为阳平[35]。即：上声＋轻声（←上声）⇒阳平＋轻声。例如：

想起　等等　可以　赶紧　小鬼　打扫　老虎

但是，这种"上声＋轻声（←上声）"的情况有两类例外，它们的前一个字并不念阳平，而是念半上[211]。这两类例外是：

第一类：上声＋"子"（轻声）⇒半上＋"子"（轻声）。例如：

椅子　斧子　本子　铲子　茧子　小子　板子　傻子

第二类：表示亲属称谓的上声字的重叠⇒半上＋轻声。例如：

奶奶　姥姥　姐姐　嫂嫂　婶婶

4. 三个上声相连，情况要稍微复杂一些，有两种变调情况：

第一种：纸老虎　小雨伞　好领导　土产品　厂党委
第二种：展览馆　总统府　雨伞厂　选举法　理想者

第一种的变调结果是"半上＋阳平＋上声",第二种的变调结果是"阳平＋阳平＋上声"。

同样都是三个上声相连,为什么会出现如此差异呢？原来这两种类型的内部结构层次并不相同,第一种的结构层次是[214＋(214＋214)],属于"单双格"的组合;第二种的结构层次是[(214＋214)＋214],属于"双单格"的组合。它们的变调结果实际上是"上声＋非上声 ⇒ 半上＋非上声"(记作变调模式Ⅰ)和"上声＋上声 ⇒ 阳平＋上声"(记作变调模式Ⅱ)这两种变调模式的交叉或重复运用,处于内部层次的先按规则变调,然后才是处于外部层次的接着变调。具体变调过程就是：

第一种(单双格)：214＋<u>214＋214</u> 运用变调模式Ⅰ ⇒
<u>214＋35</u>＋214 运用变调模式Ⅱ ⇒
211＋35＋214

第二种(双单格)：<u>214＋214</u>＋214 运用变调模式Ⅰ ⇒
<u>35＋214</u>＋214 再次运用变调模式Ⅰ ⇒
35＋35＋214

从这里再次看出,从结构的角度认识问题会简化我们的分析过程,帮助我们学习和记忆。语言结构的内部规律远比我们目前观察到的要丰富得多。

其实,如果连读的上声更多的话,可以根据其内部结构做出适当的分组后再交叉或重复运用上面的变调模式。

(二) "一""不"的变调

在连读变调中,"一"和"不"这两个字的变调情况也非常突出。

1. "一"的变调

"一"的本调是阴平,单念、在词句末尾、表序数、记日期时念本调。例如：

一、二、三　统一　三减二等于一
一年级　天下第一　一九一二年一月十一日

"一"在下面三种情况下变调：

(1) 在去声前念阳平。例如：

一定　一切　一个　一辈子　一意孤行　一唱一和

(2) 在非去声前念去声。例如：

在阴平前：一边　一天　一家　一心　一针见血　面目一新

在阳平前：一连　一时　一旁　一同　一无所有　九牛一毛
在上声前：一起　一审　一本　一口　一笔勾销　首屈一指

（3）夹在重叠动词之间念轻声。例如：

听一听　瞧一瞧　查一查　写一写　管一管　唱一唱

2. "不"的变调

"不"的本调是去声，单念或在词句末尾时念本调，在非去声前也念去声。例如：

"你快点站起来走哇。""不，我偏不！"
"不走(zǒu)是吧？看来不拖(tuō)不行(xíng)了。"

"不"在下面两种情况下变调：

(1) 在去声前念阳平。例如：

不对　不够　不像　不幸　不见得　不厌其烦

(2) 夹在相同的词语中间（表示正反选择）念轻声。例如：

好不好　甜不甜　行不行　去不去　写不写　愿不愿

(3) 夹在表示可能的否定式中。例如：

学不会　看不准　说不定　跑不了　管不完　用不着

需要说明的是，前面介绍汉语音节的拼写规则时指出，用汉语拼音拼写现代汉语时，声调一律标原调，不标变调。但是，如果在一些特点的场合（如教学、考试）特别要求标出变调的，则必须标出。如下面几个短语的读音就是按实际读音标注的：

一生一世　　　　　yì shēng yí shì
不骄不躁　　　　　bù jiāo bú zào
西安的兵马俑　　　Xī'ān de bīngmáyǒng

这里涉及的音变现象有："一""不"的变调、上声连读变调（"马"）、轻声（"的"）。

除了上面三种变调形式外，汉语的变调形式还有其他一些，如两个去声连读时前一个去声要由全降[51]变为半降[53]。比较而言，这三种变调形式最为明显，是教和学的重点内容之一。就一定程度而言，连读时之所以发生变调，就是为了更好地适应连读时发音生理的自然特点。这样说来，虽然它们的变调规则似乎很多，但内在规律性很强,因此掌握起来并不难,主要是一个熟能生巧的过程。

【思考与检测六】

一、下列各词中的"子",有的读本调,有的读轻声,请分别指出来,并试着总结一下读音规律。

子弹　子弟　子女　杯子　才子　臣子　个子
女子　围子　鱼子　李子　原子　院子　笛子
钻空子　瓜子脸　男子汉　败家子　皇太子
太阳黑子　海外游子　江湖骗子　不肖子孙

二、读准下面轻声词的读音,并注上拼音。

闺女　芝麻　葫芦　胳膊　声音　在乎　窗户　扎实
苍蝇　光景　道理　嘴巴　风筝　官司　功夫　知识
琢磨　溜达　商量　巴结　哆嗦　念叨　收拾　休息
吆喝　张罗　招呼　别扭　快活　亮堂　唠叨　规矩
仿佛　糊涂　客气　明白　阔气　厚道　干净　大意
疙瘩　官司　胡同　伙计　家伙　见识　精神　窟窿
喇叭　粮食　骆驼　马虎　名堂　脑袋　暖和　朋友

三、下面各个词语的第二个音节都有本调和轻声两种读法,意思不同。请写出它们的两种读音,并指出意思上的差异。

地方　实在　多少　生气　星星　地下
本事　合计　自然　老子　精神　对头
大爷　人家　兄弟　虾子　摆设

四、读准下面儿化词,并根据前面的"儿化音变规律简表"来给这些字音归类。

老伴儿　山坡儿　没错儿　电影儿　白兔儿
井盖儿　小曲儿　羊羔儿　冰棍儿　女孩儿
果核儿　大伙儿　石块儿　小庄儿　花篮儿
雪人儿　小事儿　喜事儿　好样儿　小鸡儿

五、请指出下列各个词语及其儿化词在意义、用法上的差别。

头—头儿　　尖—尖儿　　眼—眼儿　　画—画儿
准—准儿　　盖—盖儿　　亮—亮儿　　面—面儿
错—错儿　　明—明儿　　帮—帮儿　　信—信儿

干—干儿	头—头儿	火—火儿	活—活儿	
谱—谱儿	托—托儿	卷—卷儿	挑—挑儿	
刺—刺儿	门—门儿	空—空儿	点—点儿	
截—截儿	扣—扣儿	弯—弯儿	堆—堆儿	
心—心儿	包—包儿	个—个儿	片—片儿	
罩—罩儿	笑话—笑话儿	半天—半天儿		
到底—到底儿	一块—一块儿	零碎—零碎儿		
破烂—破烂儿	一点—一点儿	水星—水星儿		

六、读准下列五组本调为上声的加点字,注意其中的声调变化。

1. 大海　兴起　战友　邀请　打赌
2. 海关　起兵　友邦　请功　赌资
3. 海洋　起航　友邻　请求　赌博
4. 海水　起笔　友好　请赏　赌场
5. 海面　起价　友谊　请教　赌注

七、给下列各词注音,有变调的要同时注出本调和变调。

打听　管教　做主　老爷　理解　领导　米粉
起初　始终　首都　挑选　体面　铁道　晚饭
演出　演练　演习　野草　勇敢　语言　主持
阻力　阻止　祖国　尾巴　里脊　保险　主人
讲演稿　厂领导　领导者　苦野菜
手写体　买保险　管理法　品种少

八、读准下列各词中"一""不"的实际读音,并注上拼音。

一根　一样　一体　一齐　一碗　一致　一年
单一　第一　五一　逐一　一系列　说一说
一臂之力　一刀两断　一本正经　一尘不染
只此一家　沧海一粟　反咬一口　九九归一
一左一右　一张一弛　一文不值　一成不变
不必　不妨　不管　不通　绝不　不动产
美不美　看不见　不名一文　不务正业
不骄不躁　不痛不痒　不言不语　不经一事

九、根据汉语拼音拼写下面的句子,如有音变现象,请按实际读音标注。

1. 他武艺高、讲义气、肯舍己助人,不愧为一个真正的侠客。
2. 创新的道路上什么都是没有把握的。在这一过程中会有一百条岔路不断地引导你走向困难的歧途。

第二章 词 汇

第一节 概 述

一、什么是词汇

词汇也叫语汇,指语言中词和固定短语的总汇。

词汇包括两个方面内容:(1)词,如"天、你、在、的、啊、河流、运动、高大、自然界、超现实、精确度"等;(2)固定短语,如"一尘不染、走马观花""泼冷水、走后门""泥菩萨过河——自身难保""有理走遍天下"等。本章主要分析词的结构和意义,同时也简要介绍固定短语的内容。固定短语之所以也被看作词汇的一部分,是因为它跟词一样,结构比较完整、意义比较固定,在实际使用中的表现也跟词一样。

词汇通常指一种语言中所使用的全部词语的总和,如"汉语词汇、德语词汇"。词汇还可以指某一特定范围内词语的总汇。例如"普通话词汇、方言词汇""书面语词汇、口语词汇""基本词汇、一般词汇",都是指一种语言或方言中某个方面的词语的总和;"现代汉语词汇、近代汉语词汇、古代汉语词汇",是指汉语不同发展阶段所使用的词语的总汇;"鲁迅词汇、《红楼梦》词汇"是指一个人或一部作品中所使用的词语的总汇。

词汇是语言的重要组成部分,它是语言的建筑材料。人们使用语言来交际,就是通过一定的规则将语言中一个一个的词语有机地组织起来,表达自己的思想。语言中的词语越丰富,语言的表现力就越强。一个人要想充分地掌握某种语言,就必须尽可能多地丰富自己的词语,掌握词语的用法。

大家知道,任何语言的词汇都是一个开放的系统,每一个词语几乎都有自己的个性,共性很少。因此,习得一种语言中的词汇只能一个一个地积累。当然,在词语的结构规则和词义变化方式上还是有共性的,掌握了其中的规则,不但对分析汉语词语的结构和意义有帮助,也有利于进行语言之间的比较。本章主要从这两个方面来介绍汉语词汇系统的内容。

二、词汇单位

说话都是一句一句地说,如果把我们说的话再切分的话,就能得到一些较小的单位。每个人对词汇单位都有一定的语感,一般而言,凡是说话者认为可以自然停顿的地方而且内部一般不好再有停顿了,这样得出来的单位基本上就是词。这样看来,词是语感中比较容易感知的单位。学习一种语言,首先就是学习一个一个的词。跟词在用法上作用相当的是固定短语,比词还小的单位是语素。

(一) 词

词是最小的能够独立运用的语言单位,是词汇中的主要成员。例如"从明天起做一个幸福的人"这句话中,"从、明天、起、做、一、个、幸福、的、人"都是词。词一般具有固定的语音形式。

理解词的内涵,需要注意下面几个方面:

1. 词是音义结合体

任何一个词都包含语音和意义两个方面。如上面句子中的"明天"这个词,它的语音形式是 míngtiān,意义是"今天的下一天";"从"这个词,它的语音形式是 cóng,意思是"用在表示时间、处所的词语的前面,表示'拿……做起点'"。

2. 能独立运用

所谓"独立运用",包括两个方面的含义。一个含义是"单说",即能够单独成句。换句话说,就是在对话的时候能够单说,即单独回答问题。例如:

① ("你想学什么语言?")"汉语。"
② ("他是老师吗?")"是。"
③ ("他跑得快不快?")"快。"

这里的"汉语、是、快"就是词。"从明天起做一个幸福的人"这句话中"明天、做、一、幸福、人"都是能够单说的词。

另一个含义是"单用",它既包括"单说",还包括虽不能单说但能单独起某种语法作用。"从明天起做一个幸福的人"这句话中"从、起、个、的"虽然不能单说,但在句子中具有某种特定的语法作用,因此也是词。又如:

④ 长江和黄河都很长,可是亚马逊河呀比这两条河还长。

这句中的"和、都、很、可是、呀、比、条、还"也都是不能单说但能单用的词,剩下的都是能单说的词。

能单说的当然能单用,但能单用的不一定能单说。

3. 最小的语言单位

能够独立运用的不一定是词,也可能是短语(词与词的组合,见下)。如"汉语老师"可以独立运用,但它不是一个词,内部可以进一步分析出"汉语、老师"这样两个可以独立运用的单位。这两个单位本身是一个整体,表示一定的意义,内部不能再分解,是词。

需要注意的是,用汉字书写汉语,词语之间是不分词连写的,而且词与词之间也没有什么形态标志,因此在阅读时就需要准确地分好一个个词。有的语言词与词之间在书面上有空格,它们之间的界限自然就切分好了,因此区分起来没有什么难度。例如:

黑夜给了我黑色的眼睛,我却用它寻找光明。

Darkness gives me a pair of black eyes, while I use them to look for brightness.

(二) 固定短语

词与词的组合可以组成更大的单位,即短语(也叫词组)。它是比词高一级的语言单位。在这些短语中,有的比较固定,不能任意地增减或改换其中的构成成分,有的只是根据表达意思的需要而临时将几个词结合在一起。

顾名思义,**固定短语**是指词跟词的固定组合。固定短语从形式上看,不能任意更换其中的组成成分;从内容上看,对它的意义只能做整体理解。

固定短语一般包括专名和熟语。

专名即专有名称,如单位和机构的名称、作品和栏目的名称、会议和活动的名称等。例如:

北京大学　长城管理委员会　中国科学院

《哈姆雷特》《现代汉语词典》

第29届奥林匹克运动会

熟语指定型化了的固定短语,一般包括成语、惯用语、歇后语、俗语、谚语等。例如:

水到渠成　高枕无忧　开源节流

耍花招　挖墙脚　吃大锅饭

高山打鼓——鸣（名）声在外

竹篮打水一场空

三个臭皮匠，顶个诸葛亮。

熟语是各个语言中最具特色的词汇部分，不但结构上有鲜明的特色，语义上往往有很深厚的文化内涵，因此理解和使用都有较高的难度。关于"熟语"的内容，在后文谈汉语词汇的构成时将有较为详细的说明。

自由短语是相对于固定短语来说的，指词与词之间根据语法规则构成的临时组合，它的组成部分可以比较自由地用别的词去替换。例如：

辽阔的草原　刻苦钻研　战争与和平

整理材料　看清楚　迅速发起反击

关于自由短语，我们将在"语法"一章中重点阐述。

（三）语素

语素也叫**词素**，是语言中最小的音义结合体。语素是构成词和固定短语的语言单位。

例如"山"，它的语音形式是 shān，意义是"地面上由土、石形成的高耸的部分"，而且它的内部不能再切分了，所以是一个语素（同时也是一个词）。"山坡"，它的语音形式是 shānpō，意义是"山顶与平地之间的倾斜面"；它的语音形式由两个音节构成，意义也由"山"和"坡"两部分构成，因此它不是一个语素，而是由"山"和"坡"两个音义结合体构成的词，即"山坡"包含两个语素。又如"葡萄"，它的语音形式是 pútáo，意义是指一种植物，虽然它的语音形式可以切分成两个音节，但它的意义并不跟"葡"和"萄"相关，两个音节整体表示一个意义，因此是最小的音义结合体。这样，"葡萄"就是一个语素，我们不能单纯地根据音节或汉字的多少而把它当作两个语素。

汉语的语素所包含的音节数量有多有少。我们可以根据语素中所包含的音节数量的多少，将语素分为单音节语素、双音节语素和多音节语素。

单音节语素是由一个音节表示的语素。汉语中大部分语素都是单音节语素。例如：

水　走　你　好　都　在　的　但　者　嗯

双音节语素是由两个音节表示的语素。例如：

琵琶　琉璃　蜘蛛　鸳鸯　玲珑　慷慨　仿佛
沙发　的士　幽默　嘀哒　扑通　茫茫　皑皑

多音节语素是由三个或三个以上的音节表示的语素。例如：

巧克力　尼古丁　奥林匹克　澳大利亚　拉斯维加斯

注意，有些音节在某种情况是语素，在另外的情况下不是语素。例如：

沙丘—沙发　灵巧—巧克力

"沙、巧"在"沙丘、灵巧"中表义，是语素；在"沙发、巧克力"中不表义，不是语素。因此，看一个字是不是代表一个语素，要根据它所在的词来判断，只有这个字的意思跟整个词的意思相关，我们才能认为它代表一个语素，否则就只能代表一个没有意义的音节。

汉语中的语素一直以单音节为主，在现代汉语的语素中，单音节语素仍然占绝大多数。单音节语素具有极强的构词能力，能构造出成千上万个词语。双音节语素和多音节语素数量很少，构词能力有限，如"琉璃、鸳鸯、沙发、巧克力、奥林匹克"可以构成"琉璃瓦、鸳鸯侣、沙发床、巧克力豆、奥林匹克村"等；有的根本没有构词能力，如"仿佛、哆嗦、慷慨、惆怅"等。

（四）词、语素与汉字的关系

这三个概念的关系比较复杂。词是造句的单位，语素是构词的单位，而汉字则是记录它们的书写符号。需要了解的就是词和语素的关系、语素和汉字的关系。

1. 词和语素的关系

词和语素既有区别又有联系。两者都是音义结合的语言单位。词是由语素构成的，词可以独立使用，而语素不能，只能用来构词。从数量关系上来看，一个词可以只由一个语素构成，如"人、走、玻璃、巧克力、奥林匹克"；也可以由几个语素构成，如"人民、走动、玻璃丝、巧克力糖"由两个语素构成，"收音机、共和国、乒乓球热"由三个语素构成，"无轨电车、后现代化"由四个语素构成，等等。

2. 语素和汉字的关系

汉语的语素在口头上用音节表示，在书面上用汉字表示。语素和汉字之间大部分是一一对应的关系，即一素一字。如"民、伟"这样的单音节语素，虽然不独立成词，但用一个汉字来表示；"人、大"这样的单音节语素可以独立成词，也是用一个汉字来表示。在这些情况下，语素和汉字在数量上都是一致的。

但也有一些不对应的情况,主要体现为下面两个方面:

第一,一个汉字代表几个不同的语素。主要包括多音字和同音字。多音字有几个读音就有几个语素。例如:

还:hái、huán　　　　(两个语素)

参:cān、cēn、shēn　　(三个语素)

字形相同读音相同但意义之间没有联系的同音字,这也是不同的语素。例如下面的"白"就是四个语素:

白(bái):① 指一种颜色:白色、白人。

　　　　② 指无代价:白吃、白看一场戏。

　　　　③ 指字音字形错误:写白字、把字念白了。

　　　　④ 指告诉,说明:表白、辨白。

第二,有些汉字在某种情况是语素,在另外的情况下不是语素。例如:

沙滩—沙发　　　　巧妙—巧克力　　　　扑打—扑克

"沙、巧、扑"在"沙滩、巧妙、扑打"中表义,是语素;在"沙发、巧克力、扑克"中不表义,不是语素。

综合考虑词、语素与汉字的关系,在单音节词中,一个词一个语素一个汉字。而在多音节词中情况稍微复杂一些。如"奥林匹克"是一词、一个语素、四个汉字,"玻璃丝"是一个词、两个语素、三个汉字,"共和国"是一个词、三个语素、三个汉字。我们可以用下面一张表来简要表明它们之间的关系:

	举 例					
词	天	沙滩		玻璃丝		
语素		沙	滩	玻璃	丝	
字		沙	滩	玻	璃	丝

就汉语汉字而言,它们之间的关系是比较复杂的。但是,由于大多数汉字本身有音有义,往往一个汉字就代表一个语素,一个语素用一个汉字来记录,这样学汉字和学语素的过程基本一样。现代汉语的大部分词都是双音节的,而且往往是由两个语素构成的,因此学习词语又跟学习语素、汉字的过程高度相关。这样,了解和掌握词、语素和汉字之间的关系对运用学习技巧、提高汉语水平是很有帮助的。

【思考与检测一】

一、填空：

1. 词汇指语言中_____和_____的总汇。
2. 语素是语言中最小的_____结合体。
3. 短语包括和_____短语和_____短语。

二、划分出下列一段话中的各个词。

　　成长是有过程的,正如一颗果子,在它青涩的时候,你无法要求它成熟,如果你因此而失去等待的耐心,你也许会错失一颗最好的情感之果。

三、指出下类词语中各有几个语素组成。

　　创造　扑克　牡丹　作者　啤酒　禽流感　扑通　玫瑰花
　　马虎　宇航员　法兰西　马到成功　咖啡伴侣　电子计算机

四、分别指出下列每句话中有多少个语素、多少个词。

1. 骆驼队走出了沙漠。
2. 他买到了一张奥林匹克运动会开幕式的入场券。

五、在下列空格中填上相应词汇单位的个数。

	想	人民	坐车	芙蓉	理想化	巧克力	蜘蛛网	奥林匹克
汉字								
语素								
词								

六、汉语的语素常常根据音节数量的多少来分类,你的母语中如何对语素进行分类？想想为什么会有这样的差别。

第二节　汉语词的构造

　　语素是最小的音义结合体,内部没有结构；而词是由语素构造而成的,自然就可能有内部结构。对词的构造,可以从词的语音形式和内部结构两方面来认识。根据构成音节的多少,词可以分为单音词和复音词；根据构成语素的多少,词可以分成单纯词和合成词。

一、单音词和复音词

每一个词都有固定的语音形式,根据每个词所包含的音节数量的多少可以把词分为单音词和复音词。

单音词就是指由一个音节构成的词。也称作单音节词。例如:

天　地　人　马　车　坐
写　好　红　一　百　啊

复音词就是指由两个或两个以上音节构成的词。也称作复音节词。它包括双音节词和多音节词。例如:

天空　黑客　汉语　上网　写作　鲜红　忽然
蝴蝶　芙蓉　苏打　逻辑　幽默　慷慨　的士
地球仪　艾滋病　半导体　积极性　自由化　足球热
歇斯底里　无轨电车　微观经济学　奥林匹克运动会

在现代汉语的词汇系统中,双音节词占百分之七十以上。双音节是现代汉语词汇系统中词的主要语音形式,新产生的词以双音节为主。

不过,单音词虽然数量较少,但是大多使用频率很高。

二、单纯词和合成词

词是由语素构成的,构成词的语素数量有多有少。如果一个词只由一个语素构成,它的内部则没有结构关系;如果一个词由两个或两个以上的语素构成,那么就可能需要分析它的构成方式。这样,我们可以根据每个词的不同内部结构形式,把现代汉语词汇系统中的词分成单纯词和合成词。

(一) 单纯词

单纯词就是指由一个语素单独构成的词。根据构成单纯词的音节数量的多少,可以将单纯词分为单音节单纯词和多音节单纯词。

1. 单音节单纯词

单音节单纯词是由一个单音节语素构成的词。例如:

人　哭　美　才　在　五　呢　叭　砰

2. 多音节单纯词

多音节单纯词是由一个多音节语素构成的词。例如：

伶俐　匍匐　乒乓　法西斯　歇斯底里　卡萨布兰卡

多音节单纯词的情况比较复杂，有联绵词、叠音词、拟声词、译音词等。

(1) 联绵词

联绵词是由两个不同音节连缀成一个语素构成的词。有的联绵词两个音节的声母相同（双声），有的联绵词两个音节的韵母相同或相近（叠韵），也有的联绵词两个音节的声母韵母都不相同（非双声叠韵）。例如：

双声：恍惚　枇杷　蜘蛛　琉璃　参差　玲珑
　　　秋千　吩咐　坎坷　澎湃　仿佛　犹豫
叠韵：蟑螂　蹉跎　从容　烂漫　徘徊　啰唆
　　　朦胧　肮脏　荒唐　彷徨　窈窕　辗转
其他：牡丹　芙蓉　鸳鸯　珊瑚　蜈蚣　玛瑙
　　　玻璃　嘀咕　囫囵　妯娌　马虎　垃圾

(2) 叠音词

叠音词是由两个相同的音节连缀成一个语素构成的词。例如：

茫茫　皑皑　谆谆　彬彬　翩翩　惺惺
姗姗　瑟瑟　侗侗　猩猩　狒狒　姥姥

叠音词不能单用一个音节，如上面这些词中的"茫、皑、谆、彬、翩、惺、姗、侗、猩、狒"不能单说，单说后没有意义；"太太、奶奶"中的"太、奶"虽然可以单用，但单用时的意义跟叠音后的意义毫不相干。

(3) 拟声词

拟声词是模拟声音的词。例如：

布谷　知了　乒乓　刺溜　砰砰　嗡嗡
哎呀　叮当　轰隆隆　哗啦啦　叽叽喳喳

(4) 译音词

译音词又叫音译词，是用相同或相近的语音翻译过来的外来词。例如：

吉普　马克　安培　模特　雷达　休克
三明治　海洛因　比基尼　厄尔尼诺　歇斯底里

单纯词不管音节多少,各个音节本身并不表示什么意义,只有几个音节合起来才表示意义。如"三明治",虽然其中的每个字所代表的音节"三""明""治"都在别的场合都有意义,但这些意义都跟"三明治"没有关系,因此在这里只是作为"sandwich"用来译音,"三明治"整体上被看作一个词。

(二) 合成词

合成词是指由两个或两个以上语素组合构成的词。例如:

电脑　敲击　奇妙　说明　因为　不管

老师　石头　城市化　超一流　教条主义

现代汉语词汇系统中,合成词在数量上占绝大多数。合成词多数是由两个语素构成的,也有三个或三个以上语素构成的。下面介绍词的构造时就是说明合成词的结构规律。掌握汉语合成词的结构规律,对正确理解词义、运用词语大有帮助。

单纯词、合成词跟单音词、复音词是根据不同标准划分出来的,它们之间的关系如下:

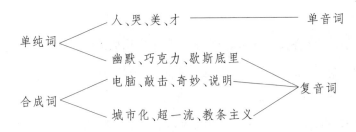

三、词根和词缀

合成词是由几个语素构成的。不同性质的语素在构词中的作用并不相同。我们可以根据语素意义在合成词词义中的作用对其中的语素进行新的分类,分为词根语素和词缀语素,简称词根和词缀。

(一) 词根

词根是词的核心,是一个词的词汇意义的基本组成部分。如"考试、老师、石头"这三个词中,语素"考""试""师""石"分别是这几个词的词义核心,因此是词根语素。词根语素意义比较实在,构词时的位置比较灵活。例如:

考：考查　考卷　考核，备考　会考　监考
试：试卷　试题　试院，比试　笔试　应试
师：师范　师母　师资，导师　教师　名师
石：石板　石碑　石雕，基石　矿石　岩石

汉语的双音节和双音节以上的词大多是由词根和词根组合而成的。

(二) 词缀

词缀是附加在词根上的语素，一般表示附加性的词汇意义，如"老师"的"老"、"石头"的"头"。词缀跟别的语素组合时，出现的位置比较固定。

1. 前缀

前缀指只能出现在词根前头的词缀。例如：

老：老师　老虎　老乡　老大　老百姓
阿：阿爸　阿哥　阿妹　阿姨　阿富
第：第一　第二　第十五　第二百零九
初：初一　初二　初六　初九　初十
非：非法　非金属　非卖品　非处方药
反：反作用　反比例　反批评　反科学
超：超导体　超音速　超一流　超自然

其中，"老、阿、第、初"是比较典型的前缀。像"非、反、超"等语素的意义虽然已经开始虚化，还没有完全达到典型前缀那样的程度。

2. 后缀

后缀指只能出现在词根后头的词缀。例如：

子：叉子　尺子　日子　棍子　桌子
儿：花儿　画儿　尖儿　准儿　弯儿
头：斧头　木头　念头　想头　准头
然：安然　淡然　突然　油然　飘飘然
化：绿化　美化　恶化　城市化　自由化
者：作者　读者　编者　学者　先行者
员：演员　会员　教员　辅导员　司令员
家：画家　作家　小说家　艺术家　科学家
手：能手　歌手　选手　骑手　坦克手

性：理性　慢性　弹性　准确性　积极性
度：知名度　透明度　精确度　开放度

其中，"老、阿、第、初"是比较典型的前缀。像"非、反、超"等语素的意义虽然已经开始虚化，但是还没有完全达到典型前缀那样的程度。人们常把这种不够典型的前缀称作类前缀或准前缀。

3. 中缀

中缀指只能出现在词根语素中间的词缀。例如：

里：糊里糊涂　土里土气　古里古怪　花里胡哨
得/不：吃得消/吃不消　来得及/来不及　对得起/对不起

人们之所以将"吃得消/吃不消、来得及/来不及、对得起/对不起"等词中的"得"和"不"称作中缀，是由于其中的"得"和"不"拿掉后，"吃消、来及、对起"都不能说。

需要注意的是，有时词根和词缀形式上相同，需要辨别开来。如"老虎"和"老人"，虽然都有"老"，但是"老虎"中的"老"没有实在意义，是前缀；而"老人"中的"老"有实在意义，指年岁大，是词根。同样，"画儿"中的"儿"、"石头"中的"头"是后缀，"男儿"中的"儿"、"抬头"中的"头"是词根；"稀里糊涂"中的"里"是中缀，"里面"中的"里"是词根。

跟英语、法语、德语、俄语等形态比较丰富的语言相比，汉语的词缀不仅数量少，而且构词能力比较弱，往往不能类推。如有"老虎、老鼠"，却不能有"老狮、老豹、老猫、老鸡"；有"狮子、豹子、鸭子"，却不能有"虎子、鼠子、狗子、鸡子、鹅子"。因此，学汉语时，由比较典型的词缀（如"老、阿"和"子、儿、头、然"等）构成的词需要一个一个记忆。当然，由非典型的词缀构成的词，往往有一定的类推能力，这点比较接近英语等语言中的词缀。不过也得注意，有的非典型词缀即使构词能力比较强，也不能广泛类推，如可以说"小说家、作家、画家、书法家、艺术家、科学家、政治家、美食家"等，但一般不说"医家、建筑家、工程家"，而常说"医师、建筑师、工程师"；善于写诗的人，一般不用"诗家"这个词（古代"诗家"一词不但指写诗的人，还包括评诗的人），而说成"诗人"。

四、合成词的构成方式

由于合成词由两个或两个以上的语素构成,而语素的性质及其之间的关系有差异,这样合成词的内部构成方式便有差异。下面主要根据合成词是由词根语素与词根语素构成还是由词根语素加词缀语素构成来分析,将合成词的构成方式分成复合式、附加式、重叠式三种,这三种构成方式所构造的合成词分别称作复合词、派生词、重叠词。

(一) 复合式

复合式是指由两个或两个以上不同的词根组合成词的方式。由复合式构成的词叫复合式合成词,简称**复合词**。复合词一般由两个词根组成,也有两个以上词根构成的,如"短平快、无轨电车",不过这种情况较少,所以下面主要以两个词根构成的复合式合成词为例来说明。根据词根和词根之间结构关系的不同,可以将复合式进一步分析为下面几种类型:

1. 联合式

联合式合成词的语素之间不分主次,在意义上相同(或相近)、相反(或相对)、相关。联合式也叫**并列式**。例如:

话语　智慧　优秀　美好　化解　生存
天地　利害　始终　赏罚　轻重　左右
山河　尺寸　岁月　口舌　笔墨　豺狼

这些词的意义跟所组成的语素都有关联。如"美好"指美而好;"始终"的"始"和"终"指事件过程的开始和结束,整个词指从开始到结束的整个过程;"笔墨"的"笔"和"墨"是书写时的两种用具,整个词借指文字或书画等。

还有一些联合式合成词比较特殊,整个合成词的意义并不是两个语素意义的组合或组合后的引申,而是只有一个词根的意义在起作用,另一个词根的意义或者隐含下去,或者只是起到附加、衬托的作用。例如:

人物　质量　国家　忘记　干净　睡觉("觉"本指醒)

"人物"只指"人","物"的意义消失;"忘记"只指"忘","记"的意义消失。

2. 偏正式

偏正式合成词的前一个语素修饰、限制后一个语素。例如:

火车　铁路　电灯　大衣　外宾　高潮
串讲　干洗　轻视　回想　意译　高估
笔直　漆黑　鲜红　雪亮　火热　冰冷

3. 主谓式

主谓式合成词的前一个语素表示被陈述的对象,后一个语素是陈述前一语素的。主谓式也叫陈述式。例如:

心虚　口吃　面熟　自信　目击　内秀
眼热　地震　霜降　海啸　雪崩　民主

4. 述宾式

述宾式合成词的前一个语素表示动作行为,后一个语素表示动作行为所支配、关涉的对象。述宾式也叫**动宾式**、支配式。

出席　开幕　留神　管家　司令　将军
缺德　失望　刺眼　到底　依次　照旧

5. 补充式

补充式合成词的后一语素补充说明前一语素。例如:

纠正　扩大　说明　说服　揭穿　充实
云朵　车辆　船只　人口　布匹　房间

这两组补充式合成词差异较大。第一组中前一个语素表示动作,后一个语素表示动作的结果或趋向,所以也叫述补式或动补式。第二组中前一个语素表示物件,后一个语素是计量物件的单位。像第二组这样的合成词不多,又如"纸张、物件、文件、事件、诗篇、人群、马匹、米粒、枪支、书本"等,整个词表示集合概念,不能作为个体概念来使用,即不能再受具体数量的修饰,如不能说"一艘船只、一杆枪支",应该说成"一艘船、一杆枪"。

汉语双音节和双音节以上的词中,复合词占绝大多数。

(二) 附加式

附加式是指由词根和词缀组合成词的方式。由词根加上词缀构成的词叫附加式合成词,一般称作**派生词**。前面说过,词缀可以分为前缀、后缀、中缀,其中主要是前缀和后缀。这样,附加式就包括下面三种类型:

1. 前加式:词缀+词根。例如:

老师　阿姨　初一　第四　可笑　反作用

2. 后加式:词根+词缀。例如:

骗子　个儿　甜头　记者　画家　演员
歌手　深化　傻气　坦然　干巴　艺术性

3. 中加式:词根+中缀+词根。例如:

糊里糊涂　黑不溜秋　来得及　吃不消

详细内容可以参见上文对前缀和后缀的说明。

在后加式中,还有一种比较特殊的情况,例如:

白茫茫　绿油油　圆乎乎　沉甸甸　血淋淋
脏兮兮　喜滋滋　笑呵呵　颤巍巍　水汪汪

前一个语素表示某种性质和行为动作,后面两个音节构成的叠音语素也可看作后缀,是叠音词缀。它在程度上补充说明前一个语素性质的加深或动作的状态。这些词本身都带有很高的程度,因此不能受"很、非常"等表示程度的词来修饰,如可以说"很白、很脏",但不能说"很白茫茫、非常脏兮兮"。

(三) 重叠式

重叠式是指由两个相同的词根相叠成词的方式。由相同语素重叠而成的合成词叫重叠式合成词,简称**重叠词**。重叠和不重叠的意义相同,这类词在词典中一般能够查到。

重叠词主要有两种类型:

1. AA 式

这类重叠词由两个语素重叠而成的,整个词的意义跟单个语素的意义基本一样。例如:

爸爸　妈妈　爷爷　哥哥　伯伯　星星
仅仅　刚刚　常常　偏偏　渐渐　稍稍

这类重叠式复合词中的两个语素可以只用一个,意思不变。

关于重叠词,有两点需要辨析:

重叠词不同于"天天、看看"这样由两个词构成的重叠形式。"天天"指每一天,意思不等于"天";"看看"指看一下、看一看,意思不等于"看"。"天天、看看"增加了新的语法意义,词典中不会收录。而"爸爸"跟"爸"意思相同,"仅仅"跟"仅"意思相同,它们重叠使用主要是受汉语合成词中双音节为主这个大的趋势的影响,词典中常常作为一个词来收录。

重叠词跟属于单纯词的叠音词也不同。叠音词是由相同音节连缀成一个语素构成的,不能单用一个音节,如"茫茫、皑皑、饽饽、姥姥、猩猩"不能单说成"茫、皑、饽、姥、猩";"太太、奶奶"中的"太、奶"虽然可以单用,但单用的意义跟叠音后的意义毫不相干。

下面归纳一下重叠词、词重叠、叠音词之间的区别:

例词	几个语素	几个词	重叠的实质
爸爸、仅仅	2	1	语素重叠(重叠词)
天天、看看	2	2	词重叠
茫茫、皑皑	1	1	音节重叠(叠音词)

2. AABB 式

这类重叠词是由两个语素分别重叠后构成的,原本没有 AB 这样的词。例如:

婆婆妈妈　瓶瓶罐罐　花花绿绿　密密麻麻
形形色色　骂骂咧咧　病病歪歪　跌跌撞撞

这些重叠词中,如果不用重叠形式,"婆妈、花绿、密麻、跌撞、形色、骂咧、病歪、断续"就不成词。这不同于"漂漂亮亮、高高兴兴"这样的词的重叠形式,因为它们还存在着"漂亮、高兴"这样的非重叠词,这些词重叠后增加了新的语法意义。

五、合成词的层次

现代汉语中双音节合成词占绝大多数,但也有的合成词由三个或三个以上的语素构成,除了"短平快"这样的联合式合成词外,其他形式的合成词就形成了多层次的结构形式,各个层次体现特定的结构关系。例如:

```
宽 银 幕              减 震 器
└─┘ └─┘  偏正       └─┘ └─┘  偏正
    └───┘  偏正      └───┘  述宾

目 击 者              碰 碰 船
└─┘ └─┘  附加       └─┘ └─┘  偏正
└───┘   主谓        └───┘  重叠

可 圈 可 点
└─┘   └─┘  联合
└───────┘  附加、附加

首 席 检 察 官
        └───┘  偏正
    └───────┘  偏正、偏正
└───┘       联合

巨 额 财 产 来 源 不 明 罪
                    └───┘  偏正
            └───────┘  主谓
        └───┘  └───┘  偏正、偏正
└───┘  └───┘  偏正、偏正
└───┘  └───┘  偏正、联合
```

分清合成词的层次,对正确理解词义、运用词语非常重要。我们在分析任何现象时,都要有结构的意识,分清层次则是正确把握结构的基本途径。

六、简称

有的语言成分包含的音节较多,为了称说方便,便对这种较长的形式进行压缩或省略。缩略后的语言单位可以统称为**简称**,也叫缩略语、略语。

(一) 简称的方式

1. 提取法:从原词语中提取某些成分组合成词。这些被提取的成分大多是语素,但也可以是从复音节单纯词中提取的某个音节。根据被提取的成分在原词语中的位置,可以分为这样的几类:

(1) 提取原词语各个词的第一个成分。例如：

公共关系→公关　　武装警察→武警　　环境保护→环保
基本建设→基建　　北京大学→北大　　中等巴士→中巴

(2) 提取原词语前一个词的第一个成分和后一个词的第二个成分。例如：

农业银行→农行　　高等院校→高校　　综合文艺→综艺
卫星电视→卫视　　扫除文盲→扫盲　　整顿作风→整风

(3) 提取原词语前一个词的第二个成分和后一个词的第一个成分。例如：

对外贸易→外贸　　物理化学→理化　　检查处分→查处
人民警察→民警　　工厂矿山→厂矿　　香港商人→港商

(4) 提取原词语的前面部分的第一个音节和最后一个表示类名的语素。例如：

加利福尼亚州→加州　　　　乌鲁木齐市→乌市
奥林匹克运动会→奥运会　　安全理事会→安理会

这是几种主要的提取法。还有其他一些使用得比较少的提取方法，例如"电影明星→影星、非典型性肺炎→非典"等。

2. 截取法：从全名中截取有代表性的成分。根据被截取的词在原词语中的位置，可以分为两类：

(1) 截取原词语的最后一个词。例如：

中国人民解放军→解放军　　　　中华人民共和国教育部→教育部

(2) 截取原词语的第一个词。例如：

复旦大学→复旦　　　　西藏自治区→西藏
长途汽车、长途电话→长途（例如：坐长途、拨长途）

3. 合并法：合并并列成分中的相同的成分。例如：

中学小学→中小学　　　　理科工科→理工科
海军陆军空军→海陆空军

4. 标数法：概括原来几个词语的共性或相关性，选取一个代表性的语素，在它的前面加上所含项目的数字。可以分为两类：

(1) 选取并列结构中相同的语素做代表。例如：

海军陆军空军→三军
百花齐放，百家争鸣→双百
经部、史部、子部、集部→四部
开口呼、齐齿呼、合口呼、撮口呼→四呼

(2) 选取一个能概括各个词语共性的语素做代表。例如：

酸甜苦辣咸→五味
眼耳鼻舌身→五官
两眼、两耳、鼻孔、嘴→七窍
《大学》《中庸》《论语》《孟子》→四书
象形、指事、会意、形声、假借、转注→六书

有时几个方法综合使用构造出简缩形式。例如：

大使馆领事馆→使领馆
中国人民政治协商会议→政协
《现代汉语词典》→《现汉》

附带说明的是，现代汉语词汇中还有字母缩略的形式。用汉语拼音的缩略形式如：

Hànyǔ Shuǐpíng Kǎoshì(汉语水平考试)→HSK
Rénmínbì(人民币)→RMB
guójiā biāozhǔn(国家标准)→GB

另外还有利用外来字母缩略形式的情况，如"WTO(世界贸易组织)、CCTV(中国中央电视台)"。

(二) 简称的词化

有的简称只是一种临时的缩略形式，但是有的简称在使用过程中逐渐凝固成一个词，以致不能拆换或插入其他成分，跟语言中的词几乎完全一样了。甚至有些简称词化后，原来的形式是什么已经不怎么为人所知了。例如：

保值	彩电	拆迁	创收	地铁	电大	电教
定编	港商	公关	化工	化疗	环保	环卫
基建	家电	科技	空调	劳模	民警	扫盲

外长　　外贸　　卫视　　文娱　　武警　　影星　　城建

在新产生的词语中,由简称而形成的词非常多。

【思考与检测二】

一、填空:

1. 单纯词指由_____个语素单独构成的词。合成词至少由_____个语素构成。

2. 在一个合成词中,_____语素是词的核心,_____语素表示词的附加意义。

3. 复合词是由_____和_____按照一定的方式构成的词,派生词是由_____加上_____构成的词。

4. 根据词根和词根之间结构关系的不同,复合词的构成方式可以分为_____、_____、_____、_____、_____几种。

二、下面这些词中哪些是单纯词?

彩蝶　　地震　　崎岖　　蝴蝶　　逍遥　　坚硬
姐姐　　葡萄　　奶奶　　侥幸　　渐渐　　蜿蜒

三、指出下列不属于词的语言单位。

白菜　　白布　　白天　　白色　　白银　　白人
寒冷　　冰冷　　清冷　　生冷　　太冷　　制冷
吹起　　吹牛　　吹捧　　吹奏　　吹风　　吹嘘
说明　　压服　　推翻　　改正　　降低　　说完

四、指出下列加点的字是词根还是词缀。

1. 初十　　初始　　初中　　初级　　最初　　起初
2. 化学　　绿化　　变化　　沙化　　开化　　自由化
3. 儿童　　儿子　　事儿　　健儿　　婴儿　　盖儿
4. 老手　　老年　　老鹰　　老式　　老汉　　老乡
5. 想头　　苗头　　手头　　奔头　　地头　　老头
6. 子女　　鞋子　　凳子　　帘子　　莲子　　王子

五、指出下列合成词的结构类型。

面熟　　蜜蜂　　欢乐　　阿妈　　裹腿　　甜头　　放心
军用　　初七　　车辆　　笔直　　老化　　缩小　　国有

老婆　狂欢　司机　第九　烤鸭　峻峭　图画
山水　气儿　酷热　渐渐　拔高　扣子　帮忙
冬眠　电脑　老鼠　手足　米粒　仅仅　患者
等不及　流行性　稀里哗啦　轰轰烈烈

六、指出下列附加式合成词的结构类型。

老赵　阿信　桌子　木头　老师　阿爸
栗子　老鼠　花儿　小明　石头　绿化
吃得消　无产者　专业性　来不及　傻里傻气

七、说明下列简称的简缩方式。

人均　中青年　安检　四化　奥运会　影视　清华

八、说说你的母语中的词语简缩方式跟汉语的词语简缩方式有什么同和异。

第三节　词　义

一、什么是词义

任何词都具有一定的语音形式和意义内容。词义就是词的意义，通常指脱离了具体的说话环境而固定下来的意义。

对词义的理解有广狭之分。狭义的词义指词的理性义（即概念义），是指词的语音形式所联系的概念内容，是对客观事物的反映。这种狭义的词义就是词的词汇意义。如"写"的语音形式是 xiě，理性义反映的是一种动作行为，指"用笔在纸上或其他东西上画出（字）"；"水牛"的语音形式是 shuǐniú，理性义反映的是一种生物，指"身体大，头上有长长的弯角，毛灰黑色，能在水田耕作的反刍哺乳动物"。

广义的词义还包括词的语法意义，也就是一个词跟其他的词组合后所形成的关系意义。"写"可以跟"孩子"这样的成分组成"孩子写（字）"，"写"起到陈述的作用。"水牛"可以跟"吃草、骑"这样的成分组成"水牛吃草、骑水牛"，"水牛"在其中分别起到陈述的对象、支配的对象的作用；它还可以受数量的限制，如"一头水牛"。像这样的关系意义就是词的语法意义。

有的词既有词汇意义，也有语法意义，如上面举的"写、水牛"等。有的词只有语法意义，没有或极少词汇意义。如"安宁的夜晚、故宫的珍宝"中的"的"，用在修饰和被修饰、限制和被限制的两个成分之间，起连接作用，形成偏正结构。

词汇学中所讲的词义通常指词的词汇意义。本节所分析的词义也基本如此，词的语法意义将在"语法"一章中说明。

二、词义的性质

词义在形成和概括的过程中，体现出很多方面的性质特点。这里主要从词义的概括性、模糊性和民族性这三个方面来分析。

（一）词义的概括性

词义是把客观对象的某些性质和特征抽象出来以后反映在语言系统中，因此具有概括性。词义反映的是一类事物或现象，舍弃了具体的、个别的事物所具有的特征。例如，"地图"，指的是各种各样的地图，如"世界地图、中国地图，军事地图、教学地图，彩色地图、黑白地图，大地图、小地图"等，在内容、功用、色彩、大小等方面都有差异，但我们可以从这些各种各样的地图中概括出它们的共同的、本质的特征："说明地球表面的事物和现象分布情况的图。"又如"喜欢"，在对象、程度、行为表现方面都有差异，但它们共有的概括性特征是："对人和事物有好感或感兴趣。"再如"炎热"，通过跟"寒冷"的对比和跟"热"的比较，我们概括出它的词义是"（天气）很热"。词典中的释义记录了人们对一类事物或现象共同特征的概括。

所有词的词义都具有概括性，即便是专有名词也是如此。例如"黄河"，指的是中国的一条著名大河，它在不同历史时期的走向、不同季节的水量和含沙量等方面都有差异，但我们仍能概括出一些共同的方面作为它的特征，形成词义。

词义的概括性是从词义的抽象结果来看的，当词进入到具体的话语中时，词义又体现为具体性。如在"飞机很快消失在远方"中，"飞机"的意义就很具体，它指的是某架具体的飞机，而不是别的飞机。

（二）词义的模糊性

词义的模糊性指词义的范围、界限不确定。词义是反映客观现象的，而客观现象中有很多事物之间的界限本来就不清楚。例如"青年"就没有一个明确的年龄范围，它跟"少年、中年"之间就没有明确的界限。又如"飞快"，什么样的速度才能算得上飞快，没有一个绝对的数值，因为它的现实所指是相比较而存在的，如"刘翔跑得飞快、火车跑得飞快"。所以一般词典的解释都是"非常迅速"。概括性是模糊性产生的原因。

另一方面，人们的认识也有模糊的一面。例如我们印象中的"鸟"似乎应该包括这样一些特征：①有羽毛，②有双翼，③有喙，④生蛋，如"麻雀、老鹰"和"鸵鸟、鸭子"等。但我们总觉得"鸵鸟、鸭子"这样的鸟不大像鸟。由此可见,我们在认识和概括"鸟"的内涵时,存在着一个大致的范围。这种词义认知方面的内容近来引起人们的广泛关注,在语言教学中也经常碰到。

从上面可以看出,词义的模糊性实际上是客观事物的范围和特征所具有的连续性在语言中的反映。事物的核心部分往往比较明确,交际中能够比较容易指出来,但越是接近外围的部分、越是接近交界的部分,其特征的界限越不明显。词义概括正是在对核心部分认识的基础上进行的,对其边缘部分在一定程度上有所忽略。

模糊性和明确性是相对的。严格说来,没有绝对明确的词义。科学术语当然可以通过严格的定义使词义的范围、界限变得相对明确起来,如"直线"的内涵是"在平面上和空间中沿一定方向和它的相反方向运动的点所形成的图形",而事实上没有绝对直的线条。另一方面,一些模糊词义也有明确的地方,如"世界少年足球锦标赛"对"少年"的年龄有明确的限制。词义的模糊性和明确性都是人类交际的需要,各有各的用处。

(三) 词义的民族性

词义是人们对客观事物、现象及其关系的概括抽象,而不同的语言使用群体在概括抽象的过程中必然表现出一系列的差异。其中比较明显的就是不同民族语言在词义概括过程中的差异。

词义的民族性首先表现在词义概括对象的范围可能不同。例如,汉语的"哥哥、姐姐、弟弟、妹妹"表示同一父母所生的子女的称呼,它们既反映了年龄的差别("哥哥—弟弟""姐姐—妹妹"),也反映了性别差别("哥哥和弟弟—姐姐和妹妹"),而英语中的 brother(哥哥或弟弟)和 sister(姐姐或妹妹)只反映了性别上的差别。汉语中跟父母同辈的亲属有许多称呼,既区别年龄("伯父—叔父"),也区分性别("伯父—伯母"),还区分血缘关系("伯父—舅父")等,而英语只用 uncle 和 aunt 来区分。这种词义关系的差异正是词汇系统性的表现。

词义的民族性还表现在附加色彩上。例如"十三",在汉语中是一般的数字,而在西方不少语言中则表示不吉利的数字;"二百五"在西方语言中是一般的数字,而在汉语中则是半疯、有些傻瓜做事莽撞的人。又如动物名称"狗",在现代汉语中用来指人时大多含有贬义,如"走狗、疯狗、狗腿子、狗仗人势、狐朋狗友、狼心狗肺"等,而英语中用 dog 来表达的词义或构造的词大多没有贬义,不少则含有褒义,如 a dog's chance(难得的机会),a top dog(优胜者),every dog has its day(每人都有得意时)。再如"龙"和英语的 dragon,本来是两个毫不相关的虚拟的动物,"龙"是中华民族的象征,华人称为"龙的传人";而英语中的"dragon"(汉语译为"龙")则是多头、嘴里喷火的、吃人的妖怪,是个无恶不作的怪兽。汉语中用"龙"来翻译"dragon",便带来了理解上的误区,这种误区的产生体现了词义的民族性特点。

词义的民族性特点体现了词语的民族文化特征,因此常将词义具有民族文化特征的词称作"文化词"。与民族文化相关联的词,不同语言之间很难找到完全相应的词。越是与民族文化关系密切的词语越是如此。因此,我们在学习一种新的语言时,尤其要注意这方面的问题。在交际中由于文化词使用不当而给交际带来的负面影响往往比一般的用错词语要大得多。

三、词义的构成

我们在前面说过,语言系统中的词义包括词汇意义和语法意义两大类。这里讨论的词汇意义的构成仍然主要考察词的词汇意义。从词汇意义考虑,词义主要包括理性义和附着在理性义上面的色彩义。

(一) 理性义

词的理性义人对客观事物特征的概括反映所形成的意义。理性义实际就是词义中跟概念有关的部分,所以也叫**概念义**。例如:

客舱:船或飞机中用于载运旅客的舱。

忽略:没有注意到;疏忽。

高峻:(山势、地势等)高而陡。

立刻:表示紧接着某个时候;马上。

这种理性义是它们区别于其他事物的本质特征。因此理性义可以看作是词义结构中的主要意义、核心意义。词典中的释义主要是词的理性义。

(二) 色彩义

词的色彩义是词义结构中理性义之外的表示某种倾向、情调或风格的意义。由于它附着于理性义,所以也叫**附属义**。词的色彩义的类别很多,主要包括感情色彩义、形象色彩义和语体色彩义等。

1. 感情色彩义

词的**感情色彩**指词义所表现出来的某种感情倾向、主观评价。凡是表示说话人对有关事物的肯定、喜爱、赞扬等感情态度的词义就是**褒义**,含有褒义色彩的词就是褒义词。例如：

成果　英雄　才子　高足　大作　丰碑
鼓舞　珍惜　尊敬　牺牲　崇敬　节约
优美　坚毅　慷慨　光荣　豁达　和善
后起之秀　胸有成竹　光明磊落

凡是表示说话人对有关事物的否定、厌恶、贬斥等感情态度的词义就是**贬义**，含有贬义色彩的词就是**贬义词**。例如：

走狗　鹰犬　伎俩　恶霸　歹徒　黑心
吹捧　拍马　拆台　煽动　诬陷　媚外
虚伪　狠毒　狡猾　丑陋　懒惰　顽固
乱七八糟　墨守成规　吊儿郎当

感情色彩并不是每个词都有的，其实大多数词都不带有感情色彩。这样的词就是**中性词**。例如：

山　牛　路　河　书本　昨天　领导　原因
走　看　想　玩　睡觉　分手　写作　飞翔
大　远　高　尖　雪白　分散　坚硬　飞快

有一些词词义基本相同，但感情色彩不同。如"遵从"是褒义词，"服从、听从"是中性词；"劝说"是中性词，"唆使"是贬义词；"鼎力"是褒义词，"极力"是中性词，"大肆"是贬义词。这是同义词辨析和使用中需要注意的问题。既然感情色彩体现的是一种感情倾向，那么在语言交际中，得体地使用褒义词和贬义词会增强表达的感情效果，而一旦用错了表达感情色彩的词语，将褒义词用作贬义，或者将贬义词用作褒义，就会产生适得其反的结果。

2. 形象色彩

词的**形象色彩**指词义所表现出来的人们对所指对象产生的形象感。具有形象色彩的词常常从下面几个方面来突出、增强事物的形象特征。

（1）形态

云海　蛇岛　鸵鸟　画眉　圆规　鼎足　柳叶眉　鹰钩鼻
美人鱼　梅花鹿　鹅卵石　喇叭花　鸡冠花　玉带桥

（2）动态或状态

雀跃　骑墙　连襟　亮相　摊牌　炒鱿鱼　一刀切

吊兰　垂柳　悬崖　碰碰船　牵牛花　袅袅婷婷　冉冉升起

(3) 颜色

绿洲　黄鹂　彩带　桃红　嫩黄　月白　绿油油

海蓝蓝　翡翠绿　玫瑰红　青山绿水　山青水秀

(4) 声音

知了　布谷鸟　乒乓球　萧萧　潺潺　飒飒　飕飕

丁当　扑通　呼哧　哗啦啦　轰隆隆　噼里啪啦

(5) 气味

香干　香草　臭虫　臭椿　臭豆腐　香喷喷　臭烘烘

(6) 味道

蜜枣　蜜月　酸梅　苦果　苦瓜　苦涩　甜酒

酸溜溜　甜丝丝　苦英英　辣丝丝　咸津津

上面这些方面基本上都跟人的感觉器官对客观事物特征的感知有关。恰当地运用带有形象色彩的词语,会使词句生动形象,取得良好的表达效果。

当然,并不是所有的词都有形象色彩,一般来说,描写性、比喻性的词常有形象色彩。

3. 语体色彩

词的**语体色彩**就是指词由于经常出现于某种语言场合而形成的风格色彩。一般将语体分为书面语语体和口语语体。书面语体常具有周密、庄重、典雅、郑重等特点,例如文艺作品、科技文章、政论和公文等。而口语则具有通俗自然、生动活泼、生活气息强等特点。如"父亲—爸爸、密友—相好"的区别就是语体色彩的差别,"父亲"用于书面语,"爸爸"用于口语。

有些词经常出现在书面语中而基本上不在口语中使用,便具有了书面语色彩。例如:

丰满　头颅　逝世　告别　寂静　安详

沉思　持重　公民　诚挚　知名度　迫切感

有些词经常出现在口语中而基本上不在书面语中使用,便具有了口语色彩。例如:

瞧　耍　脑袋瓜子　没命　小气　吃香

怕丑　货色　赔不是　愣头青　糊里糊涂

有的词则在这两种语体中都经常使用,因此具有通用语色彩。例如:

看　玩　大脑　死亡　分手　有名　喜欢
斥责　感情　事物　道歉　年轻人　有时候

词的语体色彩是词义的重要组成部分。我们学习一种语言,学习得到位不到位,一个很显著的标志就是看学习者对语体色彩词语的使用情况。因此,我们在学习汉语和教授汉语时,都必须根据不同交际场合来使用具有特定语体色彩的词语,做到词义表达和语义要求相一致。

需要说明的是,书面语跟书面表达、口语跟口头表达不是同一个概念。书面表达和口头表达是一种语言的不同表达方式,其差别在于选择表达工具的不同,即是借助于文字还是纯粹借助于声音;而书面语和口语则是表达内容中所体现出来的色彩的倾向性差异。其实,书面语虽常用文字的形式记录在书面上,但口头交际中那些具有周密、庄重、典雅、郑重等特点的表达,仍被看作具有书面语色彩。同样的道理,口语虽常用口头形式来表达,但书面交际中那些具有通俗自然、生动活泼、生活气息强等特点的表达,仍被看作具有口语色彩。也就是说,语体差别不是书面形式和声音形式的差别,而是表达内容中所体现出来的某种倾向或某种情调之类的质的差别。

词的色彩义包括的范围比较广,理性义之外的词义部分都可以看作色彩义。这样,色彩义除了上面分析的感情色彩、形象色彩和语体色彩之外,还有其他色彩。例如,时代色彩、民族色彩和外来语色彩、稳定色彩和新颖色彩、雅俗色彩以及庄重、诙谐、轻蔑、委婉等色彩。

四、单义词、多义词和同音词

只要翻开任何一本词典就会发现,有的词条后面的释义只有一项,有的词条后面的释义有几项。而这些义项之间的关系怎样,是值得我们关心的。

(一) 义项

《现代汉语词典》(第5版)对"力作"和"力量"是这样释义的:

【力作】lìzuò 精心完成的功力深厚的作品:这个作品是他晚年的～。
【力量】lìliàng ①力气:人多～大｜别看他个子小,～可不小。
　　　　　　　②能力:尽一切～完成任务。

③作用;效力:这种农药的～大。

④能够发挥作用的人或集体:新生～。

"力作"的释义只有一项,而"力量"的释义有四项。我们将这种词义的分项说明叫作**义项**。上面两个词分别有 1 个义项和 4 个义项。《现代汉语词典》中表示动作的"打(dǎ)"共有 24 个义项。

一个词的词义是从该词出现的语境中观察、分析出来的。由于不同的义项有不同的出现环境,每个义项都只出现在自己的语境中,这样,我们就可以根据该词通常出现的环境进行词义归纳。每个具体语境只有一个义项适用。例如下面是"打"的一些用法和意义:

① 打门;打鼓　　（用手或器物撞击物体）

② 碗打了;鸡飞蛋打　　（器皿、蛋类等因撞击而破碎）

③ 打架;打援　　（殴打;攻打）

④ 打官司;打交道　　（发生与人交涉的行为）

⑤ 打坝;打墙　　（建造;建筑）

⑥ 打刀;打家具;打烧饼　　（制造器物、食品）

这就是《现代汉语词典》"打"释义的前 6 个义项及其用例。这种对义项的归纳方法跟我们在语音部分分析"元音的发音变化"时运用的方法是一样的,就是利用所出现的环境来确定具体的用法。我们在学习语言和使用语言时,要积极运用这种方法。

当然,词典中的释义只是体现了义项归纳的某种可能性,不同词典对某个词的意义的抽象程度有差异,义项的分合也可能有不同。另外,有时归纳的结果也未必完全到位。我们在教学中要善于帮助学生从实际语言使用中推知词义。

(二) 单义词

单义词指只有一个义项的词。例如单纯词"鸟、捡、玻璃、的士、葡萄"、合成词"炊具、溃逃、湿润、突然、太阳系"都只有一种解释、一个义项,是单义词。

常见的单义词类型主要有下面三种:

(1) 一部分常见事物的名称。例如:

鱼　炭　茶杯　桌子　菊花　葡萄　毛笔　闹钟

(2) 科技术语。例如:

钠　电子　函数　抛物线　血压　月球　辅音

(3) 专有名称。例如：

中国　长江　黄山　欧元　联合国　武汉大学

相比较而言,单音节的单纯词中单义词较少,合成词和非单音节的单纯词中单义词多。由于汉语词汇系统中合成词占大多数,而合成词中大多是单义词,所以说,总体而言汉语词汇系统中单义词占多数。

(三) 多义词

1. 什么是多义词

多义词指有两个或两个以上义项的词。如上面所举的"力量"和"打"。

多义词的各个义项虽然不同但相互联系。例如《现代汉语词典》(第5版)解释"花"时有18个义项,下面是前11个义项(个别释义内容有删略):

①种子植物的有性繁殖器官……:一朵～儿。

② 可供观赏的植物:～木｜～盆｜～匠｜种～。

③形状像花朵的东西:灯～｜火～｜雪～。

④烟火的一种,……供人观赏:～炮｜礼～｜放～。

⑤花纹:白地蓝～｜这被面～儿太密。

⑥颜色或种类错杂的:～白｜～猫｜～～绿绿。

⑦(眼睛)模糊迷乱:眼～｜昏～。

⑧〈方〉衣服磨损或要破没破的样子:袖子都磨～了。

⑨用来迷惑人的;不真实或不真诚的:～招｜～账｜～言巧语。

⑩比喻事业的精华:文艺之～｜革命之～。

⑪比喻年轻漂亮的女子:校～｜交际～。

我们能明显感觉到这些意义之间有一定的联系,有的义项是"花"的比较基础的意义,有的意义是从"花"所具有的形状、构造、特性、功能等方面引申出来的。

词的多义性是语言历史发展的结果。一个词在新出现的时候一般都是单义的,但是,随着客观事物的发展和人们对客观事物认识的深化,词义就可能发生变化,从而在原义的基础上产生新的意义。这样看来,如果从词义的源和流来看,多义词不同义项的性质并不相同。也就是说,多义词的几个义项并不是完全平等并列的,在产生时间上有先后之分,在使用、理解上有基本非基本之分,这种种关系,体现了多义词各义项之间的密切联系。这样,我们就有必要进一步区分多义词各个义项之间的关系。

2. 本义和派生义

从产生时间的先后来看,我们可以区分出本义和派生义。

(1) 本义

本义是多义词的几个义项中产生最早的义项。

要想知道词的本义,必须从现有的文献材料中去分析,所以说,本义实际就是有文献记载的最初的意义。例如"钟"有这样三个义项:

① 响器,中空,用铜或铁制成:撞~｜~鼓楼｜~声齐鸣。

② 计时的器具,有挂在墙上的,也有放在桌上的:挂~｜座~｜闹~。

③ 指钟点,时间:六点~｜由这儿到那儿只要十分~。

其中,义项①是最早产生的义项,是本义。这个义项现在仍用得比较多,只不过比较而言,②和③更常用一些。

很多词的本义现在已经不再使用了,如"脸"的本义是"两颊的上部","向"的本义是"朝北的窗户"。要了解这些词的本义,就需要查找有关的工具书和古典文献。但是也有一些词的本义现在仍在使用,尤其是一些跟日常生活关联比较密切的词,如"日、月、水、火、土、山、石、牛、马、车、芽、末、重、飞、美、处置、生育"等。

(2) 派生义

派生义是由本义衍生出来的意义,也叫**转义**。

多义词的各个义项中,除本义外都是派生义。上面所举的多义词"力量、打、花、钟"的各个义项中,除了第①个义项,其余的义项都是派生义。派生义都是在本义的基础上通过不同的方式逐步发展而来的。

3. 派生义的类型

词义派生的基础是事物之间的联系。事物之间的联系主要有两种:相似性和相关性。反映到词义系统中,就是根据词义之间的相似性和相关性而联系起来的。这样,我们就可以根据派生方式的不同将派生义分别为两个大类:比喻义和引申义。

(1) 比喻义

比喻义是指通过事物之间相似性联系派生出来的意义。

比喻强调的是两个不同事物之间的某种相似性,用现有的意义来比喻另外一个事物,就可以产生一个新的义项。例如:

【眼】人或动物的视觉器官。→比喻小洞;窟窿。

【把柄】器物上便于用手拿的部分。→比喻可以被人用来进行要挟或攻击的过失或错误等。

【起飞】(飞机、火箭等)开始飞行。→比喻事业开始上升、发展。

【成熟】植物的果实等完全长成,泛指生物体发育完备。→比喻某种情况发展完善。

注意,比喻义和修辞上的比喻用法不是一回事。比喻义是已经固定下来的意义,而修辞上的比喻用法是词语的临时使用。当然,这种临时使用如果反复出现并且逐渐固定下来,也就成了比喻义。可以这样说,比喻义是某些比喻用法经过反复使用而固定下来的意义。

(2) 引申义

引申义是指通过事物之间的相关性联系派生出来的意义。

引申强调的是事物之间的相关性。所谓相关,涉及的范围比较广,只要有联系相关联,都可以看作相关性。例如:

【兵】兵器。→手执兵器的人,即士兵、军人。

【亮】光线强。→声音响亮。

【快】迅速。→(刀、剪、斧子等)锋利。

【品位】矿物中有用元素或有用矿物的含量。→泛指人或事物的品质、水平。

【实惠】实际的好处。→有实际的好处。

【裁判】在体育运动中对比赛成绩和情况做出评判。→执行裁判工作的人。

上面各个引申义中,"兵"是用工具代替使用工具的人;"亮"是利用了感觉上的相通,用视觉的代替听觉的;"快"(本义是心喜,引申为迅速,再引申为锋利)是因果联系,因为刀斧等锋利了就比较容易、比较快速地砍断物体,所以用结果"迅速"来代替原因"(刀、剪、斧子等)锋利";"品位"是用具体代替抽象;"实惠"是用事物代替事物所具有的性质;"裁判"是用动作代替动作的发出者。还有其他的关联方式。

4. 基本义和一般义

基本义指多义词的多个义项中最主要、最常用的义项。人们听到这个词,很容易就联想到这个义项。例如"花"的18个义项中,"种子植物的有性繁殖器官"是其中最常用的义项,是基本义。

相对于基本义,**一般义**指多义词的多个义项中基本义之外的其他义项。

5. 本义和基本义之间的关系

上面分析了基本义和本义这两个概念,有时人们没有很清楚地将它们区分开来。其实,基本义和本义不是一回事。本义是跟派生义相对的,是从词义发展的角度来分析的;基本义是跟一般义相对的,是从词义使用频率的角度来分析的。有的词本义和基本义一致,如"花、眼、品味";有的词本义和基本义并不一致,如"把柄、兵"。其实,本义和基本义不一致的情况更为常见。

在每个时期,一个多义词的几个还在使用的义项中,肯定有基本义,这是这个时期最常用的义项;但是,有的本义则可能已经不再使用了,如上面提到的"脸"的本义"两颊的上部",很早就不再使用,很多供中等文化程度的字典、词典(如《现代汉语词典》)都不再收这个义项了。

(四) 同音词

1. 什么是同音词

同音词指语音相同而意义之间并无联系的一组词。

上面在解释多义词时指出,多义词的多个义项是相互联系的。如果某些词声音相同,甚至字形也相同,但它们之间的意义并没有什么联系,那么这些词就只能看作不同的词了。如"打",上面所释之义都是表示动作行为的,而且各个义项之间有某种联系,我们可以记作"打^1";"打"还有另一个义项,表示介词义"从",如"打这儿往西,再走三里地就到了""打明天起,每天晚上学习一小时",可以记作"打^2"。"打^1"和"打^2"都念 dǎ,但意义上没有联系,实际上是不同的两个词,只能看作同音词。像《现代汉语词典》这样的词典,就把它们作为两个条目分开列出。又如"军事—均势"字形不同,但都念 jūnshì;"势力—视力""事例—示例"字形有同有异,但都念 shìlì。它们都是同音词。

同音词必须是声母、韵母、声调都相同,否则就不构成同音词。例如"大意",表示"主要的意思"之义时,念 dàyì,如"段落大意、文章大意";表示"疏忽"之义时,念 dàyi,如"粗心大意、大意不得",两者声调不同,不构成同音词。又如"调配",念 tiáopèi 时,表示"调和、配合(颜料、药物等)"之义;念 diàopèi 时,表示"调动分配"之义,也不构成同音词。它们实际上是多音词。

2. 同音词的类型

我们可以根据字形的相同与否,将同音词分为两类:

(1) 同形同音词:读音和字形完全相同,但意义不同的一组词。例如:

花^1(花朵)—花^2(花费)

会^1(聚会)—会^2(能够)

满月^1(圆月)—满月^2(婴儿出生后足一个月)

大家[1](指一定范围内所有的人)—大家[2](著名的专家)

(2) 异形同音词:字形和意义不同,但读音相同的一组词。还可以细分为两种情况:

A. 字形不完全相同。例如:

　　后进—后劲　启示—启事　借贷—借代
　　古物—谷物　简捷—简洁　居留—拘留

B. 字形完全不同。例如:

　　树木—数目　著名—注明　讲授—奖售
　　抱负—报复　诡计—轨迹　含义—寒意

3. 同音词和多义词的异同

(1) 相同点

两者都是用相同的语音形式表达不同的语义内容。例如:

gōngshì:(工事)保障军队发扬火力和隐蔽安全的建筑物:防御～。
　　　　(公式)用数学符号和文字表示各个数量之间的关系的式子:化学～。
　　　　(攻势)向敌方进攻的行动或形势:发起新的～。
suànjì(算计):① 计算数目:数量之多,难以～。
　　　　　　② 考虑;打算:这件事慢一步办,还得～～。
　　　　　　③ 暗中谋划损害别人:当心被小人～。

前者是同音词,后者是多义词。

(2) 不同点

同音词,是不同的词,这些词在意义上互不关联,只是读音相同。多义词,是具有几个不同意义的一个词,这几个意义之间具有密切的联系,或者是引申关系,或者是比喻关系。

【思考与检测三】

一、填空:

1. 词义的性质主要包括词义的_____、_____、_____。
2. 词的色彩义主要包括_____、_____、_____。
3. 本义是指_____的义项;基本义是指_____的义项。

4. 派生义的类型包括_____和_____两大类。

5. 同音词指_____相同而_____之间没有联系的一组词。

二、分别指出下列词的感情色彩。

狡猾—聪明　创造—杜撰　攻克—攻占

称赞—奉承　教训—教诲　计策—诡计

比较—比附　鼓励—煽动　勾结—团结

成果—结果—后果　论辩—诡辩—雄辩

保护—庇护—爱护　武断—果断—决断

三、指出下列各词的语体色彩(书面语色彩、口语色彩、通用语色彩)。

小气—吝啬　碧空—天空　洗—洗涤

朋友—哥们　丢掉—摈弃　诞辰—生日

头颅—脑壳　乱说—瞎扯　瑕疵—缺点

撒气—迁怒—出气　道歉—致谦—赔不是

四、根据下列提供的例句归并各词的义项,判定它们是多义词还是单义词。

1. 端正

① 这个小伙子五官长得特别端正。

② 每个来参加培训的人都应该端正学习态度。

③ 老王一向品行端正,不可能做这种伤天害理的事。

2. 收拾

① 屋子太乱了,请人来收拾一下。

② 你要不听话,看我怎么收拾你。

3. 内向

① 小王性格特别内向,不可能当主持人。

② 内向的人是不轻易发表意见的。

4. 嫩

① 让他来担任总导演,还嫌嫩了点儿。

② 春风一国,树枝上就伸出了一片片嫩叶。

③ 这肉片炒得很嫩。

5. 网点

① 在新居民区增设了不少商业网点。

② 交通网点的布局要满足人们出行方便的需要。

③ 这儿各类服务网点不少,但没有发挥应有的作用。

五、指出下列各词的本义、引申义、比喻义:

1. 脸

① 两颊的上部。

② 头的前部,从额到下巴。

③ 某些物体的前部。

④ 情面;面子。

⑤ 脸上的表情。

2. 春

① 一年四季的头一个季节。

② 生机。

3. 亮

① 光线强。

② 声音响亮。

③ (心胸、思想等)开朗,清楚。

4. 投入

① 投到某种环境中去。

② 做事情聚精会神,全力以赴。

5. 便衣

① 平常人的服装。

② 穿便衣执行任务的军人、警察等。

6. 锤炼

① 锤打、冶炼铁器使成型适用。

② 反复推敲琢磨使完美。

六、请根据所列义项的意义,判定哪些词是多义词,哪些词是同音词,哪些既不是多义词,也不是同音词。

1. 潮

① 海水受月球和太阳引力的作用定时涨落:半夜涨潮。

② 社会或时代的变动发展:改革大潮。

2. 听信

① 听到而相信(多指不正确的话或消息):听信谣言。

② 等候消息：今天晚上就决定，你听信吧。

3. 到位

① 到达适当的位置或预定的地点：传球到位。

② 到达合适或令人满意的程度：表演很到位。

4. 副

① 居第二位的；辅助的：副军长。

② 量词，用于成套的东西：一副手套。

5. 本事

① 文学作品中主题所依据的故事情节：考证这部小说的本事。

② 本领：人小本事大。

6. 麻痹

① 身部某部分出现感觉或运动障碍的病症：小腿麻痹。

② 丧失警惕或疏忽大意：麻痹大意。

第四节 同义词和反义词

上一节分析的多义词虽有几个义项，但仍然看作一个词，这个词的各个义项之间有密切的联系。其实，不同的词之间也有可能在意义上发生某种联系，如两个词的意义相同、相近或者相反、相对。我们对词义的理解和使用，正是着重于词义的同和异。

一、同义词

(一) 什么是同义词

同义词是指意义相同或者相近的一组词。这里的意义，通常指的是理性义（即概念义、词汇意义）。例如：

① 大姨出生在这样的家族里，应该承袭了祖上的基因，骨是<u>英雄</u>骨，血是<u>壮士</u>血，歌是<u>好汉</u>歌，舞是<u>豪杰</u>舞。

② 1995 年以前，共有 10 个国家获得过考比伦杯（女子团体冠军）。中国 10 次<u>捧杯</u>，位居榜首，日本 8 次<u>折桂</u>，罗马尼亚 5 <u>占鳌头</u>，捷克斯洛伐克 3 次<u>夺魁</u>，美、英、德各有 2 次<u>称雄</u>，韩国除与苏联各<u>获</u> 1 次冠军外，与朝鲜组成联

合队在 41 届上也拿了一回冠军。

③ 袭人对宝玉笑道:"这是他来给你拜寿,今儿也是他的生日,你也该给他拜寿。"宝玉对平儿说:"原来今儿也是姐姐的芳诞。"探春对柳家的笑道:"你原来不知道,今儿是平姑娘华诞。"柳家的笑道:"原来今日也是平姑娘的千秋,我竟不知道。"

例①中"英雄、壮士、好汉、豪杰"这四个词的意思基本相同。例②中"捧杯、折桂、夺魁、称雄"都是获得冠军的意思("位居榜首、占鳌头、获冠军"是短语,跟这些词构成同义表达)。例③中"生日、芳诞、华诞、千秋"意思也相同,只不过不同的人由于身份地位的差异而选择了不同的表达,显得风格鲜明,生动活泼。每组词都构成同义词。

(二) 同义词的类型

所谓的理性义的"同"是就义项比较之后的整体而言的,实际情况是有的相同,有的相近。因此对同义词的理解有宽有窄,这样就可以大体将同义词分成两种类型。

1. 等义词

等义词指理性义完全相同的一组词。这是严格意义上的同义词,可称作绝对同义词。例如:

剪刀—剪子　　语法—文法　　电扇—电风扇
讲演—演讲　　拦阻—阻拦　　番茄—西红柿

因为等义词的理性义相等,所以在特定范围内可以互相替代使用。但是如果考虑到用法、色彩、来源等方面的细微差别,词汇系统中极少有等义词。有的语言学家甚至说没有任何两个词的意义完全相同。等义词如果没有特殊的表达作用,一部分可能被淘汰,这是语言发展的规律。

2. 近义词

近义词指理性义基本相同但是有些细微差别的一组词。这是较宽意义上的同义词,可称作**相对同义词**。一般所讲的同义词就是指近义词。在不引起误解的情况下,我们下面提到的同义词实际就是近义词。例如:

毛病—缺点　饭店—饭馆　表达—表白
鞭策—督促　轻率—草率　严厉—严格
采用—采取—采纳　把持—控制—操纵

精美—精细—精致—精巧

迎合—逢迎—奉承—阿谀—谄媚—巴结

丰富的同义词是语言的宝贵财富。尽可能多地掌握和使用同义词是丰富个人语言、提高表达能力的重要途径。在语言学习（包括母语学习和外语学习）中，一个人掌握的同义词数量的多少，往往是鉴别其语言水平高低的重要标准。

（三）同义词的辨析

同义词在意义和用法上大同小异。同义词的"同"是它们相联系的基础，"异"是它们相区别的标志。同中有异是它们存在的价值。同义词辨析一直是语言学习和使用过程中的重点和难点，难就难在词义之间交错复杂的关系上，即"同"之所在及"同"中之"异"上。下面我们就如何辨析同义词做出较为详细的说明。

辨析同义词就是要"求同察异"，重在"察异"。准确地把握同义词的异同，尤其是细微差异，是恰当地运用词语的重要基础。如"坚决"和"坚定"这组同义词，它们都有"拿定主意，不为外力所动摇"的意思。这是所求之"同"。但"坚决"侧重态度果断，跟"犹豫"相对；"坚定"侧重立场稳定，跟"动摇"相对。这是所察之"异"。这种"异"体现在它们使用场合的差异，"坚决"常用来表示行动、态度，如"态度坚决、坚决执行、坚决改正错误"；"坚定"常用来表示立场、意志，如"立场坚定、意志坚定、坚定不移、坚定的理想主义者"。在辨析同义词时，词典是重要的参考资料，但是由于词典在释义时往往并不能详细描写该词的使用环境，指出同义词之间的细微差别，因此我们更需要对同义词的各种用例进行充分观察和深入比较。

同义词的相异之处不尽相同，因而具体的辨析也要因"词"而异。大体说来，通常从下面三个大的方面来进行辨析。

1. 从理性意义上辨析

有些同义词在理性意义方面有差异。一般表现在下面几个方面：

（1）语义侧重点不同

同义词的同中之异体现了词义侧重点的差异。这在含有相同语素的一组同义词中表现得尤为明显，不同的语素往往体现出各词不同的侧重之处。例如"废除—解除"都含有除去的意思，但"废除"侧重于"废"，即废止不用；"解除"侧重于"解"，即去掉约束。类似的如：

茂盛—旺盛　　广博—渊博　　果断—决断

技术—技巧　　保护—保持　　教导—教诲

呵斥—训斥　　剧烈—猛烈　　看透—看破—看穿

(2) 语义轻重不同

有些同义词所表示的概念虽然相同,但在体现某些特征或程度方面有轻重之别。例如"毁坏—损坏",都指对某物进行破坏,因此既可以说"毁坏公私财物、毁坏绿地",也可以说"损坏公司财物、损坏庄稼"。但"毁坏"语义比"损坏"重,所以在"毁坏长城遗迹"中不能用"损坏"。类似的如:

恳求—请求　　盼望—希望　　绝望—失望
违背—违反　　竭力—努力　　揭穿—揭发
优异—优秀—优良　　蔑视—鄙视—轻视

(3) 范围大小不同

有些同义词所指对象的范围有大小之别。例如"边疆—边境",都是指靠近国家边界的地区,因此既可以说"边疆地区、边疆风光",也可以说"边境地区、边境风光"。但是"边疆"所指范围大,指靠近国界的领土;"边境"所指范围小,指靠近边界的地方。所以一般说"边疆风情、中国边疆地理研究"和"边境线、边境巡哨",而不能换过来说。类似的如:

时代—时期　　友情—友谊　　战争—战役
局面—场面　　灾难—灾荒　　获得—得到
事情—事件—事故　　房屋—房子—屋子

(4) 个体与集体的区别

有些同义词虽然指的都是同一种事物,但有的词指的是个体,是具体的事物;有的词指集体,是概括的事物。例如"书—书籍"都是指同一种事物,但"书"这个词所指的对象既可以是一本书,也可以是书的集合体("这本书、这些书"),而"书籍"只能指书的集合体("这些书籍"),所以不能说"几本书籍"。类似的如:

布—布匹　　船—船只　　枪—枪支　　米—米粒
树—树木　　花—花卉　　信—信件　　书—书本
河—河流　　湖—湖泊　　词—词汇　　纸—纸张

2. 从色彩意义上辨析

有些同义词的差别体现在词义的附加色彩上,主要表现在感情色彩或语体色彩两个方面。

(1) 感情色彩不同

有些同义词所包含的意义基本相同,但感情色彩不同。例如"果断—武断",都有决断的意思,但前者是褒义词,后者是贬义词;"荣誉—名誉"都指名声,但前者是褒义词,后者是中性词;"教师—教书匠"都指教书的人,但前者是中性词,后者是贬义词。同类的如:

  技巧(褒)—伎俩(贬) 意见(褒)—论调(贬)
  称赞(褒)—吹捧(贬) 鼓动(褒)—煽动(贬)
  教诲(褒)—教训(中) 效法(中)—效尤(贬)
  坚定/坚强(褒)—顽强/坚持(中)—顽固/固执(贬)

一般来说,感情色彩中性的词,可以分别跟感情色彩有褒贬的词构成同义词,如"结果—后果—恶果"是一组同义词,"结果—效果—成果"是另一组同义词,其中的"结果"都是中性词,而"后果、恶果"是贬义词,"效果、成果"是褒义词。

(2)语体色彩不同

有的词常用于书面语,有的词常用于口语,有的则通用于书面语和口语。例如:

  清晨—清早 父亲—爸爸 吝啬—小气
  恐吓—吓唬 胆怯—胆小 劝告—劝

每组前面的词有书面语色彩,后面的词有口语色彩。又如:

  子夜—半夜 晶莹—光亮 美丽—好看
  现—现在 书写—写 心灵—心

每组前面的词有书面语色彩,后面的词有通用语色彩。"交谈—谈—聊"则分别具有书面语色彩、通用语色彩、口语色彩。

很多时候语体色彩有差异,词义和感情色彩等方面也有差异。例如"责备—数落",前者通用于书面语和口语,后者只用于口语,它们都有批评的意思,但"责备"重在挑出错误,"数落"重在列举过失。

除了感情色彩和语体色彩而外,有些同义词还有其他色彩上的差别。如"落后—后进、胖—富态、失业—待业"有一般色彩和委婉色彩之分,"夫人—老婆、接吻—亲嘴、夸口—吹牛"有雅俗色彩之别,"生日—诞辰、客人—宾客、死—逝世"有一般色彩和庄重色彩之异。又如"肥"形容人时有讽刺、诙谐的意味,而"胖"比较中性。

3. 从用法上辨析

很多同义词的理性义基本相同,色彩义上也没有什么差异,但在用法上有所不同。这种用法上的差异主要表现在两个方面，一是搭配的对象不同，二是充当的句子成分不同。

(1) 搭配对象不同

很多同义词的"异"主要体现在搭配对象的不同上。例如"侵犯—侵占"，都有非法侵入的意思，但是它们搭配的对象不同：

侵犯——主权、利益、隐私权、领海、领空
侵占——土地、财产、公款、领土

总体而言，"侵犯"搭配的对象比较抽象，重在使对方受到损害；"侵占"搭配的对象比较具体，重在据为己有。又如"繁荣—繁华"，前者可用于"经济、市场"等抽象事物，后者可用于"都市、街道"等具体空间。同类的如：

改正—纠正　　保护—保卫　　结婚—成家
发挥—发扬　　景象—景色　　叫—喊
标致—漂亮—美丽　　充足—充分—充沛

其实，理性义的各个方面（侧重点、意义轻重、范围大小、个体与集体）的不同往往都会影响到同义词之间搭配对象的差异。例如"关心—关怀"，所指范围大小不同，前者宽后者窄。"关心"的对象既可以是人，也可以是物，所关心的人既可以是他人，也可以是自己，如"关心小王、关心自己、关心学校的荣誉、关心学校的财产"；"关怀"的对象只能是人，且只能是别人，而且是上对下，如"关怀下属、关怀青年人的成长"。"爱护—爱戴"的适用对象也有上对下和下对上的区别。

这就告诉我们，如果从搭配关系这一角度进行充分的观察和分析，就能很好地比较同义词的同和异了。例如：

察看——地形、动静、风向、病人
观察——地形、动静、风向、病人、问题、心理变化

通过比较发现，"察看"搭配的对象是具体事物，而"观察"搭配的对象既可以是具体事物，也可以是抽象事物。

词义的搭配关系很复杂，但我们通过充分的观察和比较，就必然能够发现同义词在意义和用法上的差异。没有搭配对象的分析，实际上就无法进行同义词的比较。

(2) 语法功能不同

考察一个词语的用法，除了具体的搭配而外，就是还要考察这个词在句子中能

出现在什么位置,不能出现在什么位置,能做什么成分,不能做什么成分,这实际就是我们将在第三章"语法"中要分析的"语法功能"。这里为了辨析同义词的方便和系统,也做一些简单说明。

句子成分主要有主语、谓语、宾语、定语、状语、补语。有些词能做几种成分,有的词只能做一种成分。我们可以根据这些词充当句子成分的情况将词进行分类,其中,跟同义词辨析相关的常常是名词、动词、形容词以及副词、连词、介词等。名词如"教室、思想",动词如"跑、喜欢",形容词如"长、美丽",副词如"很、经常",介词如"对于、按照",连词如"和、虽然",等等。某个词属于哪一类,它的词性就是什么,如"教室"的词性就是名词。

有的同义词虽然意义相同,但语法功能并不相同,具体表现在词性有别,充当句子成分的能力有别。例如"希望—愿望",都指期待将来达到某种目的或出现某种情况的想法。但两者在语法功能上有一些差异:

　　希望你来　　希望落空　　热切的希望　　有一点希望
　　*愿望你来　　愿望实现了　美好的愿望　　实现愿望

"希望"能带宾语,是动词,同时又能做主语、宾语、定语的中心语等,是名词;而"愿望"只能做主语、宾语、定语的中心语等,是名词。

"忽然—突然"都有动作变化快,出人意料的意思。两者在用法上有同有异,相同的是两者都能做状语,例如:

　　电灯忽然灭了　　妈妈忽然想起了那件事
　　电灯突然灭了　　妈妈突然想起了那件事

不同的是,"忽然"只能做状语,"突然"还可以做谓语、定语、补语、宾语。例如:

　　*事情并不忽然　　*忽然事件　　*暴雨来得忽然　　*感到忽然
　　事情并不突然　　突然事件　　暴雨来得突然　　感到突然

"忽然"不能受"很"修饰,而"突然"可以,如"很突然"。因此,"忽然"是副词,"突然"是形容词。

同类的如:

　　充分(形容词)—充满(动词)

　　刚毅(形容词)—毅力(名词)

　　声明(动词、名词)—申明(动词)

活泼(形容词)—活跃(形容词、动词)

拘谨(形容词)—拘泥(动词、形容词)

(四) 同义词的辨析步骤

上面阐述了同义词辨析的主要内容,这里归纳一下同义词辨析的步骤。

首先,收集或构造典型的例句,尽可能将词语的各种用法(如适用对象、语法功能)都观察到。这实际上就是在具体语境(上下文)中考察同义词的同和异。一切词义都来自于用法。虽然实际的用例是无限的,但需要考察的是有代表性的用例。

其次,考察它们相互替换的可能性。同义词的"同"要求它们在一定的语境中是可以替换的,同义词的"异"制约了它们在另一些语境中不能替换。如果不能替换,我们就要分析它们的语境,着重从它们搭配的对象去分析,通过搭配对象的比较来概括其差异。以"美丽—漂亮"为例:

① 金一趟不但"看见"了美丽的翠花姑娘,而且"看见"了他自己。

② 她们对我来说,每一个都是漂亮的年轻女人,仅此而已。

这两句中的"美丽"和"漂亮"不能互换,因为"美丽"除了外表好看外,侧重于内在的品质,而"漂亮"更多地指外表的好看。因此,例①中,由于金一趟只能用心灵来"看",所以看见的只能是"美丽"的姑娘;例② 中,给人留下外表美好印象的年轻女人,只能是"漂亮"的,不能是"美丽"的,所以后面说"仅此而已"。

最后,从理性义、色彩义和用法等方面进行归纳。并不是每组同义词在这些方面都存在差异,但我们在考察的时候要尽可能全面一点。在比较异同时,一般采取对立性的分类来说明,如我们在比较"美丽"和"漂亮"时,可以从"具体/抽象、所指对象范围大/所指对象范围小、侧重内在本质/侧重外在表现、男性/女性、书面语/口语"这样一些方面去考察。辨析同义词注重于词与词之间差别的区别性分类。

(五) 易混淆词的问题

在汉语作为外语的教学中,还有一类现象同样值得重视,这就是易混淆词问题。由于易混淆词是跟同义词相关但又不完全相同的现象,我们便放在这里一并说明。

所谓易混淆词,就是由于义、音、形等某个方面相似相关而导致使用时容易发生混淆的词。例如:

| 戴—带 | 权利—权力 | 反应—反映 | 十分—非常 |
| 燥—躁 | 骄气—娇气 | 尽管—不管 | 只要—只有 |

| 已—己 | 范围—范畴 | 提防—堤防 | 合龙—合拢 |
| 看—看见 | 日前—目前 | 往事—故事 | 注意—主意 |

同义词当然是易混淆词,但有很多易混淆词并不是同义词,如上面各组易混淆词中,除了第一行可以看作同义词外,其他的都不是因为同义而出现用法混淆。甚至有的语义和用法毫不相关,只是字形相近而出现用法混淆,如"已—己、第—弟、蓝—篮、提示—揭示"等。

这些词中,有些词即便是母语为汉语者也会出现混淆,母语为非汉语者更是如此;有些则基本上是母语为非汉语者在学习汉语的过程中才会出现的混淆,如上面最后一行的一些词。

易混淆词产生的原因,除了汉语中某些词在义、音、形等方面存在混淆的可能外,还可能受其母语的影响而出现了混淆的情况。

如汉语学习者的母语中有一个多义词,可能与汉语中的两个或几个词对应。学习者在学习了汉语中的某个词后,就可能将这个汉语词用于母语中表示的另一个义项上。如韩语中的"试验"这个词大致对应于汉语的"试验"和"测验"这两个词,韩国学生便有将"试验"用作"测验"的,造出"今天上午试验太难了"这样的句子。

还有一种情况则相反,汉语中是两个词,而学习者的母语中用一个词来表达,汉语学习者由于没有将词语义项之间的对应关系处理好而出现误用。如英语中表示选择关系的"or"实际对应于汉语中的"或者"(用于表示陈述的句义)和"还是"(用于表示疑问的句义)这两个词。英语背景的学习者在学习了"或者"后,便以为表示选择关系的"or"都可以用"或者"来对应,以致造出了"你是在教室看书或者在图书馆看书?"这样的句子。

另外,由于日语、韩语中有一些跟汉语词形同或形近的汉字词,说这些语言的汉语学习者有可能因此而误用汉语词。如日语中的"手纸"是书信的意思,日本学生在使用汉语时出现过"我给在日本的家人写手纸"这样的表达。又如韩语的"放学"是放假的意思,韩国学生在使用汉语时出现过"放学了,我要去美国游"这样的表达。再如日语、韩语中的"新闻"都是报纸的意思,这两国的学生在学习汉语时有时便用"新闻"来代替"报纸",如"爸爸在看新闻"(实际所指是"爸爸在看报")。

易混淆词问题是汉语作为外语学习和教学应该引起特别注意的现象。

二、反义词

(一) 什么是反义词

反义词指意义相对、相反的一组词。构成反义关系的一组词互为反义词。反义关系是词义关系中的另一种重要关系。例如：

① 父母应该放手让孩子去实践，去亲身品尝成功的喜悦和失败的滋味。
② 语言学是一门古老而又年轻的学科。
③ 朋友可贵，敌人也有用；朋友指点我能做什么，敌人教我该做哪些。
④ 可以说，"静"与"躁"，是艺术家进天堂或入地狱的分界岭。

其中的"失败—成功、古老—年轻、朋友—敌人、静—躁、天堂—地狱"都具有反义关系。反义关系反映的是客观事物所存在的相互矛盾、相互对立的关系。

一组词若构成反义词，一般需要具备这样一些条件：

首先要具有相同的语义要素，也就是它们要具有共同的上位概念。例如"快"和"慢"都表示速度，"黑"和"白"都属于颜色，"天堂"和"地狱"都指生活环境。如果两个词之间没有相同的语义要素，就不存在反义关系。如"快"和"短"、"年轻"和"粗重"都不具有共同的语义要素，所以不存在反义关系。由此可见，反义关系既是相互对立的，也是相互联系的。没有相互的联系，就无所谓相互的对立；同样，没有相互的对立，也就无所谓相互的联系。从这个角度来说，反义词是异中显同，同义词是同中见异。

其次，反义词是一组意义相反相对的"词"，这就是说，我们不能说具有反义关系的就一定是反义词。如"成功—失败、好—坏"是反义词，但"成功—不成功、好—不好"并不是反义词。同样，"年轻—年纪很老、乱—有条有理"也不是反义词，尽管它们语义对立。"不成功、不好、年纪很老、有条有理"都是短语（词组），不是词。

(二) 反义词的类型

假如把构成反义关系的两个词看作词义关系的两端，我们就可以根据这两端之间是否还有中间状态将反义词分成不同的类。

1. 绝对反义词

绝对反义词指构成反义关系的两个词在意义上互相排斥，处于一种非此即彼的关系。也就是说，肯定一方必然否定另一方，否定一方必然肯定另一方，两者之间不存在非此非彼的中间状态。例如：

正—反　有—无　动—静　男—女
公—私　真实—虚假　有限—无限
合法—非法　生存—死亡　出席—缺席

以"出席—缺席"为例来说明。"出席"和"缺席"互相排斥,一个人只要"出席"了会议就不能称作"缺席",只要"缺席"了就不可能同时"出席",不存在既"出席"又"缺席"、既不"出席"又不"缺席"的情况。

2. 相对反义词

相对反义词指构成反义关系的两个词在意义上处于两个极端,两者之间还有中间状态存在。相对反义词也叫极性反义词、两极反义词。也就是说,肯定一方必然否定另一方,但否定一方不能必然肯定另一方。例如:

大—小　深—浅　硬—软　远—近
甜—苦　胖—瘦　左—右　进—退
聪明—笨拙　先进—落后　繁荣—萧条
宽阔—狭窄　舒服—难受　开始—结束

以"大—小"为例来说明。"大"和"小"语义相反,在同一个标准下,一个物如果是"大"的就必然不是"小"的,是"小"的就必然不是"大"的。但是,"不大"则不一定就"小","不小"也不一定就"大",有可能处于"大"和"小"的中间状态,即"不大不小"。

(三) 反义词的对应关系

词的义项有多有少。对多义词而言,构成反义关系的词只是在某个义项上存在反义关系。这样,反义词之间就存在下面这样一些对应关系:

1. 单义词跟单义词构成反义词

例如:

内行—外行　出现—消失　懒惰—勤奋
有限—无限　高涨—低落　昂贵—低廉

2. 在某个义项上构成反义关系

例如:

昏暗:光线不足。如:昏暗的教室。
明亮:① 光线充足。如:明亮的教室。
　　　② 发亮的。如:明亮的眼睛。

③ 明白,清楚。如:听了这番解释,老张心里明亮了。

"昏暗"是单义词,"明亮"是多义词。"昏暗"只跟"明亮"的"光线充足"构成反义关系,跟其他两个义项并不构成反义关系。

又如"开"和"关",都是多义词,只在"打开"和"合拢"这个义项上构成反义关系(如"开门、关门"),在其他义项上,它们并不构成反义关系。

3. 一个词跟多个词构成反义关系

一个词有多个义项,这些不同义项可以分别跟不同的词构成反义关系。例如:

困难:① 事情复杂,阻碍多。　　（反义词:容易）
　　　② 穷困,不好过。　　　　（反义词:富裕）
呆板:① 死板;不灵活。　　　　（反义词:灵活）
　　　② 动作不自然。　　　　　（反义词:自然）
　　　③ 不聪明,反应慢。　　　（反义词:机灵）

【思考与检测四】

一、填空:

1. 同义词是指_____的一组词。同义词可以分成_____和_____两种类型。

2. 同义词辨析一般从_____、_____、_____三个方面进行。

3. 反义词是指_____的一组词。反义词包括_____和_____两种类型。

二、辨析下列各组同义词。

广博—渊博　　失望—绝望　　公平—公正　　行为—行径
局面—场面　　纠正—改正　　美满—圆满　　散步—溜达
健壮—硬朗　　深刻—深入　　交流—交换　　合适—适合
渴望—盼望—希望　　充分—充足—充沛

三、从下列各句括号里的同义词中挑选一个最恰当的词,并说明理由。

1. 你们要实事求是,既不能(夸大、夸张)自己的缺点,也不能缩小自己的优点。

2. 多年不见,这次老同学相聚,她对我特别(亲密、亲切、亲爱)。

3. 这个人因(毁坏、损坏)长城遗迹而被公安机关逮捕。

4. 两人都迫不及待地(展开、开展、展览)了这幅画卷,原来是今人描摹的《清明上河图》。

5. 这些都是旅行中（必须、必需）的东西，一定要带上。
6. 在（昏暗、黑暗、漆黑）的夜色里，我看不清四周的景物。
7. 你对这件事处理得不公正，大家的（谈论、议论、讨论）可多了。
8. 我知道那是假货，但是它很（美丽、漂亮），比真的还（美丽、漂亮）。

四、改正下列句子中用词不当的地方，并说明理由。
1. 由于计划不紧密，调查工作进展得很不顺利。
2. 这个山村有一百多户，四百多人口。
3. 从这件小事上，我们看到了他平易近人的可贵性质。
4. 句法猛烈多变的泥石流，一直继续了五个多小时。
5. 刘丽良自从跟吴天明结婚以后，一直过这完满的幸福生活。
6. 我实在担负不好乐队指挥，还是请他来吧。
7. 只有勾结一切可以勾结的力量，才能取得最后的胜利。
8. 我真不知道他们一家是怎样度过这漫长而苦难的时代的。

五、指出下列各词的反义词，并分别指出它们属于什么类型的反义词。

生　薄　痛苦　丑恶　脆弱　低落
和善　积累　拘泥　冷落　喜剧　赞同
完整　光明　后退　富裕　民主　上升

第五节　汉语词汇的构成

词汇是一种语言中所有的词和固定短语的总汇。由于词汇中各种词语在交际中的地位和作用并不相同，这样就可以对词汇做进一步分类。一般根据其稳定的程度、使用的频率和构造新词的能力，将词汇分成基本词汇和一般词汇（非基本词汇）两大类。在词汇系统中，基本词汇处于比较稳定的内层部分，一般词汇是比较活跃的外围部分。

一、基本词汇

（一）基本词汇的内涵和范围

基本词汇是指语言交际中使用时间长、使用频率高、为人们共同理解的词语的总和。基本词汇中的词语就是**基本词**。基本词的语义往往反映了生活中最为常见的事物和现象,因此一般不需要解释就能为人理解和使用。

大致说来,基本词汇通常包括以下一些方面的词语:

(1) 有关自然界常见事物的:

天　地　山　水　风　云　花　草　鸟

(2) 有关身体及其动作的:

人　头　心　手　脚　脸　眼　嘴　牙齿
吃　喝　走　听　看　说　想　写　睡觉

(3) 有关衣食住行等生活方式的:

米　菜　饭　刀　衣　车　笔　桌子　房屋

(4) 有关人际关系称谓的(尤其是亲属称谓):

爸　妈　奶奶　姐姐　老师　学生　同学

(5) 有关颜色、性质、状态的:

黑　白　大　小　高　好　坏　漂亮　高兴

(6) 有关方位、处所的:

东　西　上　下　左　右　前面　中间　旁边

(7) 有关数量的:

一　三　百　万　斤　尺　元　个　次　回　遍

(8) 有关时间、节气的:

今天　昨天　今年　明年　春节　中秋

(9) 有关指称、替代、语气的:

我　他　谁　什么　这　那　哪里　这样　怎样
啊　呀　呢　嘛　吗　吧

(10) 表示基本关系的(如程度、否定、范围、关联等):

很　非常　不　都　和　的　地　因为　但是

基本词汇和语法结构是构成语言的基础,是一种语言区别于其他语言的关键所在。

(二) 基本词汇的特点

由于基本词汇是日常交际所必需的,为所有的交际者理解和使用,因而体现出下面这样一些基本特点或者说基本性质:

1. 全民常用性

基本词都是一些流行地域广、使用频率高、为全民族所普遍使用的词语。基本词的使用不受地域、行业、阶层、年龄、文化程度等方面的影响。所以,全民常用性是区分基本词汇和一般词汇的根本前提。

由于基本词在语言交际中的重要作用,所以成为第二语言教学的基础之一,也是语言对比的重要参照。

2. 稳固性

基本词汇中的词语在语言交际中一般不容易发生变动,它们长时间里为不同层次的语言交际服务。有很多基本词,在目前所能见到的最早文献中就已经存在了,而且现在仍在使用,如"山、水、人、牛、马、虫、飞、上、下、一、二、百、白、高、美"等,基本上没有发生变化。

基本词汇之所以具有稳固性的特点,是因为基本词所指称的事物、所表达的概念、所表达的关系都是稳定的,跟人们的生活联系比较直接和紧密,因此用来表达这些事物、概念和关系的词也就具有了相对的稳定性。

当然,我们说基本词汇在交际中不容易发生变动,并不是说基本词汇在各个时代的语言交际中一成不变。事实上,整个词汇系统一直在发展变化中,基本词汇也不例外。例如,有的单音节词在古代是基本词,后来复音化了,原来的单音节词变成了合成词中的一个构词语素。例如:

耳—耳朵 鼻—鼻子 发—头发

这种单音节词复音化的现象在汉语词汇发展过程中比较普遍。有些单音节的基本词则被后起的合成词替代了。例如:

日—太阳 首—脑袋 目—眼睛

还有些词在古代是基本词,但后来退出了基本词的行列。这些词中的单音节词往往作为构词语素保留在现代汉语词汇系统中。例如:

言—文言 民—黎民 皇—皇帝

有的词在古今都是基本词,但意义发生了变化。例如:

走:奔跑(如:一走了之、走马观花)→行走
兵:兵器(如:短兵相接、兵不血刃)→士兵

3. 能产性

基本词(尤其是单音节基本词)具有很强的构词能力,它是构造新词的基础。例如:

人:①	人民	人格	人权	人道	人才	人物
	人工	人家	人间	人口	人类	人品
	人身	人生	人体	人头	人员	人质
②	主人	客人	爱人	本人	别人	病人
	常人	成人	传人	敌人	丢人	动人
	凡人	犯人	个人	惊人	军人	路人
气:①	气候	气体	气压	气度	气质	气概
②	空气	大气	热气	风气	习气	火气

当然,基本词的构词能力并不完全一样,也有一些基本词的构词能力很弱或几乎没有什么构词能力,例如代词("你、我、谁")、某些虚词("和、的、把、呢")、双音节词或多音节词(如"天空、以前、快乐、自行车")等。

全民常用性、稳固性、能产性这三个特点是就基本词汇的总体而言的,并不是每个基本词都是如此。有的在现代汉语中新产生的词进入了现代汉语基本词的行列,因此并不体现使用时间上的稳定性;另外,现代汉语词汇系统中很多基本词是双音节词,而这些词的构词能力并不强。

二、一般词汇

(一) 一般词汇的内涵和范围

一般词汇也叫**非基本词汇**,指一种语言的词汇系统中基本词汇以外的词汇。一般词汇的存在也是语言交际的必然要求。

一般词汇和基本词汇是词汇系统中互补的两个部分,共同为语言交际服务。它们相互依存、相互渗透。基本词可以作为语素构造新词,进入一般词汇当中,丰富了整个词汇系统。另外,有的基本词在发展过程中变成了一般词语。一般词汇

中的一些词取得基本词的性质后也能进入基本词汇当中。严格地说来,所有的基本词都来自于一般词汇。

一般词汇中的词在数量上要远远多于基本词。它来源复杂,类型多样,主要包括:新词与古语词、方言词与外来词、行业语等。此外,熟语中的绝大部分都属于一般词汇,由于它的性质比较特殊、内容比较复杂,我们将单立一节说明。

(二) 新词和古语词

这是从词语产生和使用的相对时间来考虑的两种类型。

1. 新词

笼统地说,**新词**指是语言中新产生、新出现的词。例如:

① 征购　脱产　上浮　公示　公关　短平快
　　黑马　网站　网友　水货　电脑　电子邮件
② 反思　滑坡　断层　人流(人工流产)
　　笔记本(意指电脑)　下海(意指经商)

所谓"新",实际是个相对的概念。每个时代都有新词出现。极而言之,任何词语曾经都是新词。当前语言学界整理汉语新词新语时,大多数学者比较倾向于将1978年以后(即所谓的新时期)产生的词语看作新词。

新词的"新",实际有两种情况。一种是词形和词义都是新出现的,如上面第一组词。另一种是词形是已有的,但赋予了新的意思,如上面第二组词。

新词产生以后,首先是进入一般词汇。新词的发展趋势有两种可能,有的由于被广泛应用而进入基本词汇,如"电脑、手机";有的继续作为一般词汇而在某些交际范围内使用或者逐渐从语言交际中隐退下去,如"万元户、大哥大('手机'的前身)"。

关于新词产生的途径,请参见本章第六节"汉语词汇的发展变化"中的"新词的产生"。

2. 古语词

古语词是从古代作品中继承、吸收过来的词语。由于它们具有特殊的语体色彩和感情色彩,因而能在现代语言交际中起到某种作用,从而为普通话所吸收。

古语词一般分为两类:文言词和历史词。

(1) 文言词

文言词指在古代语言交际中使用,而在现代汉语中只出现于书面语中的词语。它所表示的事物或现象仍然存在于现实生活中,所以还有表达的可能。又由于一

般有相应的替换形式,所以口语中一般不说了,因而文言词便具有浓厚的书面语色彩。例如:

若非　若干　黎民　予以　拨冗　鸿鹄(hónghú,天鹅)
莞(wǎn)尔　徜徉(chángyáng)　邂逅(xièhòu)
目(眼睛)　首(头/脑袋)　衣(yì,穿,如"衣锦还乡")
足(脚)　履(lǚ,鞋子)　走(跑,如"走狗、走马观花")
箸(筷子)　书(动词,写)　乃(才)　亦(也)
岂(难道)　之(的)　矣(了)　余/吾(我)

有的文言词现在已基本不用了,如"鸿鹄、履、矣";有的还在使用,但意义发生了变化,如"走";很多单音节文言词不再单用,但常常用来构词,如"目"构成"目光、目测、目睹、目击、侧目、夺目、盲目、眉目、醒目、瞩目"等常用的词;有的用于书面语色彩很浓的表达中,如一些双音节词语和单音节的文言虚词。在一些特殊的交际场合(如政论文、公文、历史著作等)中恰当地使用文言词,可以起到特殊的表达效果。

(2) 历史词

历史词指表示历史上存在、现实中已经消失了的事物或现象的词语。这些词都是记录古代社会的人物、事物或特有现象的词语,由于社会的变迁,这些事物或现象在现代社会中已经不复存在,因此一般只是在涉及历史事物或现象时才会用到它们。例如:

皇上　天子　后宫　太子　妃子　庶人　丞相
太守　宦(huàn)官　缙(jìn)绅　单(chán)于
可汗(kèhán)　耒(lěi)　斛(hú)　弑(shì)

构造新词和吸收古语词中的有用成分是丰富普通话词汇的重要途径。

(三) 方言词和外来词

这是从词语产生的空间来源来考虑的两种类型。

1. 方言词

方言词指在某一地区使用的带有方言色彩的词语。它与普通话词语的主要区别就在于使用范围大小的不同。当一个方言词向这个地区之外的地区流通时,就可能进入到这个方言之外的交际群体中。如果使用的范围进一步扩大,就可能进入到普通话中来。下面一些词都曾经只在某个方言区使用,后来被吸收到普通话

中来:

搞　垮　把戏　摆谱　把家　般配　别扭
蹩脚　瘪三　尴尬　过硬　过细　货色　看涨
垮台　垃圾　陌生　水货　窝囊　晓得　雪糕
二百五　马大嫂　炒鱿鱼　夜猫子　打退堂鼓

这些方言词所表达的意义在普通话中没有合适的词来表达,因而具有特殊的表达效果,所以被吸收到普通话中来。很多词已经看不出方言色彩了。

有些词表示的是方言地区特有事物的词,如"青稞、橄榄、椰子、龙眼、槟榔、樟脑"等,被吸收进普通话后一般并不看作方言词。

至于那些纯粹用于某个方言区的词语,我们在使用的时候要采取审慎的态度。

2. 外来词

外来词也叫**借词**,是从外族语言中连音带义吸收进来的词。外族语言既可以是外国语言,也可以是本国其他民族语言。例如来自英语的"摩托(motor)、幽默(humor)、拷贝(copy)、逻辑(logic)、休克(shock)、克隆(clone)"等。

汉语从其他语言中吸收外来词时,通常不是直接吸收,而是根据汉语的特点,在语音、语法、语义等方面加以改造,使其融入到汉语词汇系统之中。汉语吸收外来词的方式主要有以下几种:

(1) 纯音译:直接用汉字给外来词注音而产生的外来词。例如:

的士　布丁　吉他　芭蕾　爵士　马拉松
模特　纽约　阿斯匹林　巧克力　迪斯科
扎西德勒　胡同　哈达　敖包　浩特　冬不拉

有时音译的只是原外语词的部分音节。例如:

打(英 dozen)　　　　沙门(梵 śrāmana)

音译外来词的时候,由于不同语言有不同的语音系统,所以要受到汉语语音系统的制约,使读音只能跟原词读音相近、相似。

(2) 音义兼译:在音译的同时又让音节和词语负载跟原词相同、相近、相关的意义。例如:

基因　奔驰　摩丝　波音　迷你　香波
托福　黑客　骇客　万宝路　维他命

嬉皮士　俱乐部　乌托邦　可口可乐

(3) 半音译半意译:把一个外来词分成两个组成部分,一部分音译,一部分意译。例如(下加点者为意译部分):

迷你裙　摩托车　华尔街　剑桥　因特网
冰激凌　新西兰　爱克斯光　浪漫主义

(4) 音译或音义兼译＋类名:先将整个词音译,再在音译之后加上一个表示事物类别的汉语语素。例如:

卡车　卡片　啤酒　香槟酒　拖拉机　霓虹灯
芭蕾舞　沙发椅　沙丁鱼　艾滋病　高尔夫球

(5) 字母词:直接就用外文字母、单词(常为缩写)或跟汉字等组合而形成的词。例如:

CD　CT　CEO　CBD　WTO　SOS　VCD
A股　X光　B超　T恤衫　AA制　卡拉OK

字母词中的字母基本上来自英文字母,它的读音一般按原语言的读音来发音,但有的读音有所变化。目前这种用法还有不少争议,对不同的词人们的看法也不相同,很值得我们关注。其实这种用法在专业领域还是比较常见的。

(6) 借形词:从日本语中借来的用汉字书写的外来语词,但用汉字读音。例如:

场合　承认　定义　恢复　介绍　干事
机关　美观　缺点　认知　世纪　手续
系统　宪法　心理　事务所　人权宣言

上面这六类外来词中,第五类词的"外来"感觉最显著,而第六类几乎让人感觉不到它们曾是外来词。

需要注意的是,一般认为纯粹意译词和仿译词不能算外来词。意译词就是用本族语言的构词材料和规则构成新词,把外语里某个词的意义移植过来。例如:

电话　激光　话筒　语感　民主　独裁
青霉素　备忘录　最后通牒　不明飞行物

同样一个外语词,如果音译过来,则为音译词,属于外来词;如果意译过来,则为意译词,不属于外来词。如英语的 telephone(电话)曾被音译作"德律风",penicillin(青霉素)曾被音译作"盘尼西林",ultimatum(最后通牒)曾被音译作"哀的美敦书"。"德律风、盘尼西林、哀的美敦书"是外来词,"电话、青霉素、最后通牒"不是外来词。

仿译词指用本族语的材料把外族语词的语素逐个意译而成,不但把它的意义,而且把它的内部构成方式也移植过来。例如:

黑板(blackboard)　　足球(football)　　智商(intelligence quotient)
马力(horsepower)　　冰箱(icebox)　　蜜月(honeymoon)

当然,由于意译词、仿译词跟上面各类外来词有一个共同点,也就是它们的概念都是外来的,因此我们可以把它们笼统地称作外来概念词。

从各方言中吸收营养和不断吸收外来词也是丰富普通话词汇的重要途径。

(四) 行业语

行业语是指在特定行业或领域内使用的词语。行业语是普通话词汇的组成部分。它包括专业术语和行业用语。

1. 专业术语指各种学科所用的专门用语。例如:

文艺术语:形象　情节　意境　蒙太奇
经济学术语:商品　资本　价值　股票
天文术语:天体　恒星　光年　太阳系
地质术语:滑坡　断层　海拔　风化岩
生物学术语:基因　细胞　胚胎　变温动物

2. 行业用语指社会中各种行业所用的词语。例如:

体育用语:点球　扣杀　擦边球　短平快
工业用语:模具　机床　高炉　吹氧
交通运输用语:航班　晚点　软着陆　红绿灯
商业贸易用语:淡季　库存　盘点　大甩卖
信息网络用语:硬件　死机　网址　黑客

行业语具有专业性,通常只通行于某个学科或行业范围之内,一般不为非专门人员所熟悉。但随着专业知识的普及,有些行业语可能逐渐为人们所熟悉,如信息网络用语"电脑、硬件、软件、鼠标、笔记本、死机、网站、网址、版主、黑客"等。行业语在向日常交际用语渗透的过程中,常常引申出一般的意义。如"资本、价值、滑坡、断层、短平快、硬件、共鸣、细胞、比重"等都已引申出专门意义之外的意义。

三、熟　语

(一) 熟语的内涵

熟语是指人们习用的定型化了的固定短语。它主要包括成语、惯用语,还有歇后语、俗语、谚语等。这里主要介绍使用广泛的成语、惯用语和歇后语。

熟语是一种特殊的结构单位。它在结构上大多是短语形式,有的还是句子形式。但是由于熟语结构上具有稳固性,意义上往往具有整体性,因此其作用和性质相当于词,因而也属于一般词汇。

(二) 成语

1. 成语的内涵

成语是一种相沿习用的形式简洁而意义精炼的固定短语。汉语的成语大多是四字格的形式,但也有一些成语是四字以上。例如:

庞然大物　　座无虚席　　应接不暇　　举案齐眉
方兴未艾　　井底之蛙　　隔岸观火　　黄粱美梦
小巫见大巫　　水火不相容　　万变不离其宗
心有余而力不足　　三十六计,走为上计

2. 成语的特点

成语是固定短语中最为凝练的部分。成语在结构上和意义上鲜明地体现出下面两个方面的特点:

(1) 结构的凝固性

由于长期沿用,成语的结构形式已经凝固下来了,一般不能随便替换或增减其中的成分,也不能随便更动成分的位置。例如"井底之蛙、七上八下、一蟹不如一蟹"不能替换而成"井底的蛙、八上九下、一虾不如一虾";"登峰造极、废寝忘食"虽然都是并列结构,但也不能变化成"造极登峰、忘食废寝/废食忘寝"。

当然这也不是说任何成语在形成和使用过程中结构上都一成不变。如"揠苗助长",来源于一则寓言故事,意思是把禾苗往上拔一拔来帮助禾苗快点生长,比喻违背事物的发展规律,急于求成,结果不但无益,反而有害。由于"揠(yà)"这个字已经极其生僻了,于是人们便用"拔"来替换,形成"拔苗助长"。这种变化已为语言交际者所接受。

(2) 意义的整体性

成语的整体意义往往不是内部各构成成分意义的简单相加,它是对构成成分的意义及各成分之间的关系的进一步概括、引申,形成比喻义和引申义。这就是一般所说的整体意义大于部分意义之和,字面意思只是实际意思产生的基础。例如"藕断丝连",字面意思是虽然藕已折断,但还有许多丝连接着没有断开,用来比喻没有彻底断绝关系;"束手就擒",字面意思是捆起手来让人捉住,用来指无法脱逃或无力抵抗。由此可见,绝大多数成语都具有两层意义:字面义和言外义,而言外义才是成语真正要表达的意思。因此,掌握成语的意思,既要善于从字面上推衍,更要着眼于整体上的把握。

当然,也有一些成语整体意义和构成成分的意义之和基本一致。例如:

大快人心　当之无愧　后起之秀　迫不及待
十全十美　训练有素　言简意赅　延年益寿

成语所具有的结构凝固性和意义完整性这两个特点是跟成语的来源有很大关系。成语的来源主要有神话传说、寓言故事、历史事件、诗文语句、佛教经典、口头熟语等。

绝大多数成语都凝固成四字格的形式,形成汉语成语十分鲜明的"四字格"的结构特点。这个特点对新成语的形成又起到了制约作用。现代汉语中就新产生了不少这样的四字格形式,它们除了产生的时间较短外,在结构的凝固性和意义的完整性方面跟产生于古代的成语没有根本差异,例如:

浮出水面　找不着北　大跌眼镜　尘埃落定
一头雾水　帽子戏法　烫手山芋　与时俱进
可圈可点　筑巢引凤　近亲繁殖　排忧解难

有人将它们看作"新成语"。这些"新成语",很多并不能从词典中找到它们的解释,读者只有通过语境分析才能把握。作为教师,应该引导学生观察新的语言现象,作为学习者,也应该积极地面对这种新的语言现象。对这些新现象的观察和理解,会加深对成语形式和意义的形成过程的认识,更好地掌握成语的特点和正确使用成语。

恰当地使用成语可以收到很好的表达效果。成语言简意赅,可以使语言表达简洁明快;成语形式严整,可以使表达结构整齐,节奏鲜明,音律和谐;成语大多形象生动,可以使表达色彩鲜明,富有表现力和感染力。

由于绝大部分成语的整体义是隐含在字面意思之后,因此成语的理解和使用往往是教学的一个难点。一般汉语程度不高的人都不怎么使用成语。我们在语言教学中要逐步培养学生积累一定数量的常用成语。

(三) 惯用语

惯用语指口语色彩较浓的短小定型的习惯用语。例如:

开倒车　碰钉子　挖墙脚　走过场　穿小鞋
泼冷水　钻空子　打交道　开绿灯　跑江湖
做手脚　踢皮球　吹牛皮　拉关系　拍马屁
变色龙　土皇帝　败家子　半边天　绊脚石
比翼鸟　避风港　传声筒　落汤鸡　保护伞
天晓得　捅马蜂窝　花岗岩脑袋　一鼻孔出气
卖狗皮膏药　不管三七二十一　不见棺材不掉泪

从上面例子来看,惯用语大多是三字格,四字格、五字格很少,其他格式极少。在结构方式上,以动宾式为多,其次是偏正式,其他结构类型极少。

惯用语的意义基本上是利用生活中的事例通过比喻、引申而形成,因此像成语一样结构相对稳定,意义相对完整。例如"开倒车"比喻背离发展的趋势,向后退;"变色龙"比喻善于变化或伪装的人;"不见棺材不掉泪"比喻不到彻底失败的时候不知痛悔。惯用语大多含有贬义,中性和褒义的很少。

在惯用语的各种格式中,动宾式多数可以拆开使用,而偏正式等其他格式一般不能。例如:

钻空子:钻了空子　钻过几次空子　钻了法律的空子
挖墙角:挖过墙角　挖了一次墙角　挖了他的墙角
　　　　墙角被人挖了　把他的墙角挖掉

惯用语来自口语,现代常用的惯用语更是大多来自于现代人的口语,不像成语绝大多数来自古代,因此惯用语带有鲜明的时代印记。这就决定了惯用语简洁明快、通俗生动、幽默风趣、生活气息浓郁的特点。

(四) 歇后语

歇后语是由近似于谜面、谜底的两部分组成的、中间有间歇的口头用语。也有人称作俏皮话。例如:

猪八戒照镜子——里外不是人

肚脐眼长到脊背上——反了你了

民航开业——有机可乘

机器人抓东西——是把硬手

和尚打伞——无发(法)无天

腊月里的萝卜——冻(动)了心了

从例子中可以看出,歇后语由两部分构成,书面上常常用破折号隔开。歇后语的前一部分是打比喻,或者说一件事情,类似谜语里面的"谜面";后一部分像"谜底",是真意所在。两部分之间有间歇,间歇之后的部分常常不说出来,让人猜想它的含义,所以叫歇后语。如"猪八戒照镜子——里外不是人","猪八戒"是《西游记》中的人物,长相像猪,因而照镜子时便镜子里镜子外都不是人,意指无论怎么做都双方不讨好。后一部分言外义是对前一部分字面义做出的新解释,往往是"别解"。

既然歇后语的两部分是类似于"谜面"和"谜底"的关系,"谜面"的内容就蕴涵了"谜底",因此在使用中有时就可以只用前一部分,使表达显得委婉含蓄。例如:

他现在已经是泥菩萨过河了,你还指望他什么呀。

由于歇后语的"谜面"大多说明的是生活中常见的事实或者虽然虚拟但合乎常理的事例,因此在表达上往往通俗活泼、生动形象、滑稽俏皮,富有生活气息。

【思考与检测五】

一、填空:

1. 基本词汇的特点主要体现在_____、_____、_____三个方面。
2. 外来词指_____的词。
3. 熟语是指人们习用的_____化了的_____短语。
4. 成语是一种相沿习用的_____的固定短语。

二、请举出五个近年来汉语中产生的新词语,并解释其意义。

三、请举例说明汉语吸收外来词的主要方式。

四、请找出下列词语中的音译外来词。

卡片　马达　电脑　发廊　白兰地　啤酒

浪漫　摩托　钢琴　哈达　木乃伊　景气

五、请举例说明成语和惯用语的差异。

六、在下列空格处填上反义词,构成成语。

出__入__　　__入__出　　量__为__　　喜__厌__
眼__手__　　__离__别　　三__两__　　__材__用
__口__声　　扶__抑__　　头__脚__　　__不保__
同__共__　　此__彼__　　__奉__违　　__积__发

七、改正下列成语中的错别字。

流言非语　　遗笑大方　　莫中一是　　一如即往　　一愁莫展
风弛电掣　　口株笔伐　　天崖海角　　守株逮兔　　礼上往来

八、解释下列成语和惯用语。

1. 画饼充饥　　胸有成竹　　水滴石穿　　高山流水
2. 炒鱿鱼　　落汤鸡　　马后炮　　穿小鞋　　小家子气

九、从互联网上收集例句,试着分析下列新产生的"四字格"的含义。

浮出水面　　找不着北　　尘埃落定　　一头雾水
帽子戏法　　烫手山芋　　与时俱进　　近亲繁殖

十、汉语的"乱七八糟",英语说成"be at sixes and sevens";汉语的"倾盆大雨",英语说成"It rains cats and dogs"。你能再举出几个这样的不同语言之间有一定对应关系的熟语吗?并试着概括一下熟语的特点。

第六节　汉语词汇的发展变化

语言随着社会的发展而发展。在构成语言系统的各个要素中,词汇最为活跃,发展变化最为明显。社会的变化,经济的发展,科学技术的进步,生产方式和生活方式的变更,思想观念和认知角度的调整,都会在词汇中得到反映,促使新词显现,旧词隐退和词义关系的调整。只有用动态的眼光来考察词汇系统,才能更有效地把握词汇发展和词语运用的本质。

我们考察词汇的发展主要从新词的产生、旧词的隐现、词义的演变这几个方面入手。

一、新词的产生

新词指的就是语言中新产生、新出现的词。当一个社会发展变化比较快的时候,社会交往比较广泛,人们思维比较活跃,新词新语就会大量涌现。例如"五四"时期(1919年前后)、新中国成立初期(1949年之后)、新时期(1978年以来)这几个阶段都产生了大量的新词语。尤其是新时期,汉语中新产生的进入一般词汇中的词语数以千计,有很多词进入了基本词汇。现在,每年约产生一千左右的新词语。所以,新词语的产生既是词汇系统发展的动力,也是社会发展状况的一面镜子。

(一) 对新词的理解

对新词的理解有广狭之别,主要是由于对词形和词义之间关系的认识不同造成的。

狭义的新词只指新词形,指以前没有出现过的词。由于是新词形,就必然伴随新义的产生。例如:

创收　打的　大款　大腕　待岗　导播
的士　电脑　定岗　动迁　发廊　美眉
电子表　炒鱿鱼　信用卡　铁饭碗　博士后
影迷　追星族　外向型　汉语热　可操作性
试管婴儿　经济特区　绿色食品　网上购物
CT　VCD　WTO　AA制　卡拉OK　HSK

广义的新词包括新词形和新义项。既指以前没有出现过的词,也指以前没有出现过的义项。下面是旧词形新义项的例子:

搭车:原指搭乘汽车、火车等。
　　→新指乘某一机会做另外的事。
持平:[旧]公平客观
　　→新指数量保持原有水平,不增加也不减少。
菜单:原为开列各种菜肴名称的单子。
　　→新指电子计算机屏幕上供操作者选择项目的目录,是选单的俗称。

其他如"下海、曝光、短路、短线、断层、滑坡、软件、硬件、热线、新星、跳槽、错位、反思、短平快、断奶、黑洞、对话、菜篮子、病毒、防火墙、孵化、火、碟、潮"等都是在新时期语言交际中借形生义而产生的新词。

还有这样的一些"同形词"：

开展：原指(使)从小到大发展。
　　　新指开始展览。
人流：原指像河流似的连续不断的人群。
　　　新指人工流产。

这样的词也应该算新词形,虽然从用字上看跟现有的词同形,但实际只是同音词,而不是多义词,因此可以看作是用汉语已有语素构造成的新词形。

相对而言,广义的理解更合理一些,便于我们使用、研究和教学。

(二) 新词的产生途径

根据广义的理解,新词产生的途径主要有下面这样一些：

1. 新造。运用现有语素按照汉语的构词方式构成新词。这就是狭义的新词。例如：

冷战　市话　电脑　摄像　围观　立交桥　千年虫

很多词都是通过仿拟的形式构造而成的,有的甚至形成系列词语。例如：

外宾→内宾　　上浮→下浮　　文盲→科盲
酒吧→X吧：茶吧　书吧　网吧　陶吧　迪吧
白领、蓝领→X领：金领　粉领　灰领　钢领

利用派生形式产生的新词也属于这种情况。例如：

阿～：阿混　阿公(指公家)　阿乡(指乡镇企业)
多～：多层次　多角度　多渠道　多功能　多面手
可～：可视　可行性　可持续　可再生　可操作性
～化：优化　生活化　市场化　全球化　法制化
～性：爆炸性　开放性　可塑性　政策性　实质性
～族：追星族　工薪族　上班族　飙车族　有车族
～热：旅游热　足球热　汉语热　健身热　经商热
～迷：球迷　歌迷　电脑迷　集邮迷　菲尔普斯迷
～度：知名度　透明度　清晰度　开放度　令名度
～盲：法盲　科盲　球盲　股盲　乐盲　电脑盲

2. 旧词增加新义。例如：

低谷：本指两峰之间的低洼地带。
　　　→新喻指事物发展过程中的低潮。
跳槽：本指马等到另外一个槽里去吃食。
　　　→新喻指脱离或调离原工作岗位或部门。

3. 专业术语通用化。例如：

腐蚀：原为化学术语，指物质由于化学作用而受到损坏。
　　　→新喻指社会上的坏思想、坏风气使人逐渐腐化堕落。
下岗：原为军事术语，指按时离开守卫、警戒的岗位。
　　　→新指职工因企业破产、人员裁减等情况而离开岗位。

4. 方言词语或特定地区用语通用化。例如：

倒爷　大款　大腕　投诉　共识　愿景
体认　二流子　夹生饭　电饭煲　炒鱿鱼

5. 外来词的引入。例如：

的士　迷你　基因　拜拜　比基尼　艾滋病
嬉皮士　迪斯科　麦当劳　卡拉OK　B超

6. 缩略构词。例如：

彩电（彩色电视）　环保（环境保护）　邮编（邮政编码）
超市（超级市场）　卫视（卫星电视）　公关（公共关系）

二、旧词的隐现

（一）旧词的隐退

随着社会的发展和词语之间关系的调整，词汇系统中一些表示旧事物、旧观念的词语在实现了特定的交际功能之后，就逐渐地从现实交际领域中隐退下去。这种现象常被称为旧词的消亡。考虑到其中某些词语还可能在交际中复现，某些词语在特定的交际场合还需要使用，不妨称之为旧词的隐退。

例如在中国上个世纪六七十年代，物资匮乏，很多基本生活用品都需要凭票供应，这样就出现了"布票、粮票、油票、肉票"这样一些词语。改革开放促进了经济的发展,商品丰富了,这些基本生活用品随处可买。这样,反映这些旧事物、旧现象的词语就从交际领域当中逐渐隐藏下去了。

有时由于反映同一现象、观念的说法发生了变化,旧的说法为新的说法所代替。例如"科学"代替"赛因斯"是意译词代替音译词,"艾滋病"代替"爱滋病"是为了避免人们对这种疾病病因的误解。"残疾人"代替"残废人"体现了一种人文关怀,"演员、厨师"代替"戏子、厨子"反映了人际关系的调整和社会交往的相互尊重。这种词语更替现象的原因比较复杂,除了语言自身的原因外,还有社会、文化、思想等很多方面的原因。

旧词的隐退并不是说它们不再出现,尤其反映旧事物、旧现象的词语,在讲到那段历史、那种现象、那种观念的时候还会用到它们。只不过在现实的日常交际中,它们已经基本不具有交际价值了。我们在前面讲到的历史词,也属于这种现象。

(二) 旧词的复现

旧词不但有隐退的现象,还有复现的现象。有些词语一度从交际过程中退出,过了一段时间又重新进入现实的语言生活中。

例如"先生、夫人、小姐、太太",曾是使用面比较广泛的词语,但在上个世纪50—70年代基本上从中国内地的日常交际中消失了,只用于某些特殊的领域(如外交场合)。它们虽没有完全从交际领域中隐退下去,但使用的范围大大缩小。到了新时期,这些词语重新在日常交际领域中启用,可以看作日常交际中的复现。又如"乡长"的重现是新的行政体制调整的结果,"老板、父母官、红包"的重现则是人们思想认识发生变化的结果。"当铺、股票、经理、经纪人、拍卖、大甩卖、三角债、一刀切、妓女、嫖客"等等也发生了隐退后的复现,主要是旧的事物、现象又在现实生活中出现。

三、词义的演变

现实现象的变化和人们对现实现象认识的发展必然带来词语的变化,而词语的变化必然带来词语之间关系的调整,这样词语的意义也就发生了变化。所以说,词义的变化实际就是词语之间关系调整的体现。

词语在刚产生时是单义词,在使用过程中可能会产生新的意义,成为多义词。我们在前面分析多义词时,讲到由本义到派生义的基本方式是比喻和引申。词义就是通过这两种方式来演变的。

词义演变的途径主要表现在下面三个方面：

(一) 词义的扩大

原词所概括的对象的范围扩大了。词义扩大后，现在使用的往往是扩大后的词义，原来的词义大多还在使用，只不过往往指特定的领域。例如"灾"，本指火灾，后来泛指一切灾害了，如"火灾、水灾、天灾人祸、灾难"。又如"软件"，本指计算机系统的一个组成部分，是指计算机所使用的所有程序和有关资料，后来常喻指生产、经营、科研等过程中的人员素质、服务态度、管理和工作方法等，如"在教育管理中，软件建设比硬件建设更重要"。又如"包装"，原来指用纸、盒等把商品包裹起来，现在又用来指对人或事物进行形象塑造。以上新义大于旧义，词义扩大后所指对象的范围包含了原义所指的对象。还有一种比较特殊的情况，有的指称对象由部分扩展到整体，如"脸"，本指两颊的上部，后来变为整个面部的通称。这种情况下，后来使用的往往是扩大后的词义，原来的词义不再使用了。

(二) 词义的缩小

原词所概括的对象的范围缩小了。例如"金"，本指一切金属，后来专指黄金，如"足金、金币、金店、金本位"。注意，"五金商店、冶金公司"中的"金"仍沿用原义。又如"羽毛"，原指鸟羽和毛发，后来专指鸟羽。再如"第三者"，原义泛指当事双方以外的人或团体，现在特指跟已婚者产生恋情或与之发生男女关系的人，如"第三者插足、破坏他人家庭的第三者"。词义缩小后，现在使用的往往是缩小后的词义，原来的词义一般不用了，有的只是在特定场合下使用，尤其是作为语素保留在一些固定用语中。

(三) 词义的转移

原词指称甲类事物，后来通过某种关联而用来指称乙类事物。例如"兵"，本指兵器，后来常指拿兵器作战的人，即士兵，例如"当兵、兵源、兵强马壮"。"兵"的本义还保留在"短兵相接、兵不血刃、兵工厂"等少数词语中。又如"别墅"，原指乡间简陋的房屋，后来指建在郊外或风景区供修养用的园林住宅。再如"明哲保身"，本指明智的人善于回避可能给自己带来危险的事而保全自己，是个褒义词；后来指因怕犯错误或有损自己利益而对原则性问题不置可否，转成了贬义词。词义演变中如果发生词性的转变，一般看作词义的转移。例如"科学"，本指反映自然、社会、思维等的客观规律的分科的知识体系，是个名词，后来引申出形容词义，指合乎科学的。"科学"的这两种意思都很常用。上面这些词义变化，新旧义之间都有某种联系。还有一种相当特殊的情况,由于借用别的词而造成词义转移,如"斤",原来指类似于斧子的一种工具,后来指一种重量单位。此时新旧义之间毫无联系。词义转移后,很多情况下后来一般只使用新义,旧义从交际中隐退下去了或保留在固定用语中;但也有新旧义都在同一交际时空中使用的情况。

上面这三个方面既是对词义演变途径的描述,也是对词义演变结果的说明。

【思考与检测六】

一、填空：
  1. 词汇的发展主要表现在＿＿＿＿＿、＿＿＿＿＿、＿＿＿＿＿三个方面。
  2. 词义演变的方式主要有＿＿＿＿＿、＿＿＿＿＿、＿＿＿＿＿三种。

二、新词的产生主要有哪些方式？请指出下列新词产生的方式。
   软件 影视 菜单 展销 克隆 亮相
   基因 绿色 开放型 打工仔 迪斯科
   网站 艾滋病 第三者 同志(指同性恋者)

三、请指出下面各个词义的演变分别属于哪种类型(→之前的义项是本义,→之后的义项为引申义)。
  1. 走:跑。→行走。
  2. 坟:土堆→坟墓。
  3. 松绑:解开绑人的绳索。→指放宽约束。
  4. 府:藏书的地方。→收藏文书、珍宝货贝的地方。
  5. 姑:丈夫的母亲和父亲的姐妹。→父亲的姐妹。
  6. 庞:高大的屋子。→高大。
  7. 牺牲:为祭祀而宰杀的牲畜。→指为正义事业而舍弃自己的生命。
  8. 勾当:泛指事情。→专指坏的事情。
  9. 起飞:飞机开始飞行。→也用来比喻经济等方面的振兴、发展。
  10. 行礼:往来两国的使者。→出门时所带的包裹、箱子等物品。

第三章 语　法

第一节　概　述

一、什么是语法

语法是语言结构的规则。换句话说,语法就是语言中组词造句的规则。

语法包括组词的规则和造句的规则,即由语素构造成词的规则和由词组成短语及句子的规则。关于组词的规则,我们在第二章词汇部分分析词的构造时已经做了介绍,本章主要分析造句的规则。本章所讲的语法都是指这个方面。

我们平时说出来的、听到的句子数不胜数。这些句子都是由词构成的。当然,这些词不是杂乱地排列在一起就能表达,它们必须按照一定的规则组织起来才能形成合格的句子,表达一定的意思。例如"他、把、房子、卖、了"这些词可以有120种排列方式,下面列出其中的6种:

① 他把房子卖了
② 他房子卖了把
③ 房子卖了把他
④ 把他卖了房子
⑤ 了卖房子他把
⑥ 卖房子了把他

只有第一种合乎汉语语法结构规则,其他的句子都是不合格的。由此可见,语言结构内部成分之间的组合是有很强的规则的。这就是词语的组合规则,表现为词语的排队规则,是语法的一个重要方面。不同的组合可以形成不同类型的短语和句子。

另外,"他把房子卖了"这句话中的一些词还可以用其他词来替换。例如:

⑦ 他把房子卖了。
⑧ 他把自行车卖了。
⑨ 他把电脑卖了。

"房子、自行车、电脑"可以互相替换,但我们不能用"运动、美丽、刚才"去替换"房子",可见这里面也有一定的规则。这是词语的替换规则,表现为词语的归类,是语法的另一个重要方面。不同的替换关系可以形成词的不同类别。

由此可见,语法所要关心的就是短语和句子由哪些成分组成,这些成分之间存在怎样的关系。成分和关系是任何系统的基本要素。我们学习一种语言,除了积累词语(成分)外,更关键的是要了解和掌握其中的规则(关系)。任何词语只有出现在特定的关系中才有价值。

"语法",字面上的意思就是语言之法,而"法",就是规则、规律。所以我们分析语法,实际就是分析成分之间的关系,发现其中的规律,建立相关的规则。如例①这样的句子代表了汉语中的一种重要的句式,它里面有一个特殊的词"把",我们一般叫这种句式为"把"字句。这是汉语特有的使用频率很高的一种句式,非汉语背景的学习者掌握起来往往比较困难,因为一般语言中都没有类似的表达,而且使用的条件又比较复杂。当然,这不是说它没有一定的规则,相反,任何句式都有特定的结构规则,只不过由于"把"字句对句式中的各个成分有不少特定的要求(具体内容参见后文对"把"字句的分析),开始接触时有些不好把握,才造成难学难用的局面。有的留学生在表达中甚至还有意回避这种句式。我们相信,如果我们对其中的规律认识清楚了,对正确理解和使用"把"字句是大有帮助的。

二、语法单位

既然语法是语言结构的规则,那么组成语言结构的单位就有大有小,小的单位按一定规则组成大的单位。这就是语法单位。也就是说,语法单位是对语言结构进行切分所得到的各种音义结合体。简单地说,语法单位就是有意义的语言单位。例如:

事实比想象更离奇。

这里有一个表示陈述语气的语调(这里用句号表示),能够表达一个完整的意思,我们可以将这个大的结构看作一个语法单位,这就是句子。以此为基础,进一步用停顿的方式来切分,因为大体而言,能否停顿、停顿的长短往往意味着关系的远近。首先切分出"事实"和"比想象更离奇",从而得到了两个成分。这两个成分的内部结构并不相同,其中"事实"是一个词了,而"比想象更离奇"由一些词构成的,因此还可以切分。接着可以用同样的方法逐层切分,就会得到这样一些大大小小的成分:"比想象"和"更离奇";"比"和"想象"、"更"和"离奇"。在所得到的各个成分之中,"事实、比、想象、更、离奇"就是以前谈到过的词;而"比想象更离奇、比想象、更离奇"都是由词直接构成或由词一层一层地构成的,这就是短语。上面这个句子除掉语调后形成的"事实比想象更离奇"也是一个短语。另外,"比、更"都只是由一个音义结合体构成,内部没有结构了;而"事实、想象、离奇"都由两个音义结合体构成,内部还有结构,因此还可以切分成"事"和"实"、"想"和"象"、"离"和"奇",至此内部不再有结构了。这种内部不再有结构的音义结合体,就叫语素。"素",指元素,最小的构成成分,"语素"就是语法中最小的构成成分。

通过这种切分过程的分析,大家对各级语法单位及其层级关系就有了一个比较直观的印象了,能够大体感知到每级语法单位的结构和功能。这样,我们就可以给这些单位下个比较准确的定义。

（一）**语素**

语素是语言中最小的音义结合体。它既是最小的词汇单位,也是最小的语法单位。语素可以组合成词,如上句中的"事"和"实"组合成"事实"、"想"和"象"组合成"想象"、"离"和"奇"组合成"离奇"。有的语素可以独立成词,如上句中的"比、更"。可见,语素是构词的备用单位。关于语素的内容,第二章"词汇"中已经讲过了,这里不再重复。

（二）**词**

词是最小的能够独立运用的语言单位。跟语素一样,词既是词汇单位,也是语法单位。词是由一个或几个语素构成的,如上句中的"比、更"和"事实、想象、离奇"。词是构成短语和句子的备用单位。词与词组合后加上语调可以构成句子。有时一个词加上语调也可以单独成句,例如：

① 他?　　　② 唱!　　　③ 京剧。

关于词的内涵的理解,第二章"词汇"中也讲过了,这里也不再重复。

（三）**短语（词组）**

短语也叫**词组**,是由两个或两个以上的词按照一定的规则构成的语法单位。短语有时也叫**结构**、**句法结构**。短语是造句的备用单位,大多数短语加上语调以后可以成为句子。例如：

① 你去。　　②打开窗子。　　③多美的风景！

短语是由词构成的，但不是任何两个以上的词连在一起就是短语。例如，"特别幸运"是短语，而"幸运特别"就不是短语。可见，短语内部的构造是有规则的。

从上面对语素、次、短语（词组）之间关系的分析来看，词是语素和短语之间的一级语法单位。在词的定义中，用"能否独立运用"来区分词和语素；在词的定义中，用是不是"最小的"来区分词和短语。

(四) 句子

句子是具有特定语调的、能够表达一个相对完整意思的语言单位。句子是由短语或词构成的，它带上特定的语调，前后都有较长的语音停顿。一个短语带上语调后可以成为一个句子，即便是一个词，带上一定的语调后也可以成为一个句子。因此，句子是语言的使用单位。

上面将语法单位分成语素、词、短语、句子四个层级，实际上还有比句子更大的语法单位，这就是句群。句群是由表达一个中心意思的几个句子构成的语法单位。例如：

她眼睛瞎了，可心里亮堂。他眼睛雪亮，其实心里早就瞎了。

这是由两个句子（每个句子里面还有两个小句，即分句）构成的句群。本书主要关注句子结构的语法，所以在这里讨论的最大语法单位就是句子。

由语素到词，由词到短语，由短语或词到句子，层层构造，其中有很强的规则性。语法研究就是发现、描写和解释其中的规则。每种语言的构造规则并不一致，汉语的构造规则有自己的特点。下面几节根据语法单位之间由低到高的构造层次来介绍现代汉语语法的基本内容。先介绍词的语法分类，然后分析由词构造成的短语的结构类型，再分析短语和词构造成的句子的结构类型、功能特点。其中，带有显著汉语特色的内容，我们会介绍得比较详细。

【思考与检测一】

一、填空：

1. 语法是_____的规则。

2. 汉语语法单位包括_____、_____、_____、_____等。在这些语法单位中，带有语调的单位是_____。

3. 词是最小的能够独立运用的语言单位。在这个定义中,用_____来区分词和语素,用是不是_____来区分词和短语。

二、请指出下列这句话中的各级语法单位。

1. 人是有思想的动物。
2. 黎明和黄昏都充满昏黄的光线。

三、在你的母语书面语中找出几句话,分析它们的各级语法单位,并比较它们跟汉语在词语排列的顺序上有没有什么不同。

第二节 句子成分

一、句子成分的内涵

既然句子是由各种成分构成了,我们就有必要先认识句子的各种成分。

句子成分也叫**句法成分**,是根据句子内部组成成分之间的关系和各自的语法作用划分出来的句子结构成分。

上面说到有时一个词加上语调后就可以构成一个句子,这是独词句。除了独词句,句子都是由两个或两个以上的词构成的。只要一个句子由两个或两个以上的成分构成,这些成分在构成句子的过程中所充当的角色、发挥的职能就会不同。因此有必要了解它们之间的差异。这种具有不同语法作用的句子构成成分,这就是句子成分。分析句子,就是对各种句子成分所起的作用及其关系进行考察。例如:

① 我们学习普通话。

在这句话中,"学习"是动作,"我们"是动作的发出者,"普通话"是动作的对象。它们在句子中的作用并不相同。另外,"普通话"跟"学习"的关系比"我们"跟"学习"的关系紧密,因为如果用停顿来测试,一般都觉得"我们"与"学习"之间的停顿要比"普通话"与"学习"之间的停顿要长一些;而且要加一些语气词的话,加在"我们"后比加在"学习"后要自然得多(如"我们啊,学习普通话")。这样,我们得到的就是"我们"和"学习普通话"这样两个结构成分。"我们"是陈述的对象,可以叫做主语,"学习普通话"是陈述主语的,叫做谓语;"学习"对"普通话"起支配作用,叫做述语,"普通话"是动作支配的对象,叫做宾语。这样就得到了四个句子成分:主语和谓语、述语和宾语,它们是主要的句子成分。这些术语的命名跟它们在句子中所起的作用有关。如相对于动作而言,"主语"似乎处于"主"位,"宾语"似乎处于"客"位("宾"位);"谓"和"述"都有陈述的意思,谓语是相对于主语的陈述,述语是谓语内部的构成成分,相对于宾语而言(没有宾语也就无所谓述语),它跟宾语一起构成对主语的陈述。

句子成分可以由词来充当,也可以由短语(即词和词的组合)来充当。请看下面加点的句子成分:

② 阳光明媚的春天来临了。(做主语)
③ 他们踏上了北去的列车。(做宾语)
④ 天安门城楼非常雄伟。(做谓语)
⑤ 自修室打扫干净了。(做谓语)

上面加点的部分都是短语,它们内部还可以进一步划分出更小的成分来。例② 主语"阳光明媚的春天"中,"阳光明媚的"修饰"春天";例③宾语"北去的列车"中,"北去的"限制"列车";例④谓语"非常雄伟"中,"非常"修饰"雄伟";例⑤谓语"打扫干净了"中,"打扫"是述语,"干净"是"打扫"的结果。"阳光明媚的""北去的""非常""干净"是一些新的句子成分,需要用新的术语去称说。其中,"阳光明媚的"和"北去的"作用基本相同,在主语和宾语中起修饰限定作用,可以称作定语("定"本指限定);"非常"在谓语中起修饰描写作用,可以称作状语("状"本指摹状);"干净"在述语中起补充说明的作用,可以称作补语("补"本指补充、补足)。

这样,我们就得到了一些基本句子成分:主语和谓语,述语和宾语,以及定语、状语、补语。这些句子成分基本上是按照一分为二的方式分析得来的。一般汉语学习者对主语和谓语,述语和宾语,以及定语和状语都好理解,因为大家在自己的母语中都能很容易地找出这些成分;而对汉语的补语则有些不好理解,这是汉语中的一个比较特殊的句子成分。

下面对这些句子成分的内涵做具体说明。

二、句子的一般成分

我们在界定各个句子成分时,都是根据两两相对来说明的,因为没有"独立存在"的句子成分。认清这一点很重要。

(一) 主语和谓语

句子大多是由主语和谓语两个成分构成的。**主语**是表示陈述的对象,能回答"谁""什么"之类的问题;**谓语**表示陈述的内容,能回答"怎么样""是什么"之类的问题。主语和谓语之间的关系是陈述关系。例如:

① 袁隆平‖培育出了水稻新品种。
② 水兵们‖刚刚睡着。
③ 辱骂和恐吓‖决不是战斗。
④ 店内外‖充满了快活的气氛。
⑤ 今天‖星期六。

"‖"的前边是主语,后边是谓语。实际上,主语是用来充当话题的,也就是作为谈话的起点,谓语便是对这个话题展开的陈述。

主语和谓语是相互配对的成分,在主谓句(即由主语和谓语构成的句子)中,句子主语以外的部分都是谓语。没有主语就无所谓谓语,没有谓语也就无所谓主语。例如下面的句子就无所谓主语和谓语:

⑥ 快跑!
⑦ 多美的风景哪!
⑧ 不准随地吐痰。
⑨ 谁呀?
⑩ 哎哟!

世界上绝大多数语言都是主语在谓语之前。

(二) 述语和宾语

谓语里面如果还有宾语,就有必要区分出述语和宾语。**述语**是谓语里面起支配、关涉作用的成分,**宾语**是谓语里被支配、被关涉的成分。述语和宾语之间的关系是支配关系或关涉关系。例如:

① 袁隆平‖培育出了|水稻新品种。
② 他们‖是|今年诺贝尔医学奖的获得者。
③ 家里‖来了|两个客人。
④ 这些捐来的书‖送给|希望小学。

在谓语中,"|"的前边是述语,后边是宾语。

述语和宾语是相互配对的成分。没有述语就无所谓宾语,没有宾语也就无所

谓述语。比较下列句子:

⑤ 研究计划‖他们已经制定好了。

⑥ 他们‖已经制定好了|研究计划。

前一句没有宾语,"研究计划"不是宾语,而是全句的主语,充当话题,作为"他们已经制定好了"这一陈述的对象;后一句的"研究计划"是宾语,"已经制定好了"是述语。

注意,主语和宾语之间没有直接的结构关系。如果一个句子是主谓句,并且谓语里有宾语,它的结构关系是这样的:

⑦ 珍妮　喜欢　中国画

像汉语、泰语、英语、法语、西班牙语、葡萄牙语、意大利语等,充当述语的动词在宾语之前。像日语、韩语、德语、荷兰语、土耳其语等,充当述语的动词在宾语之后。

(三) 中心语和修饰语

前面说过,当主语、谓语、述语和宾语由短语充当时,它们的内部结构就可以进一步划分成两个部分。其实,除了表示并列关系的联合短语(如"更快更高更强")外,其他短语中两个成分的地位都不相等。其中,主谓短语中主语和谓语之间的关系是陈述关系,述宾短语中述语和宾语之间的关系是支配关系或关涉关系。除此而外,有的短语中相关成分之间还存在修饰和被修饰的关系。我们将其中被修饰的成分看作**中心语**,将跟中心语相对应的起修饰作用的成分看作**修饰语**。例如:

① 我的<u>自行车</u>‖坏了。

② 我们‖来到了美丽的<u>西双版纳</u>。

③ 李校长‖已经<u>退休</u>了。

④ 教室‖<u>打扫</u>干净了。

画线的成分都是中心语,加点的成分都是跟它相对应的修饰语。

根据修饰语的性质差异,可以将修饰语分为定语、状语和补语。

1. 定语

定语指主语或宾语的中心语里放在前边起修饰作用的成分,表示"谁(的)""什么样(的)""多少"等意思。例如:

① (汉语)语法‖比较难。
③ 浪花里‖飞出(欢乐的)歌。
② (十几个)人‖一窝蜂地涌进(那个)房间。
④ (安娜的)美丽‖惊动了(所有的)人。
⑤ (他的)加入‖给大家带来了(许多)欢乐。

"( )"内的成分都是定语。有的定语必须带"的"。以例①为例,整个主语"汉语语法"是名词性成分,也就是说它的作用相当于一个名词,可以用"什么"来代替;这个主语中的中心语是"语法",它的修饰语"汉语"就是定语。需要说明的是,例④主语中的中心语"美丽"虽然是形容词,例⑤主语中的中心语"加入"虽然是动词,但整个主语"安娜的美丽"和"他的加入"都是名词性成分,因此这里的修饰语"安娜的"和"他的"都是定语。

一般情况下,汉语的定语都在被修饰的成分之前,而英语等一些语言中定语的位置要复杂一些,有前有后。

2. 状语

状语指谓语里放在做中心语前边起修饰作用的成分,表示"怎么样(地)""哪里""什么时候""多么"等意思,或表示肯定、否定等。例如:

① 他‖[激动地]呼喊。
② 院子里的玫瑰‖[非常]鲜艳。
③ 爱丽思‖[到中国]学汉语。
④ 王老师‖[明年]退休。
⑤ 沉默‖[不]代表没有意见。
⑥ 今天‖[才]星期二。

"[ ]"内的成分都是状语。有的状语必须带"地"。以例①为例,整个谓语"激动地呼喊"是动词性成分,也就是说它的作用相当于一个动词,可以用"做什么"来代替;这个谓语中的中心语是"呼喊",它的修饰语"激动地"就是状语。需要说明的是,例⑥中的"星期二"虽然是名词,但在这里充当了谓语的中心语,因此前面的"才"做状语。这类名词做谓语的情况比较特殊,对此我们将在后面介绍名词的语法特点时作出特别说明。

一般情况下,汉语的状语也都在被修饰的成分之前,而英语等一些语言中状语的位置要复杂一些,如同定语的位置一样,也是有前有后的。

当然,相对于其他句子成分而言,状语的位置要灵活一些。有的状语可以出现在主语的前边,起到修饰全句的作用,但是它跟谓语部分的具体关系仍然非常直接、密切。例如:

⑦ [也许]他参加过奥林匹克运动会。
⑧ [通常]我在图书馆看书。

有时状语被移到中心语的后边,可以突出状语所表达的意思,并且往往强化所说的话的感情。此时,状语的前边一定有停顿,书面上一般用逗号标示出来。凡是这样后置的状语,都可以无条件地还原。例如:

⑨ 我们无限热爱自己的祖国,[永远]。
⑩ 干杯,[为我们的昨天、今天和明天]!

3. 补语

补语指谓语里放在做中心语的动词或形容词后边起补充作用的成分,表示"怎么样""多久""多少次"等意思。例如:

① 孩子‖哭〈醒〉了。
② 同学们‖把教室打扫〈干净〉了。
③ 同学们‖把教室打扫得〈干干净净〉。
④ 他的毛笔字‖写得〈漂亮〉。
⑤ 听到这个消息,她‖高兴〈极〉了。
⑥ 我‖在北京生活了〈二十年〉。

"〈 〉"内的成分都是补语。有的补语必须用"得"引出。以例①为例,谓语是"哭醒了",其中动词"哭"是中心语,"醒"是用来补充说明"哭"的结果的,做补语。

汉语的补语是个比较特殊的成分,跟在动词或形容词的后面,作用就是对动词或形容词进行补充说明,但所表达的意思和结构类型相当复杂。有些类型的补语(如例⑤⑥),其作用相当于有的语言(如英语)中的状语,但是大多数类型的补语在其他语言中并不能直接用状语来对应性地表达。对汉语补语的详细分析,参见本章第五节中介绍"述补短语"时的分析。

修饰语对应于中心语而言,中心语和修饰语(包括定语、状语、补语)也是按照一分为二的方式分析得来的。

我们在前面说过,跟宾语相对的是述语。其实,一般为了方便和系统,将跟补语相对的中心语也叫述语,如"哭醒了"中的"哭"、"写得漂亮"中的"写",因为普通话的宾语和补语都在它的后面。这点,在第五节"短语"中将会看得更清楚。

三、句子的特殊成分

句子中除了上面这些一般性成分外,还有一些独立于句子之外的特殊成分。我们把不跟别的成分发生固定的结构关系的一些特殊成分叫独立语,也叫独立成分。它在结构上相对独立,不参与句子结构的组合;位置也比较灵活,既可以位于句首,也可以位于句中,还可以位于句尾。独立语可以分为插入语、呼答语、感叹语、拟声语等。例如:

① 看样子,他今天不会过来了。
② 不料这秃儿却拿着一支黄漆棍子——就是阿Q所谓哭丧棒——大踏步走了过来。
③ 有一些文学家,比如老舍,就含愤自杀了。

以上加点的成分是插入语,补足某种句意,如估计、解释、举例、提醒、根据、范围、总括、肯定、关联等。

④ 你醒醒呀,妈妈!
⑤ 喂,你怎么还不动身?
⑥ 是是是,你说得太对了!

以上加点的成分是呼答语,表示称呼、招呼、答应。

⑦ 啊,这么幽静的山林!
⑧ 竟然想在蚊子腿上剔瘦肉,哼!
⑨ 哎呀呀,哪股风把你吹来了。

以上加点的成分是感叹语,表示强烈的感情或语气。

⑩ "呼——呼——",凛冽的北风刮了整整一夜。
⑪ 砰——啪,屋后突然传来了两声巨响。
⑫ 咚咚咚,外面有人在擂门。

以上加点的成分是拟声语,摹拟事物的声音。

独立语的表达是每种语言都有的,而且在表达内容和所起作用上差别不大。

【思考与检测二】

一、用句子成分分析法分析下列句子。

　　1. 新进的光盘已经卖光了。

　　2. 每个人都无限眷念自己的母亲。

　　3. 张家界的美好景色深深地吸引了各地的游客。

　　4. 老师傅把教学楼的大门漆成蓝色。

　　5. 那几个孩子早就做完了老师布置的寒假作业。

二、指出下列各句中的"好"所充当的句子成分。

　　1. 他是一个好人。

　　2. 我把那把坏椅子修好了。

　　3. 好可能变坏,胜可能变败。

　　4. 你真好,能跟你在一起真高兴。

　　5. 这么长时间没有回家了,我真的好想我的家人。

　　6. 他说好,你说坏,到底怎么样?

三、指出并修改下列句子中的搭配不当之处。

　　1. 毕业后我要旅游广西桂林,欣赏桂林山水。

　　2. 他的演讲给我留下了深入的印象。

　　3. 这个小伙子个子很结实。

　　4. 他们接连访问了几个车间。

　　5. 新修的马路十分特别笔直,一直伸向远方。

　　6. 他昨天买了很多书籍,塞了满满一书架。

　　7. 我还没来得及上车,车就开始了。

　　8. 我听懂明白你的话了。

第三节　汉语词类(上)——实词

一、词类及其划分依据

　　我们可以根据不同的需要,从不同的角度对词进行分类。如根据音节的多少,可以将词分成单音词和复音词;根据语素的多少,可以将词分成单纯词和合成词,合成词又可以根据语素的性质差异分成复合词、派生词和重叠词。还可以根据词的来源分成新词和古语词、方言词和外来词、社会方言词等。

上面几种分类主要是从词汇的角度所做的分类,这些内容在"词汇"一章中已经做了比较详细的说明。这种分类所得到的结果不是我们所说的"词类"。也就是说,不能简单地从字面去理解"词类"的内涵。实际上,"词类"实际专门指从语法的角度对词所做的分类。

既然词类是指词的语法分类,划分词类的标准就应该是语法上的标准,而不是语音上的或者词汇上、语义上的标准。也就是说,**词类是根据词的语法功能所划分的类**。

那么,我们把什么样的内容看作词的语法功能呢?

词的语法功能,首先表现在能不能充当句子成分和充当什么句子成分上。如"突然"和"忽然",它们的理性义和色彩义基本相同,但它们充当句子成分的能力不完全相同。例如(前加星号"＊"表示这个表达不能说):

① 电灯突然灭了　　② 电灯忽然灭了
　　这件事很突然　　　＊这件事很忽然
　　一次突然事件　　　＊一次忽然事件
　　这件事来得突然　　＊这件事来得忽然

从两者用法的比较中可以看出,"突然"能够做状语、谓语、定语、补语,而"忽然"只能做状语。可见它们在用法上还是有很大的不同。从语法上考虑,它们应该是不同的词类。

根据能不能充当句子成分,我们可以将词类分为两大类:实词和虚词。能够单独充当句子成分的词是实词,不能单独充当句子成分的词是虚词。

其次表现在能跟哪些词组合,不能跟哪些词组合。实词的组合能力表现在实词跟实词组合和实词跟虚词组合的能力上。例如("＋"表示能搭配,"—"表示不能搭配):

	通才	通缉	通俗
一个	＋	—	—
正在	—	＋	—
很	—	—	＋

这里,"一个"表示数量,"正在"表示时间,"很"表示程度。"通才"可以跟"一个"之

类的词组合,不能跟"正在"和"很"之类的词组合;"通缉"可以跟"正在"之类的词组合,不能跟"很"之类的词组合,也不能跟"一个"之类的词组合;"通俗"可以跟"很"之类的词组合,不能跟"正在"之类的词组合,同样也不能跟"一个"之类的词组合。这样,我们就可以根据它们组合能力上的差异得到三个词的类别,"通才、通缉、通俗"这三个词可以分别归入后面要讲到的名词、动词、形容词。

根据能跟哪些词组合,怎么组合,组合以后形成怎样的关系,可以将实词划分为不同的类别。实词一般包括名词、动词、形容词、区别词、数词、量词、代词、副词以及比较特殊的实词——拟声词等九类词。

虚词的语法功能主要表现在它跟实词的组合关系上。例如:

写了　　写着　　写过
从巴黎(出发)　在巴黎(工作)　到巴黎(读书)
北京和上海　　机智而勇敢　　去或者不去

显而易见,这些词不能单独充当句子成分,但"了、着、过"有共同点,这里都跟在动词后面,可以归为一类;"从、在、到"有共同点,这里都用在名词前面,和名词一起修饰后面的动词,可以归为一类;"和、而、或者"有共同点,连接前后两个成分,可以归为一类。

根据能跟哪些实词组合,组合后形成怎样的关系,可以将虚词划分为不同的类。虚词一般包括介词、连词、助词、语气词以及比较特殊的虚词——叹词等五类词。

这样我们一共得到十四类词。本节分析汉语实词,下一节分析汉语虚词。

不同的语言,词类划分的结果不一定完全相同。如汉语的量词,在有的语言(如英语)中并不存在。虚词的区别就更大,不仅在类别上,位置上的要求也很不一致。如汉语的介词都用在被引介的成分之前,英语、法语、泰语等也是这样;而日语相当于汉语介词的格助词(日语助词中的一类)则都接在所引介的成分之后,韩语、土耳其语等也如此。这是我们学语法时需要特别注意的地方。

这里附带说一下大家经常混淆的两个概念:词类和词性。词类是把一种语言中的所有的词根据语法功能所划分出的类,如我们这里提到的十四个词类。词性是具体词语的语法属性,实际也就是某个词在性质上属于上面十四个词类中的哪一类。如"桌子"这个词的词性是名词,就是指这个词具有名词所具有的属性,可以归入名词。这样说来,词类重在功能分类(对一种语言中所有的词而言),词性重在功能归类(对一种语言中一个个具体的词而言)。

二、名　词

名词是表示人或事物(包括时间、处所、方位)的名称的词。例如：

人　　农民　　作者　　同学　　老赵
树　　汽车　　月光　　制度　　爱情
昨天　现在　　中国　　外屋　　南边

表示时间、处所、方位的名词，分别称为时间词、处所词、方位词。除这三类名词外，都可看作一般名词。

(一) 名词的主要语法功能

由于时间词、处所词、方位词跟一般名词的语法特点不尽相同，后面单独说明。这里主要说明一般名词的语法功能。

1. 一般能受数量词语的修饰。 例如：

① 一本书　　三个人　　十头黄牛
② 一些枪支　一点想法　一点积极性

第一组用定量的数量词修饰，第二组是用不定量的数量词修饰。也有一些名词通常不能受数量词语修饰，如"鲁迅、北京"这样的表示特定对象的专有名词。

2. 一般不受副词的修饰。 例如：

＊不老师　　＊很桌子　　＊忽然思想

3. 能用在介词后边。 例如：

对朋友(负责)　　按规则(办事)　　关于学费

当然，能用在介词后面的不一定就是名词，如"向她(看齐)、比一百(还多)"中的"她"是代词，"一百"是数词。

4. 经常做主语、宾语，多数能做定语，也能带定语。 例如：

① <u>孩子</u>在睡觉　　<u>想法</u>有问题　　　　(做主语)
② 他在看<u>小说</u>　　我突然来了<u>灵感</u>　　(做宾语)
③ (师范)学校　　(长城)的伟大　　　　(做定语)
④ 短语宝库　　高尚的心灵　　　　　　(带定语)

以上几个方面是名词的主要特征，但名词还有一些特殊情况，在教学和现实语言生活中经常遇到,这里也附带做一些补充说明,以提高大家观察问题和分析问题的能力。

1. 名词做谓语的情况

名词一般不能做谓语,但在一些特殊情况下可以。例如:

① 今天<u>星期六</u>。
② 下一站<u>王府井</u>。
③ 小王已经<u>副教授</u>了。
④ 张军快<u>团长</u>了。
⑤ 鲁迅<u>浙江人</u>。
⑥ 大李<u>小眼睛</u>。

前四例中画线名词所表示的意义通常出现于一种顺序中(即表示顺序义),如时间顺序(星期一、……星期五、星期六、星期日)、空间顺序(某路公共汽车站点依次为:西单、天安门、王府井、东单……)、职衔等顺序(职称:助教、讲师、副教授、教授;军衔:班长、……营长、团长、师长……)。这些名词做谓语时都表示一种变化,因此后面都可以带"了",表示某种变化。表示时间顺序、空间顺序的可以不带"了",因为它们自身带有某种变化。而表示职衔等顺序义的名词做谓语时必须带"了",这样才能将这种变化突出出来。至于后两例,实际做谓语的是偏正结构,分别表示籍贯和特征,单个名词则不能直接做谓语。

这些情况实际告诉我们,凡是有特殊情况的,都要努力揭示背后的条件,发现规律性的东西,这样才能使教学中所谓的"习惯用法"或"例外"少一些,对语言的系统性认识得更充分一些。也就是说,一般而言,凡是规则都有例外;另一方面,这些例外的出现都有条件,因此又可以说,凡是例外都有规则。学习一种语言,就是领悟现象和条件之间的关系。

2. 程度副词跟名词的组合

上面说到了名词一般不受程度副词的修饰,但有一个新的语言现象值得关注,就是近些年流行一种程度副词修饰名词的现象。例如:

| 很骑士 | 特中国 | 太香港 | 十分江南 |
| 很阳光 | 特春风 | 太逻辑 | 非常技术 |

其实,这些名词在语义上都有一个共同的特征,就是都能够提取描述性语义特征,如"很骑士"中的"骑士"具有"讲义气、有风度"等语义特征,"很香港"中的"香港"具

有"新潮、中西结合"等语义特征,"很阳光"中的"阳光"具有"明朗、有朝气"等语义特征。如果一个名词中难以提取描述性语义特征,如"桌子、天花板",就难以进入到这样的组合中,一般不说"很桌子、非常天花板"。

3. 名词后面加"～们"的问题

有的指人名词后面加上"～们"可以表示群体。例如:

孩子们　同学们　朋友们　先生们　乡亲们

这些名词不加"们"时可以是个体,也可以是群体,如"带孩子游迪斯尼乐园"。加了"们"后就不能受具体的数量修饰,如不能说"三个孩子们"。也就是说,加了数量词就不能带"们",带了"们"就不能加数量词。

非指人的名词一般不能加"～们",如一般不说"狐狸们、小狗们、铅笔们";但在童话以及其他具有拟人色彩的表达中可以用。

表示抽象的一类人时,即使指的是多数或群体,也不能加"们"。例如:

① 教师(*们)是人类灵魂的工程师。

专有名词如果加上"～们",则表示同一类人,这类人具有这个专有名词所蕴涵的特点。例如老舍《骆驼祥子》中的一句话:

② 在一块儿走过一趟车便算朋友,他们四个人把车放在了一处。祥子们擦擦汗,就照旧说笑了。

可见,汉语中的"们"并不像英语的"-s"一样做复数形式使用。英语的普通名词可以前有数词后有复数标记,如"three boys"。但是英语没有用于个体的量词。其实,这是有语言共性的,有"个、本、条"这样的个体量词的语言(如汉语、日语、韩语、泰语)带上数词(同时还要加上量词)后就不能有复数标记;没有个体量词的语言(如英语、法语、西班牙语)则可以同时前有数词后有复数标记。母语为非汉语者在学习汉语时,要有意识地拿它来跟自己的母语比较,发现两者间的共性和个性,并努力发现这些异同现象之间的关联,以提高我们对语言结构的认识。

(二) 名词的分类

名词包括一般名词和时间词、处所词、方位词(后三类在下节单独说明)。一般名词可以分成普通名词和专有名词两个大类,普通名词还可以进一步分类。

1. 普通名词

普通名词是表示非特定的人或事物名称的词。普通名词的前面一般可以出现量词,但所搭配的量词类别差异很大。它可以分为下面四个小类:

(1) **个体名词**:表示具体的人和事物的名称,也叫可数名词。都有合适的个体量词跟它搭配,如"一个人、一把椅子"。例如(括号内为个体量词):

人(个)　树(棵)　马(匹)　书(本)　车(辆)

学者(名)　电脑(台)　沙子(粒)　教室(间)

椅子(把)　飞机(架)　地图(张)　钢笔(支)

跟印欧语言比较,汉语中个体名词跟量词的这种特定的搭配关系是汉语的一个特点。

(2) **集合名词**:表示一类人和事物的名称。前面不能用个体量词计量,但能用表示集合的量词"群、帮、堆、批、片"或"些、部分"等。例如:

马匹　布匹　纸张　枪支　船只　车辆　书本　人口

物品　森林　树木　河流　书籍　银两　群众

(3) **物质名词**:表示物质名称。前面不能出现个体量词,但能用表示重量、容量的量词(表示容量的量词通常是由名词借用来的)。例如:

酒:一两酒、十瓶酒　　水:半吨水、一升水

土:两吨土、一车土　　面粉:三斤面粉、一桶面粉

粮食:五吨粮食、一袋粮食　　氧气:十千克氧气、一罐氧气

(4) **抽象名词**:表示抽象事物的名称。前面一般只能出现"种、类、点、些"等量词。例如:

科学　文化　物质　观念　风尚

苦头　规则　条件　内容　积极性

2. 专有名词

专有名词是表示独一无二的人和事物名称的词。前面一般不出现数量词。例如:

杜甫　长城　黄河　北京　冥王星　澳大利亚

(三) 时间词、处所词、方位词

由于表示时间、处所、方位的名词,语法功能跟一般名词不完全相同,这里单独介绍。

1. 时间词(时间名词):表示时间。能出现在"在、到、等到"的后面;能用"什么

时候"提问。例如：

昨天　明年　上午　现在　目前　从前　最近
早晨　周末　秋天　春节　来年　课外　刚才

2. **处所词**(处所名词)：表示处所。能出现在"在、到、往"的后面；能用"哪儿"提问。例如：

附近　高处　远方　近郊　里屋　两旁　周围　海边
北京　中国　亚洲　食堂　教室　邮局　图书馆

第一行表示处所，第二行表示地名、机构。表示地名、机构的名词具有二重性：既是一般名词。如"教室"作为个体名词可以说"一间教室"，作为处所名词时可以说"在教室"。又如"北京"作为专有名词时可以说"北京是中国的首都"，作为处所名词可以说"来到北京"。

3. **方位词**(方位名词)：表示方向和相对位置关系。包括单纯方位词和合成方位词。

(1) 单纯方位词：表示方位的单音节词。典型的单纯方位词共有16个：

上　下　左　右　前　后
东　西　南　北
里　外　内　中　间　旁

(2) 合成方位词：在单纯方位词前边加"以、之"，后边加"边、面、头"，或者把两个单纯方位词并举。例如：

以～（上、下、前、后，东、西、南、北，外、内）
之～（上、下、前、后，东、西、南、北，里、外、内、中、间）
～边（上、下、左、右、前、后，东、西、南、北，里、外、旁）
～面（上、下、左、右、前、后，东、西、南、北，里、外）
～头（上、下、前、后，东、西、南、北，里、外）
上下　前后　左右　里外　内外　中间
东西　南北　东南　东北　西南　西北

此外，下面这些词也属于合成方位词：

底下　当中　跟前　面前　头里　开外　以近　以远
其中　背后　内部　外部　南方　北方　东方　西方

这边　那边　这面　那面　这头　那头

时间词、处所词、方位词能够做主语、宾语（包括用在介词后面做宾语）、定语等，这是它们跟一般名词在用法上相同的地方。但是，时间词、处所词经常修饰动词做状语，而一般名词很少做状语。例如：

① 他们［昨天］去了巴黎。
② ［现在］开始讨论。
③ 咱们［北京］见面。
④ ［屋里］他们几个正在商量着事儿呢。

方位词除了可以单用外，还经常跟在别的词语（主要是名词）后边，组成方位短语，表示处所和时间。有的还可以表示数量的界限。例如：

屋里　校外　黄河边　太行山上　大江南北
会后　出国以后　天亮之前　假期当中
五岁以下　八十开外　三米之内　一千左右

汉语中大多由方位词构成的表达方式，即方位短语"……＋方位词"或由介词和方位词共同构成的短语"介词＋……＋方位词"，在别的语言中常常用介词结构来表达（如英语）或者用格助词、格标记来标示（如日语）。如"桌子上有本书/有本书在桌子上"，英语便是"There is a book on the table"。汉语的"介词＋……＋方位词"像一个结构框子，由介词和方位词合起来共同标示所框定的范围。如果介词不出现（此时的介词一般是"在"），就构成方位短语"……＋方位词"。可见，汉语方位词是一个特殊的类。汉语方位词所承担的语义和作用，在别的语言中需要由介词或格助词、格标记来承担。这样，汉语方位词的意义和用法都比较复杂，而介词的意义和用法则相对简单一些。

三、动　词

动词是表示动作、行为、心理活动以及事物的存在、出现、变化、消失等的词。例如：

跑　写作　看见　思索　评判　怕　讨厌
有　变化　上来　应该　是　属于　进行

(一)动词的主要语法功能

1. 多数能受副词"不、没有(没)"修饰。例如：

不去　不吃　不讨论　不睡觉　不担心
没去　没吃　没讨论　没睡觉　没担心

2. 经常做谓语或者谓语中心，大部分能带宾语。例如：

① 小王‖来过。
② 今天我‖休息。
③ 他‖天天看报纸。
④ 奶奶‖一直想着叔叔。

3. 有些动词后可以加"了、着、过"，分别表示完成、进行、经历的动态。例如：

做了饭　铺了路　修了汽车——表示完成
做着饭　铺着路　修着汽车——表示进行
做过饭　铺过路　修过汽车——表示经历

(二)及物动词和不及物动词

根据能不能带宾语，可以把动词分为及物动词和不及物动词。

1. **及物动词**：能带宾语。例如：

看　挖　是　有　树立　节约　打量　准备
明白　知道　告诉　通知　送　给　教　罚　偷
姓　位于　属于　处于　加以　给以　出乎　懒得
进行　促使　招致　成为　当作　装作　濒临

绝大多数及物动词在一定的上下文中可以略去宾语(如前两行)，有少数及物动词不管在什么场合都要带宾语(如后两行)。例如：

我姓李　　中国属于亚洲　　懒得理他
进行研究　成为世界冠军　　濒临灭绝

2. **不及物动词**：不能带宾语。例如：

病　死　走　鼓掌　发抖　旅行　失败　放电
毕业　工作　休息　结婚　结合　动员　报名

汉语动词带宾语的情况比较复杂。例如"砍柳树、写了一篇小说"中的宾语"柳树、一篇小说"是名词(短语),"他打算去、他计划写一篇小说"中的宾语"去、写一篇小说"是动词(短语);而"喜欢"既可以带名词(短语),如"喜欢小说",也可以带动词(短语),如"喜欢看小说"。

有的动词带不带宾语,意义不同。例如"笑",在"别笑残疾人"中,带了宾语,是及物动词,表示嘲笑、讥讽义;在"他笑了"中,不能带宾语,是不及物动词,表示露出愉快的表情义。

(三)动词的特殊小类

在汉语词类系统中,动词的情况最为复杂,有些小类的用法很特别,如判断动词、助动词(能愿动词)、趋向动词,它们的语法功能在许多方面跟一般动词不尽相同。其中判断动词"是",我们将在后文介绍特殊句式"'是'字句"时再做说明,这里先介绍趋向动词和助动词。

1. 趋向动词

趋向动词是表示动作趋向的词。它有单音节的,也有双音节的,可以分为三组:

第一组:来　去

第二组:上　下　进　出　回　过　开　起

第三组:第二组+第一组

　　　　上来　下来　进来　出来　回来　过来　开来　起来

　　　　上去　下去　进去　出去　回去　过去　开去

第一组单用时以说话人的位置为着眼点,如说"你来"是叫听话人向说话人的位置移动,说"你去吧"是叫听话人从说话人的位置向别处移动。第二组以说话人之外的事物或位置为着眼点,如说"上楼",只是说从较低的位置向较高的位置移动。第三组兼具前两组的特点,如"你上来",既表示叫对听话人向说话人的位置移动("来"),还包含叫听话人从较低的位置向较高的位置移动("上")。当然,趋向动词基本上都有引申用法,如"我记起来了",这种位置的移动就特别抽象了。

趋向动词具有一般动词的特点,如可以单独做谓语或谓语中心,还经常用在别的动词或形容词的后边表示趋向,充当补语,叫作趋向补语。例如:

① 拿来　送去

② 穿上　脱下　挤进　跑出　领回　跳过　走开　站起

③ 抬上来　跳下去　闯进去　转回来　跨过去　打开来　站起来

如果再带宾语的话,宾语的位置一般有下面几种可能性:

④ 拿〈出〉一支笔
⑤ 拿〈出来〉一支笔
⑥ 拿〈出〉一支笔〈来〉

第一组、第三组趋向动词还有一个特点,就是它们后面可以带一个动作发出者。例如:

⑦ 来了一个客人　去一个人吧
⑧ 上来一个人　进来一个小孩　过去一辆车

2. 助动词(能愿动词)

助动词也叫能愿动词,指用在动词、形容词的前边表示可能、必要或意愿的动词。例如:

表可能:能、能够、可、可能、可以、会、得(dé,不得擅自行动)
表必要:应、该、应该、应当、要(应该义)、得(děi,得休息了)
表意愿:愿、愿意、要(愿意义)、肯、敢

助动词在很多方面不同于一般的动词,常用在动词、形容词前边做状语。例如:

① 他[可能]来北京。
② 为这事我已竭尽全力了,你[应该]满意了吧。
③ 他这种人,[敢]想[敢]做,[敢]做也[敢]当。

但它可以做谓语,而且能用"不"否定。这是把它归入动词的主要依据。例如:

④ 从高空往下跳,你敢吗?
⑤ 你想这样写当然可以。
⑥ 让他去冒险,既不可能,也不应该。

(四) 动词的重叠

动词的重叠就是把动词词形重复一次,单音节动词 A 重叠成 AA,双音节动词 AB 重叠成 ABAB。大多数表示动作行为的动词可以重叠,其他动词重叠的可能性很小。

听听　走走　玩玩
研究研究　学习学习　休息休息

动词重叠式基本上表示"量小",即动作持续的时间短(时量小)或进行的次数少(动量小)。

如果动词表示的是持续性的动作,重叠后表示时量小。例如:

① 我把空担子在街旁放下,想看看有庆是不是也在里面跑。
② 小林感到有些为难,讲不好,不讲也不好,于是只拣些重要的讲了讲。

如果动词表示的是非持续性但可以反复进行的动作,重叠后表示动量小。例如:

③ 桑塔老爹心事重重地摇摇头,拖带着破竹筐跳了出去。
④ 我悄悄走到加丽亚宿舍门口,胆怯地敲了敲门。

由于表示量小,在有祈使意义的句子中便有尝试的意味。例如:

⑤ 你这样编筐可不行,让我来编编看。
⑥ 这个问题我琢磨半天了还理不出个头绪,还是你来研究研究吧。

(五) 离合词问题

汉语的动词用法中还有一类比较特殊的现象,就是一部分动词中的两个字可以拆开来使用,中间可以插入别的成分,如"操心、道歉"可以拆开来说成"操什么心、道个歉"。这种使用中可离可合的现象就是离合词问题。

1. 离合词的内涵及其构造方式

离合词指的是语素之间可以插入别的成分的合成词。也就是说,这个词的两个语素可离可合。离合词基本上都是动词。

离合词主要有述宾式和述补式两种构词方式,但也有少数其他形式。例如:

① 理发(理一次发)　革命(革了他的命)　打仗(打了三年仗)
　 放假(放一天假)　撤职(撤了他的职)　生气(生谁的气)
　 洗澡(洗个澡)　　睡觉(睡了一觉)　　鞠躬(鞠了一个躬)

② 打倒(打得/不倒)　打通(打得/不通)　长大(长得/不大)
　 推翻(推得/不翻)　碰见(碰得/不见)　看见(看得/不见)

第①组里离合词一般是不及物动词,绝大部分是述宾式合成词,中间插入其他成分后构成述宾短语。同类的词很多,例如:

把关　罢官　罢工　帮忙　毕业　操心　吵架
吃惊　喘气　道歉　丢脸　放心　负伤　负债

告别　见面　化妆　练笔　留神　散步　站岗

述宾式动词大多可以当离合词使用,使用频率越高的,离合的可能性越大。我们在"词汇"一章中分析惯用语时曾指出,动宾式惯用语都可以拆开使用,如"泼冷水~泼他的冷水、做手脚~做了很多手脚"等。道理都是一样的。

也有少数非述宾式合成词形成的离合词,它们也像述宾式一样,可以拆开后形成述宾短语。如"洗澡"虽然本来是联合式("澡"的意思是洗身子),现在一般当述宾式使用,如"洗了澡、洗了一个澡"等;"鞠躬"本来也是联合式("鞠"的意思是弯曲,"躬"的意思是弯下身子),"睡觉"本来是述补式("觉"的本义是醒悟,读 jué,如"先知先觉";引申为醒来,如"大梦谁先觉";后引申为睡眠,如"睡午觉",读 jiào),现在当离合词使用时都重新分析为述宾式,如"鞠个躬、睡了一个好觉"。这样的词常见的就这几个。

注意,离合词拆用后如果中间有个体量词的话,则用通用的量词"个",如"理个发、放个假、洗个澡"。

第②组里离合词都是及物动词,由述补式合成词组成,做补充成分的语素表示的是前面动作的结果。它们中间可以插入"得"或"不"。又如:

摆平　猜中　拆散　吃透　达到　打断　分开
分清　降低　看破　看上　考取　离开　瞄准
扑灭　铺平　缩小　逃走　推动　提高　压服

这是汉语中相当特殊的一种结构,具有很高的能产性。

2. 离合词的用法

根据离合词的内涵,离合词的特点是:两个构成成分经常结合在一起使用,它们的两个构成成分又可以拆开,插入别的成分,或变换位置。

离合词的两个成分合在一起是具有单一意义的词,分离扩散后就是短语。例如"撤职"是一个不及物动词,但有时可以在"撤"和"职"之间插入其他成分,说成"撤了职、撤他的职"等,这时就成了述宾短语。又如"打倒"也是动词,但可以说成"打不倒、打得倒"等,这时就成了述补短语。

大部分述宾式离合词的后一个成分还可以提到前面来使用。例如:

① 仗打完了,该过和平的日子了。
② 这份心就不用你操了,你还是管好自己的事情吧。

后一个成分提到前面来之后,动词的前后往往需要加上别的一些成分,整个结构就变成了主谓结构,如"仗‖打完了""这份心‖就不用你操了"以及"脸‖丢尽了""面‖见过三次"等。不怎么能提前的,大多是后一成分很少能独立使用,如"吃惊、毕业"等。

需要说明的是,现代汉语中的离合词现象有逐渐扩散的趋势,有些以前不怎么能离合的词,现在也有离合的用法,尤其是中间加上"什么"后,更容易接受,如"后悔"(事情早过去了,还后什么悔呀)。

四、形容词

形容词是表示性质、状态等的词,还包括一些表示数量多少的词。例如:

好　热　真　粗　长　伟大　渺小　严格　（表性质）
雪白　笔直　绿油油　血淋淋　糊里糊涂　（表状态）
多　少　全　够　多少　许多　好多　（表数量多少）

(一) 形容词的主要语法功能

1. 大部分能用副词"不"和"很"修饰。例如:

① 不热　不粗　不干净　不清楚,不多　不少　不全
② 很细　很甜　很宽阔　很粗疏,很多　很少　很全

除"多、少、全"几个形容词外,这些形容词都是表示性质的。

2. 常常做谓语,不能带宾语。

天气热　房间干净　理想伟大　外面漆黑　人多

像"端正、丰富、活跃、纯洁"这样的词,既能受副词"很"修饰("态度很端正"),又能带宾语("端正态度")。但是,它们不能同时具有这两种功能,如不能说"很端正态度"。由此可见,这样的词兼具动词和形容词两种用法,前加程度副词时是形容词,后带宾语时是动词(及物动词)。

3. 能修饰名词(做定语),有些形容词能修饰动词(做状语、补语)。例如:

① 大眼睛　优秀员工　谦虚的人　笔直的马路　好多人
② 快跑　仔细检查　通俗地讲解　认真地记笔记
③ 看明白　说快(了)　洗得干净　弄得乱七八糟

(二) 形容词的基本类别

除个别表示数量多少的形容词外,根据能不能用程度副词修饰及其表达功能

的差异将形容词分为性质形容词和状态形容词两大类。

1. 性质形容词

性质形容词通常表示事物的性质。主要包括单音节性质形容词和一般的双音节性质形容词。

性质形容词能够受程度副词"很、十分"等修饰。如"很漂亮、十分结实"。

性质形容词做谓语时,往往要在它的前后加上一些成分。例如:

① 他很老实。/他老实得很。

② 天气有点热。/天气热得很。

也就是说,在一般语境中,"他老实"没有"他很老实"听起来自然。如果单说一句"他老实",往往有对比的内容隐含着,如"他老实,你不老实"。可见,这里的"很"等词并不完全表示程度,同时还起到了完成句子表达的作用。只有在"人小志气大""夏天热,冬天冷""海南岛比秦皇岛热"这样的对照、比较句中,性质形容词常可以单用。由此可见,汉语性质形容词单独做谓语的能力比较弱,前后加上一些成分后就使性质表现得更具体了。其实,英语的形容词也不能单独做谓语,必须跟在系动词 be 等的后面,如"She is beautiful"等。

2. 状态形容词

状态形容词通常表示事物的状态,具有描写性。它主要由下列几种方式构成:

(1) ABB 式

白花花　红彤彤　黑漆漆　直溜溜　甜滋滋　亮晶晶
冷冰冰　干巴巴　乱哄哄　静悄悄　硬邦邦　胖乎乎
水灵灵　毛茸茸　雾蒙蒙　汗津津　血淋淋　泪汪汪

(2) AB 式

雪白　漆黑　金黄　蜡黄　通红　血红　鲜红　碧绿
蔚蓝　花白　笔直　溜圆　冰凉　冰冷　火热　贼亮
油亮　崭新　猴精　滚热　滚烫　稀烂　飞快　喷香

(3) 一些特殊形式。例如:

啰里啰嗦　娇里娇气　稀里糊涂　灰不溜秋
黑咕隆咚　老实巴交　傻了吧叽　黏了吧叽
可怜兮兮　冰冰凉　麻麻亮　滴溜圆　稀巴烂

状态形容词不能受程度副词修饰,原因是状态形容词在语义上就已经含有比较高的程度。如可以说"很白、很香",不能说"很雪白、很白茫茫、很喷香、很香喷喷"。

状态形容词充当句子成分时一般要带"的"或"地",受到的限制要比性质形容词小得多。例如:

① 全身冰凉　　　　　教室里乱哄哄的　　　　　(做谓语)
②（花白的）头发　　（灰蒙蒙的）天空　　　　 (做定语)
③［笔直地］坐着　　［稀里糊涂地］答应了　　　(做状语)
④ 坐得〈笔直〉　　　摆得〈整整齐齐（的）〉　 (做补语)

(三) 形容词的重叠

有些性质形容词可以重叠,重叠后用法上跟状态形容词相同。形容词重叠的语法意义跟特定的句法位置有关。

1. 单音节性质形容词的重叠式是 AA 式,双音节性质形容词的重叠式是 AABB 式。这些重叠式有的在口语中可以儿化。例如:

热热(的)　大大(的)　重重(的)　好好儿　慢慢儿
干干净净　明明白白　实实在在　痛痛快快儿

这些重叠式做状语、补语的时候,表示程度深。例如:

① 有人昏过去,大家［轻轻地］把他移到靠洞口的地方,吸些清凉的空气。
② 母亲在修饰自己的同时也总把他打扮得〈干干净净〉。

做定语、谓语时表示程度的作用不明显,但描写的作用很强。单音节的重叠式有时还包含有喜爱的感情色彩。例如:

③ 世间有多少悔恨和过失都发生在(短短的)一瞬!
④ 要叫我说,这后生可是又老实,又勤快,通情达理的,大大方方的。
⑤ 这个卖菜的小姑娘,眼睛大大的,眉毛弯弯的,很是讨人喜欢。

2. "雪白"类状态形容词的重叠形式是 ABAB 式,一般表示程度深的意思。

① 她的双颊冰凉冰凉的。
② 他那(焦黄焦黄的)长脸上布满了皱纹。
③ 她的小脸冻得〈煞白煞白的〉。

3. "A 里 AB"之类的重叠式,大多含有贬义。例如:

① 她[糊里糊涂地]就嫁给了那个从来没有见过面的男人。
② 他这人虽然说话啰里啰嗦的,可写起文章来倒简洁明了。

五、区别词

(一) 什么是区别词

区别词表示事物的属性,有分类的作用。例如:

单/双　正/副　横/竖　金/银
雌/雄　男/女　公/母　荤/素
彩色/黑白　真性/假性　单项/多项　高频/低频
个别/共同　国营/私营　家养/野生　军用/民用
天然/人工　主要/次要　男式/女式　木本/草本
国产　平装　高层　万能　袖珍　冒牌　木质
常绿　祖传　额外　常务　机要　远程　活期
非典型　非理性　非正规　非婚生　非海洋性

由于属性往往有对立面,因此区别词常常成对或成组地存在。这也就造成很多区别词在构词形式上带有比较明显的特征。例如:

~式:西式/中式　新式/老式(旧式)　便携式
~型:大型/中型/小型/微型　流线型　应用型
~性:阴性/阳性　急性/慢性　世界性　国际性
~等:初等/中等/高等　上等/下等　头等　次等
~级:初级/中级　甲级/乙级/丙级　特级　超级
有~:有色　有线　有限　有声　有机　有期
无~:无色　无线　无限　无声　无机　无期
多~:多维　多元　多功能　多民族　多用途
单~:单瓣　单程　单面　单色　单轨　单项
双~:双边　双份　双面　双色　双轨　双重

(二) 区别词的语法功能

1. 能直接修饰名词做定语;大多数能带"的"构成"的"字短语。例如:

金项链　男教师　副校长　横坐标
彩色电视　短期项目　急性肺炎　多功能相机
男的　横的　野生的　天然的　多年生的

2. 不能单独做谓语、状语、补语、主语、宾语，但组成"的"字短语后可以做主语、宾语。例如：

这种病,<u>慢性的</u>很难治。

汽车,我要买<u>中型的</u>;电脑,我要买<u>微型的</u>。

3. 前面不能加"不"来否定,但可以加"非";加"非"后语法功能不变。例如：

非正式　非天然　非主要　非中型　非军用

有的论著和教材中将区别词称作非谓形容词（从而归入形容词），因为它可以像形容词那样常做定语，但又不能像形容词那样做谓语。

区别词和形容词的区别如下：

主要语法功能 \ 词类	区别词	形容词
做定语	能	能
做谓语、状语、补语	不能	能
能否前加"不"	不能	能

注意，有的论著和教材中根据区别词可以像形容词那样常做定语、但又不能像形容词那样做谓语这个特点，将这类词称作非谓形容词，从而将它归入形容词（属于形容词中比较特殊的一类），而不单立一类。

六、数　词

数词是表示数目和次序的词。例如：

一　二　三　十六　万　半　几
六七十　三分之一　第五　初九

（一）数词的语法功能

数词的语法功能比较单纯，除计数外，很少单独运用。通常跟量词组合成数量短语(即数量词)。例如：

一个　　六本　　十二条　　八十座　　两千棵
一双　　两套　　三五群　　一些　　　几点
半斤　　六米　　十五天　　一次　　　三回

关于数量短语(数量词)的用法，参见下文"量词"中的说明。

(二) 数词的分类及其称数法

1. 基数词

表示数目多少的数词。基数词大多是表示确定数目的"定数词"，包括整数、分数、小数、倍数；少数是表示不确定数目的"概数词"。

(1) 整数。例如：

零(〇)　一　二　三　四　五　六　七　八　九　十，两
十　百　千　万　十万　百万　千万　亿

举一个例子来说明其读法："624840395712"读作：六千二百四十八亿四千零三十九万五千七百一十二，位数"个"不读出来。汉语整数的读法分组是四位一级，这跟英语的三位一级的称数方法不同。上面这个数字的读法规则就是：

6 2 4 8　　4 0 3 9　　5 7 1 2
千百十　　千百十　　　千百十
　亿　　　　万　　　　　(个)

一个数列中间有空位时，在同一级中不管空几位，都读一个"零"，如"30081050"读作"三千零八万一千零五十"。

(2) 分数。例如：五分之三(3/5)、一又二分之一(1½)、百分之五(5%)、千分之十一(11‰)。"半"的意思是"二分之一"，如"半斤、一斤半"。

(3) 小数。例如：二点六(2.6)、一百五十七点八二五(157.825，也可读作：一五七点八二五)。

(4) 倍数。例如：四倍、六点五倍。

(5) 概数。例如：八九十、几、一百多、八十开外、将近一万。表示概数的方法有多种，后面单独说明。

2. 序数词

表示次序的数词。汉语序数的基本表示法是在基数前加"第"，如"第一、第二、第五千四百六十七"。

汉语在很多情况下直接用基数词表示序数。例如：

五楼　三排　六等　二哥　一九四九年　一月

此外，还有一些特殊的序数表达。例如：

元月（用于公历）　正（zhēng）月/腊月（用于农历）

初七　三十一号　大哥/小弟　长子/小儿子

头班车/末班车　头等/末等　冠军/亚军/季军

练习五　图三　注九　卷二　上卷/中卷/下卷

有时可以用"甲、乙、丙、丁"等天干或"子、丑、寅、卯"等地支表示序数。

（三）概数的表示方法

汉语概数的表示法多种多样，主要有以下一些形式：

1. 相邻（包括相近）的两个数词连用。例如：

八九十　三十八九　百儿八十　三五（走了三五天）

2. 在数词后加表示概数的词。主要有"多、来、把"和"左右、前后、上下、开外、以上、以下、以内、以外"等。例如：

二十多人　五十来里路（大约五十里路）

百把人　块把钱　个把月　个把人（意指一两个人）

三天左右　九号前后　五岁上下　六十开外

一千以上　八十以下　二十五以内　六十以外

3. 在数词前加表示概数的词。主要有"上、成、近、将近、约、大约、约摸"等。例如：

上千　成百　成倍　近五百　将近两万

约六十　大约三十九　约摸七八个

4. "几"和"两"

"几"是疑问代词，有时并不表示疑问，而表示概数。例如"几个、几十、几百、十几"。

"两"是基数词，但有时活用作概数。例如"过两天我再来、怎么就这么两个人"。这里的"两"实际都可换成"几"，意思不变。

（四）"二"和"两"

它们都表示数目"2"，但用法上有不少差异。

1. 用在量词前面

在一般量词前用"两"。例如：

两个　两件　两张　两次　两趟　两回

"两"可以用在所有的度量衡单位之前（"二两"除外），而"二"一般多用在中国传统的度量衡单位如"斤、两、钱、石(dàn)、斗、升、顷、亩、分、尺、寸"等之前。例如：

二(两)斤　二(两)斗　二(两)亩

二(两)尺　二(两)分　二两(＊两两)

两米　两公斤　两公顷　两立方米

注意，"两位"一般用于客观的计数（如"来了两位客人"）；"二位"则用于面称（如"二位里面请"），有尊敬之意。

2. 用于其他场合的情况

除上面跟量词组合的情况外，数词中基本上都用"二"。例如：

二十　九十二　三百二十万　第二　二月　五点二

可以用"两"的主要用于"百、千、万、亿"前，处于数目的开头。例如：

二(两)百　二(两)百三十　两亿四千万

(五)"俩"和"仨"

它们自身带有量的成分，"俩"(liǎ)是"两个"的意思，"仨"(sā)是"三个"的意思。在口语中，一般用"两个、三个"的地方，都可以用"俩、仨"。如"姐妹俩、他俩、仨馒头、仨瓜俩枣"，不能说"姐妹俩个、他俩个、仨个馒头"。

七、量　词

量词是表示人或事物、动作行为的计量单位的词。例如：

个　本　件　条　对　批　米　斤　些　点
下　次　回　遍　趟　顿　遭　场　阵　番

(一)量词的语法功能

量词一般不能单独使用，基本上都是跟数词结合，组成数量短语。例如：

一个　两根　三块　四批　六斤　五回　一些　一点

正因为如此,人们常将数量短语称为"数量词"。下文就用数量词来代表数量短语。

数量词前面有指示代词时,如果其中的数词为"一"时,可以省略。例如:

这三根　那几段　这(一)块　那(一)个
这两次　那几趟　这(一)回　那(一)批

在"喝杯酒、送本书给他"中,量词"杯、本"前的数词"一"也省略了。

(二)量词的分类

根据所计量的对象的差异,汉语的量词大体上可以分为两大类:物量词和动量词。

1. 物量词(名量词)

物量词表示人或事物的计量单位,也叫名量词。物量词既有大量的专用量词,也可以借用其他的名词来做量词。

(1)专用物量词

它主要包括以下几类:

A. **个体量词**:用于计量个体事物。例如:

个　只　位　员　把　本　件　张　面
粒　颗　头　匹　条　根　支　架　台
艘　辆　幅　句　段　篇　首　页　剂(一剂药)
项　间　所　座　截　瓣　节　块　片

个体量词表示的都是单个的量,其中使用范围最广的是"个",它是个比较通用的量词。

B. **集合量词**(集体量词):用于计量个体事物集合的事物。例如:

双　副　对　付　套　打(dá,十二个)——个体数量有定
堆　丛　束　队　班　批　群　帮　伙;些　点儿——个体数量无定
团(一团火)　股(一股气)　层(一层浪)　星(一星油花)——模糊量

C. **度量衡量词**:用于计量物体的长度(度)、面积、体积(量)、重量(衡)等。例如:

丈　尺　寸　分　米　毫米　公里　　(长度)
亩　分　公顷　平方米　平方公里　　(面积)

升 斗 立方米 立方厘米 立方公里 （体积）
斤 两 克 磅 公斤（千克） 吨 （重量）
小时 刻 分钟 年 天 元 角 分 （其他）

D. 类别量词：种 类 样 般 等 路 流 级 品

E. 复合量词：由两个或两个以上量词复合而成。例如：

人次　　架次　　秒立方米　　吨公里　　小时公里
部集　　篇本　　台件　　　　台套

这些复合量词表示复合的单位,上下两行各代表一种类型。一个人参观一次,是一"人次";一秒钟流过一立方米,是一"秒立方米"。这样,"20人次"既可能是5人每人4次,也可能是2人每人10次,还可能是3人每人4次、4人每人2次的总和,当然也可能是其他。这类复合量词基本上表示的是相乘(或相乘后再相加)的关系。书一部或一集,是一"部集";物品一台或一件,是一"台件"。这样,"20部集"既可能是10部书加10集书,也可能是13部书加7集书,或者其他。这类复合量词的关系是选择不同量词后的相加关系。还有一个特殊的复合量词"件套",现在一般指有若干件构成的一套。如"买3件套的床上用品"指的是由被单、被罩、枕套等3件构成的一套床上用品。

（2）借用物量词

可以临时把跟事物相关的名词或动词借用过来用作量词。例如：

A. 借自名词

一桶油　　几碗饭　　五碟花生米　　八盒点心　　两三口饭
一手油　　一头白发　一身油污　　　一腿泥　　　一嘴瞎话
一屋子书　一地鸡毛　一桌子水　　　一汽车游客

常用的借自名词的物量词大多做容积的计量单位。第二、三行的量词结合的数词仅限于"一",表示"满"的意思,如可以说"满头汗、满屋子书",意思不变;而且数量结构中间可以加"的",如"一头的汗、一屋子的书"。

B. 借自动词

一捆柴　一卷纸　一挑水　一拨人马　一串冰糖葫芦

还有一些借用的物量词,当它修饰名词时有很强的修辞色彩。例如：

一弯新月　一钩残月　一轮圆月　一抹晚霞　一江春水

一缕情思　一线希望　一丝微笑　一腔热血　一片深情

2．动量词

动量词表示动作行为的计量单位。动量词比名量词少得多。动量词也是既有专用量词，也有借用量词。

（1）专用动量词

这类动量词数量不多，主要有以下这些：

下　次　回　遍　趟　顿　通　气　遭　阵　番　场(cháng,chǎng)

（2）借用动量词

可以临时把跟动作相关的名词借用过来用作量词。这在动量词中占多数。例如：

打两枪　舞几棍　切一刀　洗一水　画几笔
看一眼　喝一口　踢一脚　扫一腿　打一拳

这些被借用作动量词的名词，基本上是跟动作所凭借的工具以及人体器官等有关的名词。

有些量词既可以做物量词，也可做动量词。例如：

一顿丰盛的晚餐(物量词) ～ 狠狠地揍了他一顿(动量词)
买了一把遮阳伞(物量词) ～ 突然拉了我一把（动量词)
下了一场大暴雨(物量词) ～ 夫妻俩大闹了一场(动量词)

(三) 数量词的语法功能

数量词可以充当各个基本句子成分，但是由物量词构成的结构常做定语、宾语、主语、谓语，由动量词构成的结构常做补语、状语和定语。例如：

① 他会说(三种)外语：英语、法语和西班牙语。
② 小说，我就借一本；杂志，要借五本。
③ 这些衣服，一件给你，一件给他，其余的都给小妹。
④ 苹果三块，香蕉四块。
⑤ 这篇小说我已经看过〈三遍〉了。
⑥ 导游[一把]拉住了游客。
⑦ 我已给过你(两次)机会，你不珍惜。

(四) 量词和名词的搭配

汉语中名词跟量词的搭配关系比较复杂。什么名词跟什么量词搭配，虽有一定的规则,但很多时候也只是一种习惯。其中最为复杂的就是个体量词跟名词的搭配问题。例如"一头牛、一头猪、一只羊、一匹马、一条狗、一只老虎、一只狐狸、一只鸡",不容易说出其中的组合条件。

当然,有时也可以大体上找到一些组合的共性。例如:

条:一般用来计量条状物,如"绳子、带子、辫子、尾巴、路、街、街道、船、鱼、牛、蛇、好汉、香烟、新闻、命令"等。

根:一般用来计量细长物,如"草、葱、藤、树桩、针、线、绳子、铁丝、羽毛、头发、手指、火柴、扁担、柱子、棍子、油条、蜡烛、香肠"等。

张:一般用来计量带有平面的片状物,如"纸、画、相片、地图、奖状、唱片、桌子、床、烙饼、鱼网、脸"等。还用来计量某些可以张开或闭合的东西,如"弓、嘴"。

片:一般用来计量成片的东西或景象等,如"瓦、药、树叶、花瓣、雪花、面包、平原、沙漠、蓝天、汪洋、哭声、真心、新气象、脚步声、胡言乱语"等。

扇:一般用来计量能像扇子一样开合的片状物,如"门、窗户、屏风、石磨、门板"等。

许多语言没有专用的个体量词,而汉语的个体量词很丰富,这构成了汉语的一个重要特点。特定量词和计量对象之间存在特定的选择关系,即便是通用度比较高的量词"个",跟名词的搭配也是有限制的。如可以说"一个人、一个枕头",而不能说"一个狗、一个被子"。而且很多能用"个"的名词也常常有专用的量词,如"一个教室、一个教堂"更多的时候说成"一间教室、一座教堂"。这就使得量词在汉语教学过程中成为一个重点和难点。量词的学习主要靠平时的积累。

另外,从语言比较的角度来看,凡是有个体量词的语言,名词就没有单复数上的要求;凡是没有个体量词的语言,名词就有单复数上的要求。对此,我们在前面分析名词后面加"～们"的情况时已经有过一些说明。这对我们正确使用汉语"数词+量词+名词"这种结构很多帮助。汉语这种结构有两项基本要求:一是数词和名词之间一般要有量词,因此"三书、五汽车"不能说;二是名词前有了数量词后就不能再用复数的形式,因此"三个姑娘们"不能说,只能说"三个姑娘"或"姑娘们"。留学生中常见的类似"三姑娘们"的表达更是违背了上面两个要求,是从英语"three girls"等语言的相关表达中直接将表达方式翻译过来的。其实,不同语言之间语言上的差异有一个很有趣的现象,一个语言在某方面的有往往在另一方面就体现为无。很多现象是互补的。学语言时认识到了这一点,会有很大的帮助。

当然,对于集合量词、表示度量衡的量词,一般语言中都有类似的表达,如"一群孩子、一伙强盗、一捆柴火、一篮子鸡蛋"和"一米、一公斤、一升",在英语中表达为"a group of children、a band of robbers、a bundle of firewood、a basket of eggs"和"a meter、a kilogram、a liter"。不过,这里的"group、band、bundle、basket"和"meter、kilogram、liter"在英语中看作名词。

(五) 量词及数量词的重叠

1. 单音节量词大多可以重叠,重叠后可以充当定语、主语、状语、谓语,但不能做宾语、补语。重叠式的语法意义基本上表示"每一""逐一"或"多"。例如:

① (条条)大路通罗马。　　　　　　　(表示"每一")
② 村村通电话,家家有电视。　　　　　(表示"每一")
③ 这儿淳朴善良的民风[代代]相传。　　(表示"逐一")
④ 白云朵朵,春风阵阵。　　　　　　　(表示"多")

2. 数量词也可重叠。构成"一AA"式或"一A一A"式等。重叠式的语法意义也是随着句法位置的不同而有差异。例如:

① (一箱箱)货物堆积在码头。　　　　　(表示"多")
② 一个个都是神枪手。　　　　　　　　(表示"每一")
③ 获奖人员[一个一个地]走上主席台。　(表示"逐一")

如果重叠式中的数词不是"一",则只能带上"地"后做状语,表示"每"。例如:

两斤两斤地分　　三根三根地拿　　五粒五粒地数

(六) 时间量的表达问题

由于时间量的表达有一些特殊之处,我们单独拿出来说一下。

用于计量时间的词主要有"年、月、天、日、周、旬、季、小时、刻(刻钟)、分(分钟)、秒(秒钟)"。其中,"月"前面跟数量词组合,"小时"前面可以直接跟数词组合,也可以跟数量词组合,其中的量词都是"个"。这两个词应该看作名词。例如:

一年有十二个月　　　准备了两个月的粮食
等了一(个)小时　　　长达五(个)小时的演讲

像"上午、下午、晚上、星期"等名词也可借用来表示时间,用法同"小时"。例如:

看了一(个)上午　　整整抄了一(个)下午
睡了一(个)晚上　　去西安旅游了两(个)星期

其他词语都是量词,直接跟数词组成数量词。例如:

三年　两天　一日　几周　一旬　一季
一刻钟　五分钟　十秒钟

八、代　词

代词是起代替、指示作用的词。例如:

我　你　他　这　那　这里　那样　什么　怎么样

(一) 代词的分类

根据代词作用的不同,可以把代词分为三类。

1. 人称代词:代替人或事物。例如:

表示个体:我　你　您　他　她　它
表示群体:我们　咱们　你们　他们　她们　它们
　　　　　大家　大伙儿　彼此
表示个体或群体:自己　自个儿　别人　人家

2. 指示代词:指示或区别人、事物、情况。因为要区别,所以通常在意义上两两相对。例如:

表近指:这　这儿　这里　这会儿　这么些　这样　这么样　这么
表远指:那　那儿　那里　那会儿　那么些　那样　那么样　那么
其他:某　本　每　各　另　该　其他　别的　其余

3. 疑问代词:对人、事物或情况表示疑问。例如:

谁　什么　哪　哪儿　哪里　多会儿　几时
几　多少　怎样　怎么　怎么样　多

(二) 代词的语法功能

代词是一类特殊的实词。它是把名词、动词、形容词、数量词、副词中具有代替作用的词归在一起而形成的类。因此,它只是一个意义上的类,没有语法功能上的一致性。代词的作用跟所代替、所指示的词大体相当。也就是说,代词跟所代之词的主要语法功能一致。例如,如果代替的是一般名词,就能像一般名词那样做主语、宾语、定语;如果代替的是动词,就能像动词那样充当谓语;如果代替的是副词,就只能做状语。以疑问代词为例:

① 什么最好?/你想要什么?/什么地方最穷?　　　(代名词)
② 就这么些东西,你随便挑吧。　　　　　　　　(代数词)
③ 我想把他怎么样就怎么样,谁也管不着。　　　(代动词)
④ 他的眼睛怎么了?　　　　　　　　　　　　　(代动词或形容词)
⑤ 他想怎么办就怎么办。　　　　　　　　　　　(代副词)

上面三类代词的关系及其语法功能,可以用下表来表示:

按语法功能分类		按作用分类		
所代的词类	所代的内容	人称代词	指示代词	疑问代词
名词	人或事物	我、你、他…… 我们、你们…… 自己……	这、那	谁 什么、哪
	处所方位		这儿、这里 那儿、那里	某、本……	哪儿 哪里
	时间		这会儿 那会儿、		多会儿 几时
数量词	数量		这么些 那么些		几 多少
动词 形容词	性质 状态		这(么)样 那(么)样		怎么 怎(么)样
副词	方式 程度		这么 那么		多

(三) 代词的活用

所谓活用,是指在特定的语境中并不明确指代某个对象,而是用来虚指或任指。如"你一言,我一语""你追我赶"中的"你"和"我"并非指特定的人。上面三类代词都可以活用。

1. 虚指

代词的**虚指**用法指在特定的语境中代词虽有所指,但不确指任何事物。例如:

① 大家你看着我,我看着你,谁也不想说第一句。

② 在人群里,她挤来挤去,看看这,看看那,非常冷静,以免上当。
③ 我看看这一本,又看看那一本,都是好书,价钱凭良心说也真公道。

上面几句中,人称代词"我"和"你"、指示代词"这"和"那"都有所指,但指称、替代对象不具体、不明确。这种现象就是代词的虚指用法。这两类代词用于虚指时常常成对出现,而且都是单数形式。

疑问代词的虚指用法更为常见,不知道、说不出、不想说出的时候都可以这样用。例如:

④ 他在地铁口站了半天了,好像是在等谁。
⑤ 我怕潘佑军暗地里和她说过什么,这话经她之口传给杜梅。
⑥ 我好像在哪儿见过他,不然怎么这么面熟?

这里的疑问代词"谁""什么""哪儿"并不表示疑问,虽有所代但所指也不确定。

2. 任指(泛指)

代词的**任指**用法指一个代词在具体的语言环境中,所指的对象是某类人物整体中的所有成员或者任何一个,也叫**泛指**用法。疑问代词的任指用法比较常见。例如:

① 他记得当时什么也没有发生,连一片树叶也没有掉下来。
② 我们这些躲在坑道里还活着的人呆呆看了半晌,谁都没说话。
③ 要不怎么会读了好几年大学哪儿都不要,又被贬回村里了呢?

这里的疑问代词"什么""谁""哪儿"并不表示疑问,而是含有"任何事情""任何人、所有的人""任何地方、所有地方"的意思。

下面这些句子中的人称代词实际也是表示任指:

④ 人在梦游时,你越说他在梦游,他就会沉入越深的梦境。
⑤ 自己的事自己做,自己的言行自己负责。
⑥ 这种人从来都是只顾自己,不管别人。

九、副 词

副词经常修饰动词或形容词,表示程度、范围、时间、频率以及肯定或者否定等意义,有的还有一定的关联作用。例如:

很　挺　十分　都　总共　刚才　忽然　一直
到处　必须　不　悄悄　亲自　难道　也许

（一）副词的语法功能

1. 除极少数情况外，都只做状语。

刚来　悄悄行动　非常兴奋　的确壮观
事情已经那样了，还能怎么办？
孩子出生才十天。

有的副词能修饰整个句子。例如：

难道你不知道地球上还有一个中国吗？

注意，"很、极、透"等几个程度副词既可做状语，也可做补语；表示"极"义的"坏、死"只能做补语。例如：

很快～快得很　极痛苦～痛苦极了　透熟～熟透了
高兴坏了　气坏了　脏死了　想死了

"很"做补语时前面必须有"得"；其他副词都直接做补语，后加"了"。注意，表示"极"义的"坏、死"不是动词，是副词。

2. 副词一般不受其他词修饰。

3. 副词一般不能单说，只有"不、没有、别、也许、一定、差不多、当然、何必、刚好、的确"等少数几个可以。例如：

① 他大声喝道："不！我绝不离开！"
② "你以后还会过来吗？""当然。"

4. 有些副词在句中起关联作用。副词发挥关联作用的情形有以下几种：

（1）单用

画了又画　死也不吐一个字
说走就走　学了书法再学国画

（2）前后配合使用

又快又好　边写边改　越跑越快　不达目的不罢休　（叠用）
非走不可　再苦也能坚持　既聪明又勤奋　（成对使用）
只有你去才能把他请来　无论谁都得参加　（跟连词套用）

副词在起关联作用的时候仍然有修饰性,仍然做状语。

(二) 副词的分类

副词虽然语法功能比较单一,但其内部成员的语义比较丰富,大体可以分为以下几类。例如(很多词属于不同的小类):

1. 程度副词

(1) 很　最　极　挺　顶　太　怪(怪可怜的)
　　真(真好)　好(好可怜)　多么　十分
　　极其　非常　格外　更加　越发　相当　尤其

(2) 稍　稍稍　稍微　略微　有点儿　较　比较

2. 范围副词

(1) 都(他们都来了)　全　总　总共　统统　一概
　　大概　一律　一味　几乎　净(浑身净是泥)

(2) 只　就　光(光靠他可不行)　才(才考50分)
　　仅　仅仅　单　单单　独　唯独　不过　只是

3. 时间副词

已经　曾经　都(我都看完了)　正在　才(现在才来)
就(我就来)　刚　早　将　马上　顿时　一直　向来
老(老没见着)　始终　仍　从来　忽然　终于　连忙

4. 频率副词

又　再　再三　一再　也　常　常常　经常　时时
时常　往往　屡次　反复　不断　重　重新

5. 肯定/否定副词

(1) 必须　必定　一定　必然　务必　必　准

(2) 不　没　没有　未必　不必　不免
　　未　别　莫　休　勿　甭

6. 方式副词(情态副词)

悄悄　暗暗　死死　一齐　一起　互相　分别(分别介绍)
猛然　渐渐　陆续　亲自　特地　空(空跑)　白(白跑)

7. 语气副词

难道　究竟　岂　偏偏　简直　反正　幸亏　其实
何必　何苦　竟然　索性　也许　大约　果然　明明

难怪　难免　不妨　却　偏　就(我就不去)　反倒

需要说明的是,副词虽然语法功能简单,但每个副词的个性比较强,而且大多数副词的意思比较虚,因此有的教材和工具书将副词放到虚词中来讨论。

(三) 副词的位置与表达

有不少副词在句中的位置不同,所表达的意思就可能发生改变。例如:

① 他七点钟才起床。
② 才七点钟他就起床了。

①意指起迟了,前提是:起床应早在七点钟之前;②意指起早了,前提是:起床应远在七点钟之后。

③ 他幸亏带了雨伞。
④ 幸亏他带了雨伞。

③中的"幸亏"修饰动词,受益者只是"他",后续句常是"不然就要挨淋了";④中的"幸亏"修饰全句,受益者可以是"他",也可以是别的人,后续句常是"不然就要挨淋了/不然孩子就要挨淋了"。

⑤ 我对这个人不太了解。
⑥ 我对这个人太不了解。

⑤中"不太了解"指虽有一些了解,但不是很了解,"不"修饰"太了解";⑥中"太不了解"指很不了解,"太"修饰"不了解"。

十、拟声词

拟声词是描摹声音的词,也叫**拟声词**。例如:

啪　呼　当当　的的　咣当　啪嗒　扑通　乒乓
哗哗　哗啦啦　轰隆隆　滴滴答答　噼里啪啦
叽里咕噜　叽叽喳喳　(风)萧萧　(溪流)潺潺
呜呜　(狗)汪汪　(鸭子)嘎　(牛)哞　(羊)咩

拟声词可以主要做状语和定语,也可做谓语、补语等,还常独立使用。例如:

① 林子里"叭"地响了一枪。(做状语)

② 忽听得一阵砰砰的打门声。(做定语)
③ 锣声锵锵,鼓声咚咚,号声哒哒。(做谓语)
④ 他刚躺下就睡得呼呼的。(做补语)
⑤ 当当当,前面传来一阵铜锣声。(独立使用)
⑥ 砰!大门被撞开了。(独立使用)

拟声词一般不受其他词修饰。

【思考与检测三】

一、填空:

1. 词类是根据词的_____所划分的类。
2. 根据能不能_____,可以把词分为实词和虚词。
3. 能够带宾语的动词是_____动词,不能够带宾语的动词是_____动词。
4. 离合词是指_____的合成词。
5. 能受程度副词"很"修饰的形容词是_____形容词,不能受程度副词"很"修饰的形容词是_____形容词。
6. 根据代词作用的不同,代词可以分为_____、_____、_____三类。

二、把下面的词分成名词、动词、形容词三组。

电话　变化　绿化　绿色　碧绿　思考　思维
高傲　高见　高举　提高　提纲　提升　下班
下面　下降　下贱　鲜红　热烈　热度　反对
反常　反话　反响　反映　繁杂　繁育　沉甸甸

三、给下列名词分别至少选择一个合适的个体量词(有的名词可以跟多个量词搭配)。

虫　厂　刀　风　锅　画　课　筐　门　牛
藕　票　墙　伞　绳　诗　糖　腿　戏　钟
船夫　电池　儿歌　肥皂　钢琴　瓜子　旗子
黄瓜　鸡蛋　浪花　骆驼　炮弹　任务　沙子

四、给下列量词分别至少选择一个合适的名词(有的量词可以跟多个名词搭配)。

1. 个体量词:

扇　顶　本　条　味　枝　首　款　台　幅

2. 集合量词：

双　丛　束　队　对　堆　副　伙　叠　群

五、"漆黑"和"黑暗"都是形容词，它们在用法上有没有什么不同？

六、形容词和区别词有什么不同？请举例说明。

七、下列每句中都有代词活用的情况，请找出活用了的代词，并分别指出是虚指还是泛指。

1. 大家你看看我，我看看你，都不动手。
2. 咱不图这，不图那，就图那孩子思想好，干活勤快。
3. 我好像在哪儿见过你。
4. 我哪儿都不想去。
5. 谁也听不懂他说的话。
6. 他一定在说谁。

八、形容词和副词有什么不同？请举例说明。

九、指出下列词语误用的地方，并改正。

1. 你的房间乱很了，得收拾收拾。
2. 生日那天，二十三四来个留学生来给我过生日。
3. 为了石油，这两个国家战争了。
4. 今年开学，学校简单了一些报名手续。
5. 我今天在王府井书店买了二本书。
6. 他会上提的意见很主要。
7. 我没有什么朋友，每天都非常孤零零的。
8. 一场猛然的车祸，把他胳膊撞断了。
9. 这个养牛场养了一百多只奶牛。
10. 珍妮回国结婚男朋友去了。

第四节　汉语词类(下)——虚词

汉语虚词主要包括介词、连词、助词、语气词和叹词。除叹词独立使用外，其他虚词都必须跟实词结合在一起使用。

一、介 词

介词是起引介、标记作用的虚词。例如：

在 从 对 对于 关于 按照 为了 除了 比

介词必须跟所引介的成分一起组成介宾短语，共同修饰动词或形容词，有时也共同修饰名词(需要加"的")。例如：

对读者负责 比他高 关于环境保护的问题

(一) 介词的语法功能

1. 介词不能单独充当句子成分。如不能说"他从、他们根据、我对于"。
2. 能用在名词、代词、动词(主要是名词)前组成介宾短语，充当状语、定语(带"的")。例如：

① 他[在西藏自治区]工作。
② 我已经[向他]转达了你的问候。
③ [通过学习]觉悟有了很大提高。
④ 我知道不少(关于月亮的)传说。

介词短语有时可以做补语：

⑤ 从清晨工作〈到深夜〉。
⑥ 巴金出生〈于1904年〉，逝世〈于2005年〉。

做补语的介词短语中的介词在读的时候，往往跟前面的动词连在一起，停顿出现在介词之后。如"(从清晨)工作到/深夜、(巴金)出生于/1904年"。这些结构中如果能表示动态的带"了"的话，"了"要放在介词的后边，如"工作到了深夜、放在了桌上、走到了终点"。这是汉语介词用法比较特殊的地方。

(二) 介词的分类

介词虽然语法功能比较单纯，但其所介引的对象比较复杂。根据介宾短语跟后面被修饰成分的关系，可以把介词大体分成以下几类：

1. 表示时间、处所、方向：

从 自 自从 打(打明天起) 在 到 于 至
及至 向 往 朝 朝着 奔(你奔这边看)
由 沿 沿着 顺 顺着 趁 趁着 当 当着

2. 表示方式、依据、工具：

按照　按照　据　根据　随着　依照　遵照　本着
以　凭　论　经　经过　通过　拿（拿眼睛看）
用（用脑子想）　靠（靠他的帮助过关了）

3. 表示对象、范围：

对　对于　关于　至于　和　跟　同　与　朝　向
为　给　替　于　把　将　管（我们管他叫大领导）

4. 表示比较的对象：

比　较（写作水平较去年大有提高）

5. 表示被动关系的引起者：

被　叫（房子叫他卖了）　让　给

6. 表示排除的对象：

除　除了（除了引介排除的对象外，"除了"还可将引进的对象包含在内，如"我除了学习汉语，也学习英语"）

7. 表示原因：

因　因为　由于

8. 表示目的：

为了　为　为着

在同一个句子中，若干介宾短语可以同时出现，例如：

　　我［为了他的问题］目的［按这个方案］方式［在很多地方］处所［向不少人］对象调查了不少材料。

二、连　词

连词是在语法结构中只起连接作用的虚词。例如：

和　跟　及　而　并且　或者　如果　不但　但是　因为　所以

连词可以连接词、短语、句子,有的连词甚至还能连接比句子大的单位。

(一) 连词的语法功能

1. 连词不能充当句子成分。它只有连接作用,表示两个语法单位之间的各种关系,不起任何修饰或补充的作用。

2. 连词既可以用于主语之后,也可用于主语之前,这是连词区别于其他词类的一个重要特点。例如:

① 如果你心中有绿洲,就能走出沙漠。
② 你如果心中有绿洲,就能走出沙漠。

当然,这有一定的条件。上面每个例子中所包含的两个小句的主语相同,此时连词可以用在前一个小句的主语之前或之后;如果两个小句的主语不同,连词一般用在主语之前。例如:

③ 如果你把善行看作施舍,别人就未必接受你的善行。
④ 虽然现在还是冬天,但是春天已经就在眼前。

(二) 连词的分类

根据连接对象的差异,连词可以分成以下几类:

1. 词语连词

这类连词在词或短语之间起连接作用。例如:

和　与　同　跟　及　以及

这些连词只能用来连接词或短语,不能用来连接分句。它们一般单独起连接作用,如"我和他、战争与和平、我的哥哥跟他的姐姐、开会以及写总结"。

2. 句间连词

这类连词在分句之间起连接作用。例如:

虽然……但是……　　不但(不仅)……而且……
因为……所以……　　如果……那么……
要么……否则……　　与其……不如……
尚且……何况……　　尽管……可是(但是)……
即使　然而　还是　宁可　以致　从而　于是

这些连词只能用来连接分句,不能用来连接词语。它们常常配对使用,相互应和。有时虽然形式上只出现一个,但这种相互配合、应和的关系仍然存在。例如:

① 我身体不怎么好,可是每星期讲几节课是没有问题的。
② 虽然我身体不怎么好,每星期讲几节课是没有问题的。

例①形式上的"可是"同隐含的"虽然"之类的关系词语相应和;例②形式上的"虽然"和隐含的"但是"之类相应和。不过,汉语这种成对出现的关联词,如果只出现一个的话,一般出现在后面小句的句首。如例②通常说成:

③ 每星期讲几节课是没有问题的,虽然我身体不怎么好。

关于句间连词的语义和用法,我们将在后文"复句"一节中具体说明。

3."并、并且、而、而且、或、或者、还是、要么"既做词语连词,也做句间连词。例如:

① 她的目光看着我,表明她在等待着我的回答或者询问。
② 这些东西,全装在镜框里,或者蒙上塑料薄膜。
③ 这个躬着背,双手插在袖管里的老人,让雪花飘落并且融化在他胸口上。
④ 韩冬生不懂京剧,并且不喜欢一切戏曲。

三、助　词

助词是附着在实词、短语或句子之上的虚词。助词只表示语法意义,没有实在的词汇意义。根据出现的位置可以把助词分为两类:

后附的助词:的　地　得　似的,了　着　过　看　来着,
　　　　　　　　们　来　把,等　等等　什么的
前附的助词:所　被　给　连

由于每个助词的意义和用法都个性鲜明,难以把握,因此一直是语言学习的重点和难点。

(一) 助词的语法功能

助词黏附性强,必须附着在其他词语的后头或前头。也就是说,助词不能脱离其他语言单位而独立使用。

凡是后附的助词都读轻声,前附的助词都不读轻声。

(二) 助词的分类

助词的用法特别"虚",它主要包括结构助词和动态助词两类,还有一些其他助词。下面主要介绍结构助词"的、地、得"和动态助词"了、着、过",对其他助词的用

法也做一些说明。

1. 结构助词

结构助词是把中心语和附加语连接起来,表示某种结构关系。最常见的结构助词是"的、地、得"。"的、地、得"在口语中都读轻声(·de),但作用不一样。这样,在现代汉语书面语中习惯上写成三个字。

(1) 的:连接一部分定语和中心语。例如:

妈妈的眼镜　她的头发　美丽的祖国　参观的人
水声潺潺的山涧　骑着高头大马的将军

"的"常常附加在一个词或短语的后边,构成一个"的"字短语。例如:

中国的　红的　我的　这样的　睡觉的　吃的
卖菜的　我所了解的　戴着一副黑边眼镜的

"的"字短语的作用相当于一个名词,在句中做主语或宾语。例如:

吃的‖已经准备好了。
你‖怎么老是欺负外来打工的?

(2) 地:连接一部分状语和中心语。例如:

潇洒地挥手　悄悄地说　飞快地跑　愉快地接受
快快乐乐地生活　眼泪汪汪地诉说　整天大鱼大肉地吃

(3) 得:连接一部分述补短语的中心语和补语。例如:

听得懂　讲得不错　提得起来　快活得很
看得我眼花缭乱　骂得小明大气都不敢出

2. 动态助词

动态助词是附着在动词、形容词之后,表示时态,即表示动作或性状在进行、变化过程中的情况。最常见的动态助词是"了、着、过"。

(1) 了:表示动作的完成或变化的实现(即状态的出现)。

一般而言,动作行为有一个开始到完成的过程,状态也有开始出现到变化结束的过程。用"了"就可以表示这种动作或状态的变动情况。例如:

做了作业　到了纽约　看了一遍　会议开了一天
大了一点　菜花黄了　麦子熟了　面目模糊了

这样，如果某个动词没有动作的过程、某个形容词不能表示状态的改变，一般就不能加"了"。如不能说"是了、等于了""碧绿了、黄灿灿了"。

母语非汉语者对汉语的动态助词"了"的使用不好把握（汉语中还有一个表示语气的"了"，下文再说明）。其实，关键在于抓住一点：动态助词"了"用在突出某种结果出现（或者是动作的完成，或者是变化的实现）的场合。例如：

① 他想起了那次考试，不由得捶了几下自己的脑袋。
② 这本书我看了三天还没有看完。
③ 经你这一说，她的脸就红了。
④ 这个月就晴了四五天。

这些句子中的"了"显然都是突出某种结果。

在表达一连串动作的句子中，动态助词"了"一般用在最后一个动词性成分后，就是因为表达时不怎么突出前面的动作（虽然都已经完成了），一般要突出的就是最后一个动作的完成。例如：

⑤ 打完球就洗了个澡。
⑥ 他拿起皮包冲出家门就跨上了自行车。

但前面的动词性成分后也不是不能用，如果想依次突出这些动作完成的结果，也是可以用的。例如：

⑦ 打完了球就洗了个澡。
⑧ 他拿起了皮包，冲出了家门，就跨上了自行车。

有时"了"也可以用于未来发生的动作。例如：

⑨ 明天我下了课就去看足球比赛。

这里第一个动作先于第二个动作。其实，相对于后一个动作的出现，前一个动作也是完成了的，即已经有了结果，只不过是未来完成而已。

当然，动态助词"了"的用法比上面说的还要复杂一些，但把握了最关键的一点也就找到了突破口。

(2) **着**：表示动作正在进行或状态的持续。例如：

窗外下着雪　手里拿着一本书　齐声唱着英文歌

这是表示动作的持续，通常可以用"正、在、正在"来修饰，如"窗外正下着雪"。

穿着西服　　戴着一顶黑皮帽　　台上坐着主席团
亮着灯　　　窗户朝南开着　　　小马驹都在树林里拴着
站着说　　　扶着老人上车　　　骑着摩托车逃走了

这些都是表示状态的持续。"穿着西服"中的"穿"这一动作已经完成了,这种动作的结果作为一种状态而存在。"亮着灯"是亮这种状态的持续。"站着说"中有两个动作,前一动作"站"是后一动作"说"的伴随动作,"站着"既是动作的持续,这种动作本身也是一种状态。

既然这两种状态有重合的地方,那么有时一个句子就可能兼有这两种意思。例如:

河边种着树　　　山上架着炮　　　屋里摆着结婚用品

"河边种着树"既可指河边正在种树,这是动作的持续;也可指树种在河边了,这是动作后状态的持续。

(3) 过:表示曾经有过某种动作或者状态,现在该动作已不再进行、该状态已不再存在。例如:

看过那部电影　　到过非洲　　看过一遍
曾经漂亮过　　　小时候胖过　　一直没闲过

值得注意的是,说某个动作曾经发生过、某个状态曾经存在过,目的不在于过去的动作或状态本身,而是着眼于这个动作或状态跟"当前"正在讨论的事情有关,或者对正在谈论的话题有影响。例如:

① 我看过那部电影,现在还能记得个大概。
② 我看过那部电影,可是已经忘记主角是谁了。
③ 我也曾经漂亮过,几十年的风雨才使我变成现在这个样子。

3. 其他助词

除了"的、地、得"和"了、着、过"这些助词外,常用助词还有不少,用法也都很特殊。下面再简单介绍一些。

(1) 所

经常附着在动词前边,组成"所"字短语,作用相当于一个名词,如"所见、所闻、所想、所知、(各尽)所能"。

"所"字短语一般做定语(带上"的")修饰别的名词,如"所写的小说、所做的事情、所策划的方案",其中的名词在语义上是前边动词支配的对象。

(2) 给

直接用在谓语动词前面,整个句子表示被动、处置等意思,有加强语气的作用。多用于口语。例如:

① 错的地方都给改过来了。
② 裙子被妈妈给收起来了。
③ 妈妈把裙子给收起来了。

这种"给"既用于被动句(如例①②),也用于主动句(如例③)。无论何种情况,动词支配的对象一定出现在"给"之前,做主语或"把"的宾语。类似例①的句子,如果"给"后出现了动作的发出者,如"错误的地方都给他过来了",这时的"给"是介词,而不再是助词。类似例②③的句子,动作的发出者已经在前面出现后,便不能再在"给"的后面出现了。

(3) 被

直接用在谓语动词前面,整个句子表示被动的意思。例如:

① 错的地方都被改过来了。
② 所有的人都被叫到操场上去了。

这种被动句中的"被"后面没有出现动作的发出者。如果"被"后出现了动作的发出者,如"错误的地方都被他改过来了",这时的"被"是介词,而不再是助词。

(4) 连

用在要强调的成分之前,含有对比的意味,意思与"甚至"近似。后面通常要有"都""也"配合使用。例如:

① 连王教授也没有见过这个字。
② 他连县城都没去过,更别说省城、首都了。
③ 我近来忙得连眨眼的时间都没有。
④ 连想也没想,他就报了名。

由于"连"后引进的成分可以做主语(如例①中的"王教授"),因此,"连"不宜看作介词,因为介词没有这种用法。

由"连……都/也"构成的句式是一种强调句式,一般称作"连"字句。

(5) 似的

读 shìde。可以附着在实词或短语之后,整体充当修饰语或谓语。这是一种比喻表达。它常常跟"像"配合使用。例如：

外星人似的打扮　　　河水流动似的笑声
木头似的站在哪儿　　这腿软得棉花似的
马车像小蚂蚁似的，在茫无际涯的草原上移动。

(6) 看

用在动词性成分后表示尝试。通常称这种动态为尝试态。此时动词常用重叠形式或带上动量或时量补语。例如：

试试看　　讲讲看　　找找材料看　　花点时间看
喊一声看　唱一遍看　先试验半年看

(7) 来着

位于句末，表示事情发生在不久前。它只用在口语中。例如：

① 昨晚上我在剧院里见她来着。
② 我刚才去车站接人来着，不在家。
③ 喂，那个影星说什么来着？

也可用来询问曾经知道、但现在想不起来了的事情。例如：

④ 故宫的房子有多少间来着？有九千多间吧。

(8) 来、把

经常附着在数词或量词之后，表示概数。例如：

百来人　　八里来路　　万把人　　百把里

"多"用于"二十多个"这样的数量结构中也是助词。

(9) 们

经常附着在指人的一般名词和人称代词后面，表示"群"的意义。例如：

朋友们　　女士们　　同胞们
我们　　你们　　他们（她们、它们）

关于"们"的意义和用法，参见上节"汉语词类（上）——实词"中"代词"部分的相关说明。

(10) 等、等等、什么的

这三个词都可以表示列举未尽。例如：

① 唐代著名的诗人有李白、杜甫、白居易等。
② 他以妈妈式的耐心察看温度、光线、音响等等。
③ 每次搬家都会遗失一些信件什么的。
④ 他每天书包里带块干粮，或者几个土豆，一棒玉米什么的，顶着星星去上学。

但是"等"还有列举已尽的用法，用在列举末项之后，这时后面往往有数量短语。例如：

⑤ 联合国使用汉语、英语、法语、西班牙语、俄语、阿拉伯语等六种工作语言。

四、语气词

语气词是附着在句子或别的词语后边表示某种语气的虚词。语气词都读轻声。普通话中最常用的语气词是"的、了、吧、吗、么、呢、啊、罢了"等。

跟印欧系语言相比，语气词是汉语中特有的一类词。它是母语为非汉语的人很难掌握的汉语语法难点之一。

(一) 语气词的特点

1. 附着性强，只能附着在句子或别的词语后边。语气词一般位于句末，但也可以出现在句中停顿处。例如：

① "他来了吗？""他呀，还没见到影子呢。"
② 汉语啊，英语啊，法语啊，德语啊，他都会。

由于语气词有很强的附着性，所以有的教材将它归入助词，称为语气助词。

2. 一个语气词总是表达某种语气，但它只是表达语气的手段之一，而且常跟语调一起表达语气。

(二) 语气词的分类

根据语气词所出现的句子种类（句类）的不同，可以大体分成以下几类：

1. 用于陈述句的

的$_1$ 了$_2$ 呢$_1$ 啊$_1$ 吧$_1$
啦 哪 呐 喽 嘛 呗 啵
罢了（而已） 也罢 也好 好了 着 着呢

2. 用于疑问句的

吗　么　呢₂　吧₂　啊₂,啦₂

3. 用于祈使句的

吧₃　啊₃　欸₁

4. 用于感叹句的

啊₄　欸₂　呢₃

上面这些语气词中,有的是两个语气词连用而产生的合音形式(后一个语气词以元音开头)。例如:

了＋啊→啦(le＋a→la)　　呢＋啊→哪/呐(ne＋a→na/ne)

了＋哟→喽(le＋yo→lou)　　么＋啊→嘛(mo＋a→ma)

吧＋欸→呗(ba＋ei→bei)

这些语气词,需要重点掌握的就是"的、了、吧、吗、么、呢、啊、罢了"这几个比较常用的语气词。下面是这些常用语气词所表达的主要语法意义:

的:表示情况本来如此,加强肯定语气。例如:

① 你放心,我一定会回来的。

② 这堆苹果,我刚才亲自数过的。

了:表示已经如此、出现新情况。例如:

③ 我已经是大学生了,你还天天把我当小孩子。

④ 瞧,外面下雨了。

⑤ 我已经写完了毕业论文了。(第一个"了"是动态助词)

吗:表示疑问,希望得到证实。例如:

⑥ 你对这儿的情况这么熟悉,以前来过这儿吗?

⑦ 3乘以7等于21吗?

么:表示可疑。例如:

⑧ 别人糊涂,她能糊涂么?

⑨ 这点破东西有那么值钱么?

呢:表示不容置疑(用于陈述句)、疑问(用于疑问句)、夸张(感叹句)。例如:

⑩ 他正在卧室里睡大觉呢。(陈述句)
⑪ 这个时候他在哪儿呢?(疑问句)
⑫ 他会折好多种飞机呢!(感叹句)

吧:表示猜测(用于陈述句、疑问句)或商量(用于祈使句)。例如:

⑬ 他把借的钱都还了你吧。(陈述句)
⑭ 他该不会忘记开会的事儿吧?(疑问句)
⑮ 你明天早点过来吧。(祈使句)

啊:增加感情色彩,舒缓语气。可以出现在各类句子中。例如:

⑯ 每个人都有每个人的难处啊。(陈述句)
⑰ 你近来身体怎么样啊?(疑问句)
⑱ 快跑啊!(祈使句)
⑲ 他可真是好人啊!(感叹句)

罢了:表示把事情往小里说(由于谦虚、轻视或安慰人等)。例如:

⑳ 不用客气,我不过略表心意罢了。
㉑ 就几块钱罢了,急什么急?
㉒ 这孩子没有什么大病,不过着了点凉罢了。

五、叹　词

叹词是表示感叹、呼唤、应答的词。例如:

表示感叹:唉　啊　哼　呸　咦　嘿　喔　哟　哦　噢　咳
　　　　　哎哟　哎呀　哈哈
表示呼唤:喂　哎　嗳　嗨
表示应答:嗯　哎　唔　啊

叹词很特殊,常做感叹语,独立于句子基本结构部分之外,但也能独立成句。它在句子中的位置比较灵活,但通常位于句子的开始。书面上通常用逗号或叹号将叹词跟句子的主体隔开。例如:

① 哎哟,我的妈哟,外头跟下火的似的嘿,呵,哎呀,我也享受享受这空调。
② 哎呀呀,都火上房了还惦着跑不跑的事,就是你要留我们也不敢留了。

③"喂！说你呢,快过来一下。""哎,这就来。"

注意,不少叹词没有固定的书写形式,但我们要尽量采取比较通行的写法。

【思考与检测四】

一、用短竖线"｜"把下面一段话的词划分开,并指出每个词的词性。

　　她趴在窗台上向窗外看,忽然发现眼前飞过一只雪白的小鸟。她张开嘴,想问一句,喂,小鸟,你飞到什么地方去呀？可是,她没有出声,静静地看着鸟儿飞了过去。

二、指出下列各组中加点的词各属于什么词类。

1. 比
① 你俩来比一比,看谁高。
② 今天的天气比昨天更冷了。
③ 我把祖国比母亲。

2. 管
① 王明一直管着我们班的文体活动。
② 大家管她叫假小子。
③ 这管毛笔挺好使的,你使使看。

3. 给
① 刚装上的玻璃又给人冰雹砸碎了。
② 祖国给了我无限的温暖。
③ 忙了一整天,把那件事给忘得干干净净。
④ 奶奶给孙女讲过牛郎织女的故事。

4. 在
① 赵老师一直在香港工作。
② 他在做实验的时候,你要认真观察。
③ 他不在图书馆,在食堂。
④ 在这件事上,我也没有什么好的主意。

5. 要
① 你要我去,我偏不去。
② 明天要下雨,运动会就延期了。
③ 有人要这张邮票吗？

④ 做总结发言要简明扼要。

6. 对

① 大家对你的身体健康很关心。

② 这个房间的窗户正对着大街。

③ 你说得很对,我一定改正。

④ 这对夫妻自结婚以来就吵过不停。

7. 和

① 有事要和大家商量一下。

② 二加六的和是八。

③ 名词和动词的语法功能有很大差别。

④ 我和这件事毫无关系,你不要乱怀疑人。

8. 一起

① 他们在一起的时候总是吵架,分开来后又特别牵挂。

② 我们一起在北京语言大学学了四年汉语。

9. 活跃

① 这几个南非留学生在晚会上十分活跃。

② 他的一句话就把气氛给活跃起来了。

三、用"不"和"没(没有)"填空:

1. 你想____想听听他的批评意见?

2. 说这样的话太____道理了。

3. 他在音乐方面____什么培养前途。

4. 吃____下就别再吃了。

5. 他这样整天____吃____喝,会把身体搞垮的。

6. 这件衣服太脏了,实在洗____干净。

7. 我____学过阿拉伯语,所以我一句也____会说。

8. 这个学生____是西班牙人,就是葡萄牙人。

9. 这个问题,我们讨论过了,你们____讨论吗?

10. 我根本就____看见过你的课本。

11. 衣服____干,再晾一会儿吧。

12. 这个会改在明天开吧,哦,____,还是后天开比较好。

13. 我____知道他去____去过国外。

14. 这里从来____这么热过。

四、用结构助词"的""地""得"填空。

1. 呼呼(　)狂风刮(　)破旧的门框格格(　)响。

2. 几句热情(　)话,说(　)大娘心里热乎乎的。

3. 生活是一张空虚(　)网,轻轻(　)把我笼在网中央。

4. 树叶儿绿(　)发亮,小草儿也青(　)得逼你的眼。

5. 他把所有(　)记录都一句一句(　)检查了一遍,没有发现问题。

6. 听了他的一番话,我激动(　)不知说什么好。

7. 在我(　)家里,珍藏着一件白色(　)的确良衬衫。

8. 这个小姑娘穿着一件破破烂烂(　)衣裳,冻(　)嘴唇发紫。

五、用"了""着""过"填空。

1. 白大夫翘(　)胡子的嘴角上浮起了微笑。

2. 大年初一,孩子们都穿(　)新衣服,高兴极(　)。

3. 房角上高高地悬(　)一块金字招牌"当"。

4. 刚看(　)的东西,一会儿就忘(　)。

5. 孩子兴奋地唱(　)这学期学(　)的一首首儿歌。

6. 我在北京语言大学学习(　)四年汉语,今年暑假就要毕业(　)。

7. 以前,我只是在画册上看见(　)艾菲尔铁塔,今天终于登上(　)。

8. 这个统计表好像被人改(　),你再核对一遍。

六、归纳下列短语中"和""并""而"连接并列项时的用法(前加＊的句子表示不能说)。

1. 和

① 工人和农民;中国和阿根廷;今天和明天。

② 北京、天津、上海和重庆。

③ 他的话是那样明确和有力。(＊他的话是明确和有力。)

④ 事情还要进一步调查和了解。(＊事情还要调查和了解。)

⑤ 我还要说明和补充几句。(＊我还要说明和补充。)

2. 并

① 讨论并通过;描写并解释。

② 要继续保持并发扬优秀的民族传统。

③ 这些错误它们都发现并改正了。

3. 而

① 少而精；严肃而认真；光荣而伟大。

② 这篇散文的文笔简练而生动。

③ 他计算得快而准确。

七、根据下列例子，指出"千万"和"万万"在意义和用法上的区别。

1. 这件事你千万不要泄漏出去！

2. 这件事你万万不可泄漏出去！

3. 过马路千万要小心！（*过马路万万要小心！）

4. 他万万没想到。（*他千万没想到。）

八、改正下列句子中误用的虚词。

1. 他整天除玩电脑游戏，就是睡大觉。

2. 教课，做研究，及指导研究生，他都干得很出色。

3. 妈妈从来没有为了我的成绩发过愁。

4. 她只有往台前一站，就显得惊慌失措。

5. 你是想品茶或者想喝咖啡？

6. 他们曾经来了这个地方，所以有些熟悉。

7. 我们关于你的问题会认真研究的。

8. 暑假里，你是回国还是到各地旅游吗？

9. 因为他的话被别人相信了，因此他显得很激动。

10. 有的人对于陌生人很冷漠。

九、汉语的词分为14类，你的母语中有哪些词类？它们跟汉语的词类有没有什么不同？

第五节　短　语

一、什么是短语

短语指的是由两个或两个以上的词按照一定方式组合起来构成的语法单位。短语也叫**词组**或**句法结构**。它是介于句子和词之间的语法单位。例如：

我不去　调整计划　汉语教材　美丽的西双版纳

非常兴奋　飞快地跑　笔墨纸砚　勤劳而勇敢
讲清楚　热得满头大汗　桌子上　上飞机之前
在伦敦　到南极大陆　我的　获得第一名的

从上面这些例子来看,我们发现它们内部有较大的差异。有的短语是实词与实词直接组合,有的短语是实词与实词之间加有虚词的组合,有的是实词与虚词的组合。一个短语如果能够独立,那么加上语调后就能造出一个句子。例如：

我不去。
(我的钢笔在哪儿?)桌子上。
(这是谁的笔记本电脑?)我的。

根据短语内部的不同关系,可以把短语分为两类：（1）基本短语,包括：偏正短语、主谓短语、述宾短语、述补短语、联合短语等；（2）特殊短语,主要包括：连谓短语、兼语短语、复指短语；（3）带有特殊标记的短语,本书主要包括：方位短语、介宾短语、"的"字短语等。

二、基本短语类型

本章第二节中分析了一些基本句子成分：主语、谓语、述语、宾语、定语、状语、补语以及中心语、修饰语（包括定语、状语、补语）。基本短语就是这些句子成分之间的组合。

(一) 主谓短语

主谓短语由主语和谓语两个部分组成,主语在前,谓语在后。两者之间是陈述关系,主语是被陈述的对象,指出要说的是谁或什么；谓语是对主语的陈述,说明主语是什么或者怎么样。例如：

小王‖修车　他‖在写小说　我‖去送
鲜花‖绽放　孩子‖睡着了　车子‖撞坏了
心地‖善良　春光‖明媚　教室里‖干干净净
今天‖周末　鲁迅‖浙江人　老李‖白头发
浪费粮食‖可耻　安全‖很重要　散文‖两篇

大多数情况下,主语由名词性词语充当,谓语由动词性词语或形容词性词语充当。少数情况下,主语也可以是非名词性词语,谓语也可以是名词性词语。

跟印欧系语言比较起来,汉语的句法结构有一个特殊之处,就是主谓结构做谓语。例如:

妈妈‖心地善良　　北京语言大学‖留学生很多

以"妈妈心地善良"为例,这个结构中充当谓语的是主谓结构"心地善良",而不是"善良"。也就是说,它不能切分成"妈妈心地‖善良"。因为这个结构首先要陈述的对象是"妈妈","心地善良"是用来说明"妈妈"怎么样的。换个角度看,这里的"妈妈"实际上是个话题,后面的"心地善良"是来陈述这个话题的。汉语跟日语、韩语一样,是个话题特征比较显著的语言。

(二)述宾短语

述宾短语由述语和宾语两个部分组成,述语在前,宾语在后。两者之间是支配、涉及的关系。述语表示一种动作行为或关系,宾语是受这种动作行为的支配、影响的对象或关系涉及的对象。由于做述语的常是动词,所以述宾短语有时又称动宾短语。例如:

看小说　修马路　邀请他　盖房子　进教室
坐出租车　冲凉水　想家　来一个人　喜欢大海
是这个人　像他爸爸　加以解决　喜欢踢足球
反对这样做　听说他赢了　送她一枝玫瑰花

述语和宾语之间可以插入"了、着、过",而结构性质不变,如"看了小说、盖过房子、坐着出租车"。

(三)联合短语

联合短语由并列在一起的几个成分组成,各成分之间地位平等,没有主次之分。并列的成分之间可以没有停顿,也可以有停顿,或用关联成分(连词或副词)连接。例如:

北京天津　理想和现实　星期六或星期天
分析、说明　生存或者死亡　讨论并通过
生动活泼　轻松、愉快　平凡而伟大

它们内部的语义关系还可以细分为并列(如"理想和现实")、选择(如"生存或者死亡")、递进(如"讨论并通过")等。

上面举的联合短语都只包含两个部分,其实联合短语可以包含两个以上的部分。例如:

春夏秋冬 关停并转 又快又好又省钱
团结、紧张、严肃、活泼

(四) 偏正短语

偏正短语由修饰语和中心语两个部分组成,修饰语在前,中心语在后。两者之间是修饰或限制的关系。根据修饰语性质的差异,偏正短语包括两种类型。

1. 定中式偏正短语

由定语和中心语构成。例如:

高山 老实人 极乐世界 木头房子
荷塘月色 一匹马 一条新闻
谁的书 学校的图书馆 苦难的民族
计划的调整 这本书的出版 长城的伟大

定语和中心语之间常用"的"来连接,特别是定语的结构或语义比较复杂的时候。例如:

我的火炬 狡猾的人 干净的手 亏欠的债务
很好的意见 苦难深重的民族 平直而又宽阔的马路
漆黑的夜晚 干干净净的教室 沉甸甸的麦穗

当然,有的并不能加"的",如数量词修饰名词("两支笔")等。

2. 状中式偏正短语

由状语和中心语构成。例如:

很甜 极其关心 忽然消失 仔细检查
没有解决 不知道 都可以 完全应该
向沙漠进军 从非洲来 朝他点头
(今天)才星期二 已经十八岁了

状语和中心语之间常用"地"来连接,特别是状语的结构或语义比较复杂的时候。例如:

认真地研究 精心地挑选 全面而仔细地检查
死死地抱着 慢腾腾地走 整整齐齐地摆放着
(北风)呼呼地刮着 一个一个地数 大鱼大肉地吃

当然,如果状语由副词、介词短语充当,一般不能加"地"。

(五) 述补短语

述补短语 由述语和补语两个部分组成,述语在前,补语在后,补语是补充说明述语的。例如:

坐正　讲清楚　拿出　跑进来　快活死了　美得很
来过三趟　住三天　搁在书架上　生活在二十一世纪
熏得乌黑　气得号啕大哭　咽不下去　看得眼睛都花了
(浑身)摔得青一块紫一块的

从上面的例子可以看出,述补短语中的述语比较简单,通常由单个的动词或性质形容词充当,状态形容词不能充当述语。补语则复杂得多,既可以由单个词充当,也可以由短语充当。有时述语和补语直接结合;有时要用"得"来连接,尤其是补语比较复杂的,都要用"得"。补语除了自身的构造比较复杂多样外,跟述语的语义关系也很复杂。可以这样说,复杂的补语系统是汉语区别于其他语言的一个重要的特点。

从述语跟补语的语义关系中可以看出,补语可以说明动作行为的结果、趋向、状态、数量、时间、处所、可能性,或者说明性状的程度、事物的状态等。这样,我们可以把补语分成结果补语、趋向补语、状态补语、数量补语、时间补语、处所补语、可能补语、程度补语等。

1. 结果补语

结果补语 表示述语动作行为所产生的结果。述语由动词充当,结果补语一般由形容词充当,少数单音节动词也可以充当。例如:

压紧　变硬　烧热　写错了(字)　折腾苦了
看清楚　说明白　洗干净　打扮漂亮了
看完　听懂　轰走　弄坏　打折　踢翻
跑丢了　撞肿了　赌赢了　骂哭了　逗笑了

结果补语跟述语结合得很紧密,中间不能插入"得"(如果插入"得"就变成了可能补语,见下),更不能插入别的成分。

2. 趋向补语

趋向补语 表示述语动作行为的运动方向。述语一般由动词充当,趋向补语由趋向动词充当。例如(下加浪纹号的成分是宾语):

跨上　跳下　走进　挤出　交来　带去

走下来　跑进来　转回来　翘起来
走进了教室　想起了妈妈　跑进体育场来
拿出来一本书　拿出一本书来　拿一本书出来

跟结果补语一样,趋向补语跟述语结合得也很紧密,中间不能插入"得"(如果插入"得"也变成了可能补语,见下)。

3. 程度补语

程度补语表示述语所达到的程度。能做程度补语的词很少,除了"很、极",还有意义虚化了的"透、多、死、坏、慌、要命、要死"等几个表示程度很高或达到极点的词,以及表示程度很轻的"一点儿、一些"。"很、慌"和"要命、要死"前必须用"得",其他不能用"得"。例如:

差得很　漂亮得很　快活极了　愤怒极了
伤心透了　整洁多了　麻烦死了　乐坏了　闷得慌
挤得要死　恨得要命　好一点儿　高一些

4. 可能补语

可能补语表示述语实现的可能性。述语基本上由动词充当。在述语动词和表示结果或趋向的补语之间插入"得/不",表示动作的结果或趋向能不能实现。例如:

看完:看得完～看不完
洗干净:洗得干净～洗不干净
回答准确:回答得准确～回答不准确
送来:送得来～送不来
上去:上得去～上不去
拿出来:拿得出来～拿不出来

5. 状态补语

状态补语表示由于述语所呈现的状态,也叫情态补语。述语和状态补语之间必须用"得"。例如:

吓得发抖　压得很紧　(挑担子)挑得汗流浃背
逗得孩子们哈哈大笑　痛苦得眼泪簌簌地往下掉
吓得一身冷汗　乐得他一脸的笑容
压得不紧　压得不很紧　玩得不痛快

由于状态补语和可能补语的肯定形式的结构相同,都是带"得"式,这就容易发生混淆。下面是它们之间的区别(以"洗得干净"为例):

[洗得干净]	状态补语	可能补语
否定式	洗得不干净	洗不干净
扩展式	洗得很干净	—
疑问式	洗得干净不干净?	洗得干净洗不干净?
格式意义	洗的结果是干净	能够洗干净

6. 数量补语

数量补语指用数量短语充当的补语。数量补语可以分为动量补语和时量补语两种类型。

跑一趟　看了三遍　找过一回　扫了一腿　切一刀
住了二十年　看了半天　写了一个月　撤销了半年了

7. 时间补语和处所补语

时间补语指表示动作发生或到达的时间的补语,**处所补语**指表示动作发生或到达的处所的补语。时间补语和处所补语都由介词短语充当,述语和补语之间不能用"得"。为了称说方便,有时合称为介词补语。例如:

生活〈在九十年代〉　　成立〈于1949年〉　　工作〈到深夜〉
依偎〈在妈妈的怀中〉　出现〈在太平洋〉　　删〈到垃圾箱〉

上面介绍了汉语的基本短语(词组、句法结构),其中主谓、述宾、联合、偏正这四种结构关系在各个语言中基本上都存在,而述补短语则更多地体现为汉语的特点。而且,在各种结构关系中,也是述补关系最为复杂,需要认真领会,多加运用。

三、特殊短语类型

除了上面分析过的五种基本短语外,还有一些特殊的短语,主要包含下面四种类型。

(一) 连谓短语

连谓短语由两个或几个成分组成,陈述同一个对象,即连用的成分分别能够跟主语发生主谓关系。连谓短语也叫**连动短语**。例如:

接过书看了看目录　　　　躺在草坪上数星星

想办法解救人质　　　坐久了直犯困
抱着妈妈的脖子不松手　　看上去挺年轻
他跳下床披上大衣拎起皮包冲出大门跨上了自行车

这实际是动词或以动词为中心的短语的连用。连谓短语内各个成分的顺序不能颠倒，颠倒后或者不能说，或者基本意义发生了变化。这是它不同于联合短语的地方。组成连谓短语的动词词语间没有语音停顿（否则就成了复句），也不用关联词语连接。

（二）兼语短语

兼语短语由三个部分组成，中间的部分既做前一部分的宾语，又做后一部分的主语。例如：

请他来　　派小王去云南　　使主人很为难
有人来找你　　没有谁不知道这件事　　是他值夜班
请求上级派兵增援　　追认他为烈士　　鼓励大家踊跃报名

这实际是述宾短语和主谓短语的套用。兼语短语中的前一个动词常常是使令动词，如"使、令、请、派、叫、求、教（jiāo）、让、逼、催、劝、邀、要、嫌"和"要求、请求、命令、迫使、批评、动员、发动、号召、鼓励、培养、追认"等，还可以是"有"和"是"等。

（三）复指短语

复指短语由所指相同的两个部分组成，这两个部分合起来可以共同做一个句子成分。**复指短语**也叫同位短语、同指短语。例如：

首都北京　　联合国秘书长安南　　吕叔湘教授
我们大家　　他们农民　　王力他们　　九寨沟那儿
你们三位　　语文数学两科　　北大清华等高校
酸甜苦辣咸这五味　　神州六号这种载人飞船
知识就是力量这句格言

复指短语的两部分互相补充，指称同一个对象。如"他们农民"，这里的"他们"和"农民"所指相同。又如"首都北京"中"（中华人民共和国的）首都"即"北京"，而"北京"就是"首都"。"王力他们"较特殊，"他们"实际上指的是以"王力"为代表的一类人。

四、其他短语类型

除了上面的几种短语外,还有一些有特殊标志的短语。这里主要介绍三种。

(一) 方位短语

方位短语由两个部分组成,后一部分是方位词。方位短语一般表示处所、时间或范围。例如:

村外　黑板上　春天里　广场旁边　三环以内
一年后　吃饭之前　六十上下　写完论文以后

方位短语常常跟介词组成介宾短语,如"在黑板上、在春天里"。

(二) 介宾短语

介宾短语也叫介词短语,由两个部分组成,前一个部分是介词,后一部分是介词的宾语。例如:

用毛笔(写字)　　　　为友谊(干杯)　　　在教室(看书)
从北京(来)　　　　　被洪水(淹没)　　　向英雄(致敬)
(放)在桌子上　　　　(飞)往纽约　　　　(成立)于上个世纪末
对老师(的意见)　　　靠街(的商铺)　　　关于人类起源(的传说)

(三) "的"字短语

"的"字短语指助词"的"附着在实词(数量词和副词除外)或短语后面形成的短语,用来指称人或事物。这个短语的作用相当于名词,能够做主语、宾语。例如:

① 这儿吃的、喝的、睡的全有。
② 筐子里的杏子,红的不涩,青的很涩。
③ "这本书是你的吗?""不是我的,是张立的。"
④ 中国体育成绩从总体上看,男的不如女的。
⑤ 你去通知一下所有来参加计算机等级考试的。

"的"字短语如果后面添上相应的名词,就构成了偏正短语,如"吃的东西、红的杏子、我的书、男的体育成绩、参加计算机等级考试的考生"。

除了这里提到的方位短语、介宾短语、"的"字短语外,还有一些带有特定标志的短语也常见到,如量词短语(如数量短语"三个、一次"和指量短语"这间、那回")、能愿短语(如"敢去、会好、应该可以、可能他要来")、比况短语(如"木头似的、雷鸣般的、老黄牛一样、像闪电一般")、"所"字短语(如"所思、所做、所能)等,这在介绍量词、能愿动词、助词时也有所涉及,大家不妨也做一些了解。

综上所述,汉语的短语(词组、句法结构)种类众多,功能多样,使用广泛。它们以词序和虚词为组合手段,大多数短语加上语调以后就可能独立成句。由此可见,汉语短语的构造原则跟句子的构造原则基本一致。这是汉语语法的一个重要特点。

五、层次分析法

(一) 复杂短语的层次性

为了便于理解,上面对各个类型的短语分别做了介绍。其实,这些短语通常是叠加在一起使用的,这样就形成了复杂短语。也就是说,短语内部还可以包含短语。这样,就需要考察复杂短语内部的结构层次。例如"中国属于东亚地区"就是一个复杂词组,它是由四个词按照先后顺序排列起来的,这些词之间的关系有远有近,是按照一定的规则组织起来的。这是一个主谓短语,主语是"中国",谓语是"属于东亚地区";谓语本身又是一个述宾短语,述语是"属于",宾语是"东亚地区";宾语本身又是一个偏正短语,修饰语(定语)是"东亚",中心语是"地区"。所谓复杂短语,就是指短语本身又包含短语的那种短语。下面把这种层次关系图示如下:

再如,"咬死了猎人的狗"这句话有两种理解,既可以指别的动物把猎人的狗咬死了,也可以指狗咬死了猎人。这两种理解正是这个句子可以有两种层次划分造成的。如果是第一种理解,它的结构层次应该是:

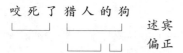

如果是第二种理解,它的结构层次应该是:

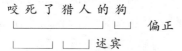

前面说过,主谓、述宾、偏正、述补等短语都是由两部分组成,只有联合短语,可以包含多个部分。除了多成分的联合短语外,复杂短语尽管包含的词多了,结构复杂了,但整个短语仍然由两部分组成,它内部的各个短语也是由两部分组成。由此可见,短语的结构是一层套一层的。词在构成短语时是有一定先后顺序的,这种先后顺序实际上就体现了语言单位组合关系的层次性。这就是句法结构的层次性。

经过这样的层层分析,我们就能将词组成短语进而构成句子的过程看清楚。这种分析对我们归纳句型大有好处(参见本章第六节"句子的类型"中的"句子的结构类型")。

(二) 层次分析法及其分析程序

层次分析法是指按照语言单位组合具有层次性这一特点,对语言结构进行逐层分析的方法。根据层次分析法分析过程的特点,它还有其他几种名称。除了联合结构可能有三个或三个以上的并列成分外,其余的结构都能切分出两个直接组成的成分。由于每一次切分都要找到这个层次上的两个直接构成成分,所以层次分析法也叫**直接成分分析法**。而且,由于每步分析都要进行二分,所以层次分析法也叫**二分法**。

在进行层次分析时,一般以最大的结构为分析的起点,逐步切分,分析到词。为了简便起见,在下面分析过程中,像"的、地、得,着、了、过"这样的虚词暂时没有考虑,一般跟它们所附着的成分划在一起。

具体的分析步骤是:首先找到分析对象的两个最大直接成分,如主语—谓语、述语—宾语等等。分别在它们的下边加上框线,同时标明两者之间的句法结构关系。再照着这种思路,逐层切分出每个较大成分的两个直接成分,层层二分,一直分析到词为止。例如:

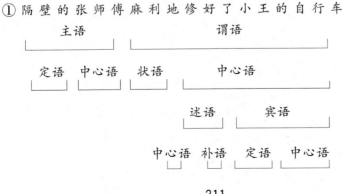

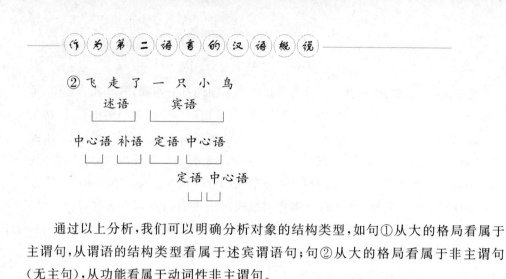

通过以上分析,我们可以明确分析对象的结构类型,如句①从大的格局看属于主谓句,从谓语的结构类型看属于述宾谓语句;句②从大的格局看属于非主谓句(无主句),从功能看属于动词性非主谓句。

如果一个复杂短语有多层定语或多层状语,一般采取从外到内(此为从前到后)依次组合。下面采取由大到小的分析方式来举例。例如:

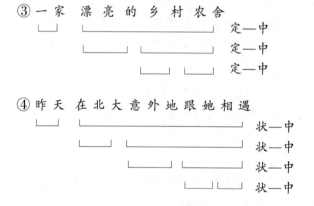

如果动词后既有宾语又有补语,一般也采取从外到内(此为从后到前)依次组合。例如:

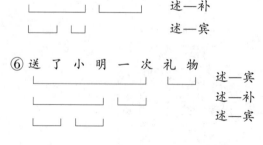

⑦    述—补
　　　　　　　　　　　述—宾
　　　　　　　　　　　述—补

如果动词前有状语,后面又有宾语或补语,一般采取先切出状语后划分出宾语或补语,如上面的"麻利地修好了小王的自行车"。

总之,这里的分析过程类似于剥笋,从外到内。实际上是看其修饰范围的大小,修饰范围大的成分必然处于结构的外围。

层次分析法不但可以分析句子,实际上可以分析任何有层次的语言单位。上面的例①到⑦分析的都是短语(词组),这些短语加上适当的语调都可以成为句子。又如:

⑧ 老 龄 化　　词根组合—词缀
　　　　　　　　词根组合—词缀

⑨ j i ā n （坚）
　　　　　　　　声母—韵母
　　　　　　　　韵头—韵身
　　　　　　　　韵腹—韵尾

例⑧是词,例⑨是音节。由此可见,层次分析法适用于语言中任何层面的结构分析。这也说明了层次性是语言的根本属性之一。实际上,层次性是任何稍微复杂一点的结构必然具有的属性。

六、句子成分分析法

上面介绍的层次分析法是适用面很广的语言结构分析法,只要有结构层次,就可以采用这种分析方法。然而,语言教学和研究中还采用过一种专门用于分析句子成分的方法,叫句子成分分析法。它基本上也是将句子成分分析为主语、谓语、宾语、定语、状语、补语这样一些成分,但术语的内涵跟上面介绍的层次分析法中的内容有一些差异,成分之间的关系也不完全一样。也就是说,两种分析方法大体使用的是同一套术语名称,可是所指有所不同。下面就来具体介绍这种句子分析方法。

（一）句子成分分析法的内涵

所谓**句子成分分析法**，是指把句子成分分析为主、谓、宾、定、状、补这六大类，然后按照这些成分的组合情况来确定句子的各种结构格式，说明结构规律。由于句子成分分析法在析句时需要找出句子的中心词（主干）及其附加成分或连带成分（枝叶），只有找到了中心词，才算找到了句子成分，所以也叫**中心词**分析法。

注意，分析句子成分的方法（一般简称"析句法"）并不就是句子成分分析法，上面讲的层次分析法（直接成分分析法）也是可以用来分析句子成分的。也就是说，这里所说的句子成分分析法是有其特定涵义的，它只是若干析句法中的一种。

（二）中心成分和附加成分

句子成分分析法的关键就是区分中心成分和附加成分。以下面的句子为例：

隔壁的张师傅麻利地修好了小王的自行车。

这是一个主谓句。根据前面的分析思路，应该首先划分出主语"隔壁的张师傅"和谓语"麻利地修好了小王的自行车"，这两个成分都是由短语构成。然而，在句子成分分析法的分析系统中，这两个短语并不是主语和谓语，主语和谓语应该分别是它们中的中心词"张师傅"和"修"。"修"后面还有连带成分（即受动词支配的成分），也应该找出来，这就是宾语，但句子成分分析法的宾语不是指整个"小王的自行车"，而是指其中的中心词"自行车"。如果将宾语也看作中心成分的话，那么，到此为止就找到了这个句子的所有中心成分：主语"张师傅"、谓语"修"、宾语"自行车"。找到了中心成分，剩下的成分就是附加成分。主语前面的附加成分"隔壁"和宾语前面的附加成分"小王"都是定语，谓语前面的附加成分"麻利"是状语，谓语后面的附加成分"好"是补语。这样就得到三个附加成分：定语、状语、补语。上面这个句子是中心成分和附加成分齐备的句子，实际上大多数句子都只包含其中的一部分。

（三）句子成分分析法的分析程序

从上面的实例演示可以看出句子成分分析法的基本分析程序。人们通常把它归纳为下面两个步骤：

1."两心相照"

这里的"心"指中心词，"两心相照"指中心词相互照应。即先找出句子的两个中心成分（中心词）：主语和谓语，在主语之后用双竖线"‖"隔开。主语下加双横线"＝＝"，谓语下加单横线"――"。如果有宾语，接着找出来，下加波浪线"～～"。例如：

① 春天‖来了。
② 知识‖就是力量。
③ 爸爸‖擦亮了台灯。
④ 一个戴着黑边眼睛的青年‖从后门悄悄地溜了进来。
⑤ 凶狠的豺狼‖一口咬死了可怜的山羊。

2. "非心向心"

非中心词的成分依照它们跟中心词的关系来确定身份。即找出中心成分后，再分别找出各个中心成分的附加成分，定语用"（　）"标出，状语用"［　］"标出，补语用"〈　〉"标出。例如上面例②—⑤都含有附加成分，可以进一步切分出定语、状语、补语：

② 知识‖［就］是力量。
③ 爸爸‖擦〈亮〉了台灯。
④ （一个）（戴着黑边眼镜）的青年‖［从后门］［悄悄］地溜了〈进来〉。
⑤ （凶狠）的豺狼‖［一口］咬〈死〉了（那只）（可怜）的（小）山羊。

在句子成分分析法中，如果中心成分前面有多个附加成分，则分别标出，如例④和例⑤。注意，这些句子中的"的""地""得"和"着""了""过"一般不划在句子成分当中，如果需要可以在它们的下面点上着重号来标明（也可以像上面这样不加标记）。不过，也有人将"的""地"划入前面的定语、状语中，只是对"得"和"着""了""过"，一般还是放在句子成分外面。

句子成分分析法可以显示句子的整体结构。例如上面五句的结构是：

① 主—谓
② 主—状—谓—宾
③ 主—谓—补—宾
④ 定—主—状—谓—补
⑤ 定—主—状—谓—补—定—宾

如果只考虑中心成分，例①和例④属于主谓句，其他三句属于主谓宾句。

句子成分分析法在检查句子的搭配错误方面比较方便。下面几个留学生造的汉语句子都在句子成分的搭配上有问题：

⑥ 基础班明天下午要考试汉语听力。

先找出中心词"基础班—考试—听力",主语"基础班"跟谓语"考试"能搭配,但谓语"考试"不能带宾语。可以将"考试"改为能带宾语的"考":"基础班明天下午要考汉语听力。"或者改为:"基础班明天下午(有)汉语听力考试。""基础班明天下午进行汉语听力考试。"

⑦ 星期天我们参观了一位科学家。

先找出中心词"我们—参观—科学家",主语"我们"跟谓语"参观"能搭配;谓语"参观"可以带宾语,但这里跟宾语"科学家"不能搭配,因为"参观"的宾语是地方,而不是人。这句话宜改为:"星期天我们拜访(或访问、采访)了一位科学家。"

⑧ 站在台上的是一个美丽的小伙子。

先找出中心词"站在台上的—是—小伙子",主语和谓语、谓语和宾语都能够相互搭配;但是定语"美丽"不能修饰"小伙子",因为在修饰人时,"美丽"只能用来修饰女性,而不能修饰男性。这句话宜改为:"站在台上的是一个英俊(或帅气、漂亮等)的小伙子。"

当然,例⑦和例⑧也可以从词汇角度来分析,将它们看做是词汇意义的搭配问题,但即便如此,也是做谓语的词跟做宾语的词、做定语的词和做宾语的词不能搭配。

句子成分分析法要求一次性分出所有的中心成分和附加成分,总的来看,它对句法结构的层次性体现得不够充分,甚至将不同层次的成分放在同一个层面上去处理。为了进一步分析句子的层次,人们引进了层次分析法这种新的分析方法,以弥补句子成分分析法的不足。而且,跟层次分析法相比,它只能用来分析句子的结构成分(而且是单句),不能用来分析短语(如"我的那本签了作者姓名的长篇小说"),更不用说分析语音、词语等语言结构了。当然,它也有一些可取之处,如可以比较简明地显示出句子的整体结构情况,而且易于发现语法中成分搭配方面的某些偏误,因此这种分析方法在语言教学中仍有比较广泛的应用。

【思考与检测五】

一、指出下列短语的结构关系类型。

语言文化	比鸿毛(轻)	准确生动	飞速前进
我知道	往前	离开之前	想着孩子就激动
坐上来	担心迟到	上山采药	世界名著《红楼梦》

喜欢干净	愿意不愿意	有人反对	越来越烦人
高大的	"WTO"这个词	列车长老王	听了很生气
电脑里	鼓励他上进	走一回	这人出身寒微
买一辆	刚才买的	请英雄做报告	称他为电脑高手
擦得亮	充分论证	替人办事	买资料
气坏了	伟大而质朴	找人打听消息	游泳这项运动
新添的家具	添新的家具	家具新添的	
玩过一次桥牌	玩过桥牌一次	桥牌玩过一次	

二、指出下列述补短语中补语的类型。

抄一遍	打扫干净	吃不得	干得完	活动起来
看懂了	来到北京	乐得要命	晾干	爬不上去
糟得很	想了好半天	压得紧紧的	跑进	跑累了
飞得太快	累得气喘吁吁	倒在垃圾箱里		
参观了一个下午	气得他吃不下饭睡不着觉			

三、用层次分析法和句子成分分析法分析下列句子的结构。

1．那个东北小姑娘特别喜欢笑。
2．我为他调动的事前后奔波了半年。
3．父亲今天早上已经决定把这些书送学校了。
4．医院门口站满了等待消息的人们

四、下列每个短语都有两种意思，请分别划分出它们的结构层次。

1．一个学校的教师
2．热爱人民的总理
3．对厂长的意见
4．我们三个一组
5．妹妹和弟弟的朋友
6．地板上睡不好
7．安排好工作
8．新职工宿舍

第六节　句子的类型

前面对词和短语进行了比较系统的讨论,下面来讨论比它们更大的语法单位——句子。汉语的句子是由短语或词加上合适的语调而形成的。

我们曾经说过,分析任何结构体,都可以从结构和功能两个方面来讨论。从结构上看,这个大的结构体由哪些成分组成,各个成分的性质和关系怎样;从功能上看,这个结构体整体上可以起什么作用。例如下面这句话:

他们把教室扫干净了吗?

从结构上看,这是一个单一的句子;这个句子拿掉表示语调和语气的成分后,就是由一个主谓短语"他们把教室扫干净了"构成;从功能上看,它含有疑问的语气,用来提出问题。这样,我们既可以根据句子的结构特点给各种句子归纳类型,也可以根据句子的功能特点给各类句子归纳类型。即便从结构上分析,我们发现"他们把教室扫干净了"和"他们扫干净了教室"也不一样,前者用了一个"把"字,这是汉语中比较特殊的表达格式,后者只是一般的主谓结构。这样我们还可以根据句子中的一些标志性的特征来给汉语中的一些特殊句子归纳类型。

在语法研究和语言教学中,我们通常将句子的结构类型称作句型,将句子的语气类型称作句类,将具有特殊表达格式的句型称作句式。学习句型,有助于我们了解和掌握汉语句子的基本结构;学习句类,有助于我们了解和掌握汉语句子的不同交际职能;学习句式,有助于我们了解和掌握汉语句子的最为特殊的地方。下面依次介绍句型、句类和句式。

一、句子的结构类型

(一) 单句和复句

句型就是按照句子的结构划分出来的句子类型。我们可以首先根据句子结构的复杂程度将句子分为单句和复句,单句是由几个句子成分直接构成,复句是由几个单句形式(即分句)构成。复句的每个分句独立出来就是单句。这里先讲单句,而将复句另立一节进行分析。

具体地说,单句就是指表达一个相对完整意义的、结构独立并具有特定语调的语言单位。

所谓表意的相对完整,指的是单句能够独立地表达说话人的某种意图。特定的语调就是说话人意图的反映。例如:

① 他过来了。 （说明一种事实情况）
② 叫他过来! （表达一种命令、请求）

所谓结构独立,指的是单句不能被包含在其他成分之中,否则只是更大结构的一个句子成分。例如:

③ 我听说他过来了。

这句中的"他过来了"就不再具有独立性(同时也不能表达一个相对完整的意义),而是做"听说"的宾语。整个句子才是一个单句。

(二) 单句的结构类型

在分析句子成分或者说切分句法结构时,首先看这个句子是否包含主语和谓语,然后再看主语内部的构造情况和谓语内部的构造情况。也就是说,可以根据单句能不能分析出主语和谓语而将句子分为主谓句和非主谓句。

1. 主谓句

主谓句指由主语和谓语两个部分组成的句子。例如:

① 他写了一部小说。
② 今天特别热。
③ 明天国庆节。
④ 这部小说我读过。

汉语句子的谓语部分往往比较复杂,可以再根据谓语部分性质的差异给主谓句划分出一些下位类型。上面这四个句子实际上分别代表了汉语主谓句的四种类型。

(1) 动词谓语句:由动词性词语充当谓语的句子。又如:

① 每个人‖都谱写了一曲生命之歌。
② 春天的脚步‖悄悄地走近了。
③ 知识‖就是力量。

(2) 形容词谓语句:由形容词性词语充当谓语的句子。又如:

① 电脑‖很有用。
② 中国人民‖勤劳勇敢。

③ 这张小脸‖通红通红的。

(3) 名词谓语句:由名词性词语充当谓语的句子。又如:

① 曹雪芹‖清朝人。
② 那个人‖蓝眼睛。
③ 一张桌子‖四条腿。

(4) 主谓谓语句:由主谓短语充当谓语的句子。又如:

① 那场大火‖消防队员终于扑灭了。
② 他‖什么书都看。
③ 这支笔,‖你拿去刷标语吧。
④ 路上碰到的那个人,‖我们一道旅游过。
⑤ 这孩子‖心地善良。
⑥ 那个村的村民‖一半是回族人。
⑦ 上边这架子书‖五块钱一本。
⑧ 这种方案,‖我有保留意见。

为了区别,我们常常称主谓谓语句中全句的主语、谓语分别为大主语、大谓语,称充当大谓语的主谓短语中的主语、谓语分别为小主语、小谓语。它们之间的结构关系是:

⑨ 那场大火‖消防队员终于扑灭了

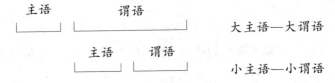

在大主语和小主语之间有领属关系或整体与部分的关系时,似乎可以在它们中间加"的"。例如:

⑩ 这孩子的心地‖善良。

此时,这个句子就变成了形容词性谓语句了。其实,加不加"的",陈述的对象和表达的重点是不同的。在"这孩子心地善良"中,陈述的对象是"这孩子",陈述的内容是"心地善良";两者之间可以插入其他词语,如"这孩子一向心地善良"。而在"这孩子的心地善良"中,陈述的对象是"这孩子的心地",陈述的内容是"善良"。

汉语主谓谓语句结构灵活、类型多样、使用广泛，这跟汉语表达中注重话题有很大关系。所谓话题，就是谈话的起点。这在写作教学中显得尤为重要，看所写的文章像不像汉语表达，一个标志就是看看文中主谓谓语句的使用情况。

2. 非主谓句

非主谓句指由非主谓短语加语调形成的句子。这种句子可以由主谓短语之外的其他短语充当，也可以由一个单词充当。例如：

① 下雨啦。
② 好极了！
③ 多幽静的地方！
④ 嗨！
⑤ 轰隆隆！
⑥ 不！

上面这六个句子分别代表了汉语非主谓句的基本类型，其中后三句比较特殊。

(1) 动词非主谓句：由动词性词语构成。又如：

① 过来！　　② 严禁烟火！　　③ 上课了。
④ 来人！　　⑤ 有个姑娘叫小芳。
⑥ 让希望之花开遍原野！

(2) 形容词非主谓句：由形容词性词语构成。又如：

① 对！　　　　　　② 糟糕！
③ 太伟大了！　　　④ 好威风！

上面这两种类型的句子并不是省略了主语，而是不需要说出，或者无法补出主语。

(3) 名词性非主谓句：由名词性词语构成。又如：

① 王老师！　　② 好气派的场面！
③ 这种人！　　④ 鲨鱼！
⑤ 二〇〇五年十月十七日。北京。中国现代文学馆。

(4) 特殊非主谓句：包括叹词句、拟声词句、副词句等。除了叹词、拟声词可以独立成句外，某些副词也可独立成句。又如：

① 唉！／哎呀！／啊？　　　　　　　　　　　　　　（叹词句）

② 砰！/ 哗啦啦！/ 呼——呼—— （拟声词句）
③ (你什么时候走？)马上。/(你明天一定要来呀。)一定。（副词句）

对语言结构类型(尤其是主谓句)的分析、归纳和不同语言之间的句型比较一直是语言研究的重要方面，在语言教学中句型练习也是教学的重点。

二、句子的语气类型

句类就是按照句子的语气划分出来的句子种类。句子的语气类型可以分为陈述句、疑问句、祈使句、感叹句四种。

(一) 陈述句

陈述句用来叙述或者说明事实。陈述句全句语调平直，句末语调略降。例如：

① 巴金先生走了。
② 我从来没有去过神秘而迷人的香格里拉。
③ 九寨沟的水真美。
④ 下雪了。

陈述句有时可以带语气词"啊、嘛、呢、的、了、罢了"等，表示某种和缓的语气或者心绪。此时句末语调一般缓降。例如：

⑤ 他这种人一直就是这样嘛。
⑥ 我只不过随便说说罢了。

有时候，可以用"双重否定"的方式来表示肯定的意思，一般在语义上加重了。例如：

⑦ 没有一个人不佩服他。(≈人人都佩服他。)
⑧ 我们非拿下这场球不可。(≈我们一定要拿下这场球。)
⑨ 他不会不答应您的。(≈他肯定会答应您的。)

但有的双重否定句语义上有所减弱。例如：

⑩ 他的失败与你不无关系。(≈他的失败与你多少有些关系。)
⑪ 这种事老师未必不知道。(≈这种事老师可能知道。)

有的双重否定句跟相应的单纯肯定句在意思上有较大的差别。例如：

⑫ 你不能不答应。（≈你必须答应。≠你能答应。）
⑬ 我们不敢不告诉他。（≈我们只得告诉他。≠我们敢告诉他。）

（二）疑问句

疑问句用来提出问题。疑问句大都用升调。例如：

① 你去过黄果树瀑布吗？
② 他什么时候又苦练基本功了？
③ 你是安静地走开还是勇敢地留下来？
④ 你是不是又要好几天不回家了？

疑问句的内部情况比较复杂，上面四句分别代表了不同的疑问句类型。下面根据疑问句的结构及语义分成四类来说明。

1. 是非问句

把陈述句的语调改成明显上升的疑问语调，要求对方直接做出是或非的回答的句子叫**是非问句**，简称**是非问**。是非问句句末可以加上语气词"吗"，还可以用"吧、啦、啊"，但不能用"呢"。它通常要求对方用"是/不是""有/没有""对/不对""嗯"之类的方式来作答，甚至可以只用点头、摇头等体态语来回答。例如：

① 你的论文写完了？
② 他的签证办下来了吗？
③ 王平是四川成都人啊？
④ 这场球很精彩吧？
⑤ 你俩早就认识啦？
⑥ 他想当飞行员，是吗？

值得注意的是汉语是非问句的回答方式，虽然可以用"是/不是"之类的回答（如例③⑥），但很多情况下常常是用重复问句中的谓语或谓语中心成分的方式来回答。实际上，例③和例⑥也是通过重复谓语或谓语中心成分等来回答的。例如：

⑦ 你的论文写完了？——写完了/没写完。
⑧ 这场球很精彩吧？——很精彩/一点都不精彩。

2. 特指问句

用疑问代词指出要求回答的内容的句子叫**特指问句**，简称**特指问**。用来特指的疑问代词有"谁、什么、哪（哪儿、哪里）、几、多少、怎么、怎（么）样、为什么"等，说话人希望听话人就句中疑问点作答。句末常用语气词"呢、啊、啦"，但不能用"吗"。

例如:

① 刚才谁找我?
② 暑假你去哪里旅游了?
③ 你为什么不去请教一下张博士呢?
④ 最近过得怎么样啊?
⑤ 你怎么啦?

有的问句没有用疑问代词指明疑问的内容,但实质上跟使用疑问代词的疑问句一样,也规定了回答的内容,所以也是特指问句。例如:

⑥ 我的钢笔呢?(=我的钢笔在哪儿?)——在你手上拿着呢。
⑦ 他不答应呢?(=要是他不答应怎么办?)——那就不管他了。

3. 选择问句

在一个疑问句中并列几项内容让听话人选择一项来回答的句子叫**选择问句**,简称**选择问**。选择问句常用"(是……)不是……"来连接选择项。如果句末用语气词,只能用"呢、啊",不能用"吗"。例如:

① 这里是世外桃源,还是暂时平静的台风眼?
② 是光你们这样呢,还是所有人都这样啊?
③ 是你自己承认,还是我们请来证人迫你承认呢?
④ 你坐飞机去啊还是坐火车去?
⑤ 昨晚跟韩国队踢,中国队赢了输了?
⑥ 你是赞成呢,还是反对呢,还是弃权呢?

4. 正反问句

在一个疑问句中将一项内容的正反两个方面并列起来让听话人选择一项作肯定或否定回答的句子叫**正反问句**,也叫**正反问**。跟选择问一样,如果句末用语气词,只能用"呢、啊",不能用"吗"。例如:

① 黄山风景美不美?
② 你看不看现代派作品啊?
③ 赵明是不是刚从非洲大陆回来呢?
④ 你想妈妈不想?
⑤ 新排的话剧你看不?

⑥ 你看了这部新排的话剧没有?
⑦ 赵元任当过美国语言学会会长,是不是?

注意,汉语的疑问句不需要将句中的任何成分向前移动;而英语等语言一定要将某个成分(如系动词或助动词)往前移才能构造出疑问句,特指问句还要将特殊疑问词或短语移到句首。一个有趣的现象是,如果一个语言中有疑问语气词,在构造疑问句时就不需要将某个成分移位;如果没有,在构造疑问句时就往往需要将某个成分移到前面去来表示疑问。

(三) 祈使句

祈使句使用祈使语气表示请求、劝阻或命令、禁止等。祈使句一般用降调。表示请求、劝阻时语气较和缓,句末可用语气词"吧""啊"。例如:

① 让暴风雨来得更猛烈些吧!　　(请求)
② 给我看看啊。　　　　　　　　(请求)
③ 别动,千万别动。　　　　　　(劝阻)

表示命令、禁止时语气较强硬,一般不用语气词。例如:

④ 站住!　　　　　　　　　　　(命令)
⑤ 立即出发!　　　　　　　　　(命令)
⑥ 进入林区,严禁吸烟!　　　　(禁止)

(四) 感叹句

感叹句使用感叹语气抒发某种强烈感情。感叹句一般用降调。感叹句中常用"真、好、可、多么、何等、怎样"之类有强调意味的词,句末一般用语气词"啊"。例如:

① 香港的人口密度真大呀!
② 这是多么富有诗意的约会啊!
③ 何等壮烈的场面!
④ 天哪! 我竟落到了这般境地!
⑤ 多么美丽呀,这雨后的彩虹!
⑥ 哼!

三、句子的特征类型

上面说过,汉语句型中有一些具有特殊的结构特征的句子,我们可以拿出来专门进行分析。这些在结构上有独到之处的单句形式就是句式。也就是说,**句式**是根据句子的某种局部特征划分出来的句型。在汉语句型中,主谓句比较复杂;主谓句中,动词谓语句又最为复杂,往往牵涉到汉语的基本特点。所以,对句式的分析重点落在对动词谓语句,尤其是对谓语部分中特殊之处的分析。

汉语的句式系统内容丰富,下面介绍常见的几种类型:(一)"是"字句;(二)"是……的"句;(三)"有"字句;(四)"把"字句;(五)被动句;(六)存现句;(七)比较句。

(一)"是"字句

"是"字句也叫**判断句**,指述语动词使用判断动词"是"的句子。"是"是个及物动词,它的基本意思是表示肯定判断。"是"字句的结构模式是:主语+是+宾语。

"是"字句具有一般动词所具有的一些特点,如:能受副词修饰,能用肯定、否定并列的方式提问,能单独回答问题。例如:

① 他已经是局长了。
② 这是不是颐和园?
③ "这是巴金的小说手稿吗?""是。"

但它也有一些特殊之处,如:由于不表示动作或状态变化,所以后面不能用"了、着、过"等动态助词及各种补语;只能用"不"否定;不能重叠。

能充当"是"字句主宾语的词语多种多样,几乎所有的实词和短语都可以。同时,"是"所连接的内容也比一般动词要宽泛得多。下面按主语和宾语之间的关系来分析各类"是"字句在表义上的差异。

1. 表示等同或归类、分类。例如:

① 太平洋是世界上面积最大的海洋。(表示等同)
② 一小时是60分钟。(表示等同)
③ 李白是唐代诗人。(表示归类)
④ 这张桌子是大理石的。(表示分类)

表示等同关系的主语和宾语可以互换位置而句义不变,表示归类、分类关系的则不能。

2. 宾语从某个方面对主语加以说明。这方面的关系最为复杂。例如：

① 这孩子是个急性子。（表示性格特征）
② 汉族人是黑头发黄皮肤。（表示身体特征）
③ 这场球，罗纳尔多是前锋。（表示角色）
④ 报名日期，老生是一号，新生是三号。（表示时间）
⑤ 我们都要去接代表，他是机场，我是火车站。（表示处所）
⑥ 人家是电脑，哪像你，写文章还用打字机。（表示工具）
⑦ 这房子是钢筋混凝土。（表示材料）
⑧ 他这是拿人家的生命当儿戏呀。（表示情况）
⑨ 他这种人其实就是一只纸老虎。（表示比喻）

其实，宾语只要是用来说明主语所具有的某方面特征、情况或处于某种状态的，就可能用"是"字句来表达。这种表达简洁生动，是汉语特有的句式之一。

3. 表示存在，主语通常是表示处所的词语。例如：

① 村子东头是一座教堂。
② 到处是庄稼，遍地是牛羊。

4. 用于解释说明原因、目的等，有时带有申辩的意味。这种情况下"是"的宾语大多由动词（短语）、形容词（短语）、介词短语充当。例如：

① 你没参加讨论是怕大家批评你的文章吧？（说明原因）
② 他是来体验生活，我是来欣赏风景。（说明目的）
③ 不是不想去，是去不了。（带申辩意味）

5. 用在主谓句前，加重语气，强调主语在整个事情中的作用。例如：

① 是海啸夺取了二十多万人的生命。
② 是他在我最需要帮助的时候伸出了援助之手。

6. 表示坚决地肯定，相当于"的确、确实"的意思，"是"必须重读。例如：

① 我查了一下签名，他昨天是去开会了。
② 今年冬天是很冷，穿两件毛衣都还冻得直哆嗦。

7. "是"前后用相同的词语，可以表示确认、让步等。例如：

① 事实就是事实。（表示确认）

② 他这人热情是热情,就是有时有点马虎。(表示让步)

有时可以对举性使用,如"头是头,脚是脚""公是公,私是私""山是山来水是水",表示两者分明,整体上清楚,一点不含糊,描写的意味很重。例如:

③ 这小女孩长得鼻子是鼻子,眼睛是眼睛。
④ 他对自己的报告很满意,因为他作得丁是丁,卯是卯,没有任何敷衍了事的地方。

汉语"是"字句中"是"所连接的内容之所以如此丰富,是与汉语注重话题表达有关。"是"之前的成分作为话题,"是"后的成分可以从不同的方面对这个话题进行陈述。以上概括了"是"字句常见的类型。

(二)"是……的"句

这是一种表示强调的句式。"是……的"句是用来表示加强语气的句式。除个别情况外,"是"用在主语和谓语之间,"的"则总是出现在动词后面的某个位置(基本上在句尾),绝大多数情况下所强调的内容出现在"是"和"的"之间。例如(下面各例都在强调的内容下划上横线):

① 陕西农民是在打井时发现秦始皇兵马俑的。
② 这种药物是可以缓解病人的痛苦的。

例① 突出时间状语"在打井时",强调动作发生在这个时候而非其他时候;例② 突出整个谓语"可以缓解病人的痛苦",加强对主语的评议作用。

根据"是……的"句结构和功能的差异,可以将它分为两种类型。

1. 强调在结构和语义上跟述语动词相关的成分,如动词的修饰成分、动作的发出者、动作的对象等。

(1)强调动词的修饰成分,也就是充当状语的成分。

能做状语的语义成分多种多样,如时间、处所、方式、工具、材料、条件、目的、参与者、对象等,这些都可以成为强调的内容。为了强调,便将"是"直接放在它们的前面。例如:

① 我是昨天下午才收到入学通知。(强调时间)
② 我是在网上订的飞机票。(强调处所)
③ 孩子识字是一个词一个词地记下来的。(强调方式)
④ 这些标语都是用排笔刷的。(强调工具)
⑤ 他是用沙子画的这幅画。(强调材料)

⑥ 我是在袁教授的指导下完成博士学位论文的。(强调条件)
⑦ 他是为了纳税人权利才打这场官司的。(强调目的)
⑧ 田甜是跟她妈一道来的吗？(强调参与者)

(2) 强调动作的发出者。

此时将"是"直接放在动作的发出者之前。例如：

① 是老校长亲口告诉我的。
② 是华罗庚发现的陈景润这个数学天才。
③ 母亲去世的消息是谁设法通知他的？

(3) 强调动作的对象。

这种"是……的"句的中间是动词，"是"大部分情况下都可以省略，而强调的内容放在"的"之后。这是"是……的"句在强调内容的安排上的唯一特殊之处。例如：

① 这次全民公决，大多数人(是)投的赞成票。
② 他(是)学的中文，我(是)学的法律。

从上面三种小类来看，无论强调的是什么，都表示这样的事实：动作已经在说话之前发生或完成，并且这一事实已成为交际双方所共知的信息。"是"的作用就是指明它后面的成分是全句的表达重点。

2. 突出说话人对主语的评议、叙述或描写。

这种"是……的"句强调的是整个谓语部分，在表达上全句带有肯定的语气，口气比较和缓，有说理的意味。"是"用在主谓之间，"的"用在句尾。例如：

① 这次事故，警察确实是处理得很及时的。
② 本来她是不准备将它们赶回去的，可这时又改变了主意。
③ 中医和西医在疗效上是互补的。
④ 中国传统文化是极其博大精深的。

这种结构省略掉"是"和"的"后，整个句子就成为一般的主谓句了，语气比较弱。

其实，"是……的"句中的"是"有时可以略去，而只保留"的"，仍然起到加强语气的作用(不过有时略去"是"后，读起来不是太顺当，如例①④)。如果略去"的"而只保留"是"，则"是"应该重读，对"是"后成分强调的意味更重。

需要说明的是,不是句子中有"是……的"就表示该句属于"是……的"句。比较下面两个句子:

⑤ 这幅书法作品是启功先生的。
⑥ 这幅书法作品是启功先生刚刚创作完成的。

例⑤中的"的"是结构助词,跟前面的"启功先生"组成"的"字短语,做"是"的宾语。这类句子中的"的"是必不可少的,少了便不成话。整个句子实际属于"是"字句,表示一种判断。例⑥中的"的"是语气词,跟"是"配合表示强调。这类句子中的"的"可以抽去(一般需要将"是"同时抽出)而不影响原意。这种句子才是"是……的"句。

(三)"有"字句

"有"字句是指由动词"有"带宾语构成的句子。例如:

① 他不但有丰厚的财产,还有仁慈的品德。
② 从前有座山,山上有座庙,庙里有个老和尚和一个小和尚。

"有"的否定形式是在"有"之前加副词"没",如"他没有电脑";也可直接用"没",如"我没电脑"。

"有"的基本意思是表示"领有"或"存在",同时还有一些引申意义和用法。根据"有"的不同意义、用法,可以将"有"字句归纳为下面五种类型。

1. 表"领有""具有"。例如:

① 人有充满智慧的大脑。
② 电脑有硬件和软件。
③ 他家有一幅宋代山水画。
④ 有了这样的好导师,该是你的荣幸。
⑤ 长跑运动员都特别有毅力。
⑥ 张所长既有凝聚力又有奉献精神。

2. 表示"存在"。句首常常是表示处所、时间的词语。例如:

① 南极大陆上有很多企鹅。
② 明天有一场乒乓球赛。
③ 在北京,有二三百万外来务工人员。

在一定的语境中,当处所不言自明或无法说出时可以不出现。例如:

④ 有小偷！抓小偷啊！
⑤ 有个女孩名叫婉君。

有时也可以将表示存在的事物放到"有"的前面做主语，有突出存在物的作用。例如：

⑥ 这种平凡的人平凡的事哪儿都会有。

关于表示"存在"义的"有"字句，还可参见本节下文关于"存现句"的说明。

3. 表示"发生"或"出现"。其中的"有"通常可以用"出现"来替换。例如：

① 现在多出一个年轻姑娘，这说明情况有了一些变化。
② 他虽然做了不少努力，但两人的关系并没有什么改观。

4. 表示"列举""包括"。有三种具体情况。

① 中国历史上或传说中的著名美女有妲己、西施、貂禅、王昭君、赵飞燕、杨玉环等十几位。（表示总括列举）
② 大厅里挤满了各色人等，有聊天的，有打牌的，有打瞌睡的，还有掰着脚趾数数的。（表示分别列举）
③ 这部小说有上中下三卷。（表示包括）

5. 表示达到或比较。例如

① 这件古董已经有三四百年了。（达到）
② 这座山根本没有5000米高。（达到）
③ 北京大学有清华大学那么大吗？（比较）
④ 孩子长得有妈妈高了。（比较）

"有"字句的这五种用法实际上有很高的相关性，它们的根本意义和用法表示主语对宾语的"领有、具有"关系。

（四）"把"字句

"把"字句就是指"A＋把 B＋动词＋C"这样的句子。例如：

① 老王把这台电脑修好了。
② 我把它们都放在桌子上了。
③ 蔡振华把刘国梁培养成了世界冠军。
④ 昨天的大雨把孩子淋得大病了一场。

"把"字句是汉语中使用频率很高的一种句式,也是极具特殊性的句式。它的结构和用法都比较复杂。一直是汉语作为外语教学的重点和难点。

1."把"字句的意义以及各成分之间的关系

"把"字句的语义结构是:动作行为的发出者,通过某个动作行为,使动作对象受到影响,从而发生某种变化,产生某种结果。这里的关键是"使……产生结果"。把握了这点,对正确理解和构造"把"字句大有启发。

"把"字句的这种意义体现在这种句式的各个成分之间的关系中。主语 A 通常是述语动词的动作发出者,如上面各例中的"老王、我、蔡振华、昨天的大雨";介词"把"后宾语 B 通常是述语动词的动作对象,如上面各例中的"房子、这台电脑、它、刘国梁、孩子"。C 是动作的结果,如上面各句中的"(这台电脑)好了、(它)在桌子上了、(刘国梁)成了世界冠军、(孩子)大病了一场"分别是"修、放、培养、淋"的结果。

上面各个例子中的动词都是及物动词,其实有时也可以是不及物动词,这时"把"后宾语 B 就不是述语动词的对象了。例如:

① 你们别笑了,都把孩子笑醒了。

可以用一个简单的图示将"把"字句中各个成分之间的关系表示清楚("→B"是可选项):

$$A \to 动作 \ (\to B)$$
$$\Downarrow$$
$$B \to C$$

由此可见,"把"字句实际上可以看作是由两个表达合成的句子,两个表达之间存在着一种"致使"的关系,这种致使关系突出的是结果。以"老王把这台电脑修好了"为例,这句话的意思是"老王修这台电脑"致使"这台电脑好了",由于要突出结果"好","这台电脑"使用"把"提到动词前,从而构造出这个"把"字句。再如要表达"孩子哭"致使"妈妈醒了"这样的意思,可以用"孩子哭醒了妈妈",也可以用"孩子把妈妈哭醒了",但用"把"字句可以突出致使的结果。

也就是说,"把"字句实际表达的是一个由原因和结果合成的意思,要突出的是结果。汉语实际上就是结果比较突出的语言,很多表达的使用跟如何突出结果有关。如果需要有结果而结果没有表达出来,句子就不能成立。汉语表达结果的手段有很多,例如:

② ＊他把房子建。
③ 他把房子建好了。
④ 他把房子建在山顶上。
⑤ 他把房子建得非常有气势。

例②不能成立，因为没有出现结果；例③的"（房子）好了"、例④的"（房子）在山顶上"、例⑤的"（房子）非常有气势"都是"建（房子）"而产生的结果。结果的表达方式可以多种多样，但有没有结果是关键。

理解了这点，对我们正确理解、使用和教学汉语"把"字句以及下面要讲到的"被"字句等特殊句式很有帮助。

2. "把"字句的特点

"把"字句这种格式对构成"把"字句的几个主要成分有许多限制，下面以述语动词为核心讨论一些比较重要的方面。

（1）述语动词不能是光杆动词，前后总有别的成分。例如：

① 姐姐把房间打扫干净了。　　　　　　（动词＋补语）
② 他一上任，就把这个学校管理得井井有条。（动词＋得＋补语）
③ 快把那本书给我。　　　　　　　　　（动词＋宾语）
④ 大家都把看到的情况讲一讲/讲讲。　　（动词重叠）
⑤ 他把家产都输了。　　　　　　　　　（动词＋了）
⑥ 他有意把小说往长里写。　　　　　　（状语＋动词）

动词前后的成分实际上就是帮助动词如何将"结果"表达出来。当然，结果的呈现，有的比较直接显明，如例①中的"干净"、例②中的"井井有条"。这是比较常见的表达，前面提到的一些例子都是如此。有的结果则比较隐含，如例③中"给我"的结果是我有那本书，例④中"讲一讲/讲讲"的结果是情况清楚了，例⑤中"输了"的结果是家产没了，例⑥中"往长里写"的结果是小说变长了。只有在诗词歌曲等韵文中，由于受到韵律的限制，动词才可以单独出现，如"夫妻双双把家还""我抬起腿来把楼上"。这里的动作都没有完成，即还没有结果。

（2）述语动词通常是及物动词，语义上能够支配"把"后的宾语。个别情况下也可以是不及物动词，此时一定带补语，这个补语在语义上一定跟"把"后宾语有联系。例如：

① 孩子把妈妈哭醒了。（表示的是"孩子哭（致使）妈妈醒了"）

② 我把腿都站酸了。（表示的是"我站（致使）腿都酸了"）

这种语义联系实际也就是跟结果的联系。

当然，并不是所有的及物动词都能用作"把"字句中的动词。能充当"把"字句述语动词的基本上是动作性较强的动词和一些心理动词（如"气、怕、吓"等），那些对别的对象不能产生影响的动词（如"要求、发生、是、上来、能够、像、属于、进行"等），基本上都不能进入"把"字句。

（3）"把"的宾语一般都是表示已知的、确定的人或事物，因此可以受"这个、那个"之类的表确指意义的词语修饰。例如：

① 他搬走了（那块）石头。→他把（那块）石头搬走了。
② 他搬走了一块石头。→ ＊他把一块石头搬走了。

像"把房子卖了"中的"房子"并非任何一间房子，而是确定的某个房子。

（4）助动词、否定词、时间副词不能放在"把"之后，只能放在"把"之前。例如：

① 必须把事情办好，不能把它办砸了。
② 我从来没有把你的话告诉过他。
③ 他们已经把所有的情况都调查清楚了。

不能说成"把事情必须办好，把它不能办砸了"等。

（五）被动句

1. 被动句和"被"字句

被动句是指表示被动意义的句子。汉语中的被动句可以用介词"被"，也可以不用。如果用"被"引进动作发出者，构成"A＋被 B＋动词＋C"这样的句子，就是"被"字句。例如：

① 手表被小王摔坏了。～手表摔坏了。
② 房子已经被老赵卖了。～房子已经卖了。
③ 这个签名没有被人涂改过。～这个签名没有涂改过。
④ 这份文件被打字员扔到了废纸篓里。～这份文件扔到了废纸篓里。
⑤ 新房被女主人布置得光彩夺目。～新房布置得光彩夺目。
⑥ 刚买的餐具就被他丢了一只碗。～刚买的餐具就丢了一只碗。
⑦ 妈妈被孩子哭醒了。

上面所有的句子都是被动句，以上被动句都用了"被"字。介词"给、叫、让"表

示被动时作用跟"被"大体相当,也归入"被"字句。例如:

⑧ 钱包给人偷走了。
⑨ 浑身上下都叫汗水浸透了。
⑩ 全家的脸面让你丢尽了。

像①至⑥中"~"后的没有用"被"的句子,通常被称作**受事主语句**。这是很有汉语特色的一种句式。由于这种句式虽然表示被动的语义,但没有被动的形式标记,因此母语为非汉语者初学时不容易掌握。其实,在汉语中,如果被动的语义关系很明确,而又不需要引出动作发出者的话,被动句反而以不用"被"字标记更为常见。

2."被"字句的意义以及各成分之间的关系

"被"字句表示某个事物由于受到动作行为的影响而发生某种变化,产生某种结果。这里的关键是"受影响而产生结果",目的也是突出某种结果。跟"把"字句致使某种结果出现不同的是,"被"字句突出的是遭受某种结果。

在语义关系上,主语 A 通常是述语动词的动作对象,"被"后宾语 B 通常是述语动词的动作发出者,C 是致使关系的结果。如"手表被小王摔坏了"的基本意思也是"小王摔手表"致使"手表坏了",突出的还是结果,只不过这是遭受行为产生的结果,所以将"手表"这个遭受的对象提到了句首,并用"被"来引出动作发出者"小王"。

上面各例中只有"妈妈被孩子哭醒了"中的主语"妈妈"不是"哭"的动作对象(这里"哭"是不及物动词),而是"醒"的动作发出者。它的基本语义关系是:"孩子哭"致使"妈妈醒了",这跟其他被动句没有什么不同。

3."被"字句的几种格式

除了上面所举的介词"被"后带宾语这样的典型格式外,"被"字句还有下面几种格式:

① 手表被摔坏了。("被"后不带宾语)
② 我仍然认为你们抬高了他,被他制造的假象所迷惑。("被……所……")
③ 我没能克服这一点,剩下的时间就被我给浪费了。("被……给……")

例②③中的"被"后带宾语,是介词;例①的"被"和例②中的"所"、例③中的"给"后面不带名词性成分,一般看作助词。

4.被动句的特点

像"把"字句一样,被动句(尤其是"被"字句)在结构和语义上也有一些限制,而且这种限制跟"把"字句有很高的相关度。

(1) 述语动词一般不能是光杆动词(尤其是单音节的),前后总有别的成分,上面各例都是如此。但少数双音节动词有时可以单独出现。例如:

① 这样做很容易被人误解。
② 褥子底下放一两本书还可以,多了必然被发现。

(2) 能进入"被"字句的动词通常是动作性较强的及物动词和一些心理动词,语义上能够支配受事主语。例如:

① 他砍了那棵槐树。→那棵槐树被他砍了。
② 剧烈的爆炸声吓了他一跳。→他被剧烈的爆炸声吓了一跳。

跟"把"字句一样,"被"字句的动词有时也可以是不及物动词,此时一定带补语,这个补语在语义上一定跟"被"前主语有联系。例如:

③ 刚买的小竹椅,就被爷爷一屁股坐塌了。
④ 底下有个学生突然哭了起来,大家都被他哭得莫名其妙。

(3) "被"字句的主语一般都是表示已知的、确定的人或事物。例如:

① 他打碎了(那个)花瓶。→(那个)花瓶被他打碎了。
② 他打碎了一个花瓶。→*一个花瓶被他打碎了。

像"衣服被雨淋湿了"中的"衣服"并非任何一件衣服,而是已知的某件衣服。

(4) 助动词、否定词、时间副词不能放在"被"之后,只能放在"被"之前。例如:

① 大自然真的[会]被人类征服吗?
② 我们[没有]被困难吓倒,而是战胜了困难。
③ 雷锋的光辉事迹[将][永远]被传扬下去。

这些方面的特点,跟"把"字句的特点十分相近。当然,这不是说"把"字句和"被"字句都能一一变换,其中一些更具体的条件还需要具体说明。

值得注意的是,在口语中,大多数"被"字句表示的是遭损害、不愉快、不希望发生的情况。在书面语中往往范围要宽一些。

(六) 存现句

存现句是表示某个事物存在、出现或消失的句子。它的基本格式是:处所词语＋存现动词＋表示存现事物的词语。例如:

① 客厅里挂了一幅水墨山水画。　　　（存在）
② 山背后跑出一匹战马。　　　　　　（出现）
③ 昨晚村里死了一头老黄牛。　　　　（消失）

1. 存现句的类型

根据句子意思上的差别,可以将存在句分为存在句和隐现句两大类。

(1) 存在句

存在句是说明某处存在某个事物的句子。例如:

① 马路旁有两排柳树。(有)
② 湖的南边是一片辽阔的草地。(是)
③ 学术报告厅里坐满了听众。(动词+满)
④ 大门上贴着一幅对联。(动词+着)
⑤ 体育场四周飘扬着一面面彩旗。(动词+着)

前四个句子表示静态的存在,最后一句表示动态的存在。"动词+着"既可以表示静态,也可以表示动态,两者的区别是:表示静态的存在句中"着"能够用"了"替换,例如:

⑥ 大门上贴着一幅对联。→大门上贴了一幅对联。

而表示动态的存在句中的"着"不能用"了"替换,但可以转换成一般陈述句。例如:

⑦ 体育场四周飘扬着一面面彩旗。→一面面彩旗正在体育场四周飘扬(着)。

(2) 隐现句

隐现句是指某处出现或者消失了某个事物的句子。例如:

① 前面又来了一辆公共汽车。　　　　（表示出现）
② 草堆里钻出了一个小孩。　　　　　（表示出现）
③ 微风一过,田野里飘过来一阵浓郁的麦香。(表示出现)
④ 昨天夜里养马场又跑了一匹马。　　（表示消失）
⑤ 院子里又搬走了一户人家。　　　　（表示消失）
⑥ 邻村昨夜死了一个人。　　　　　　（表示消失）

2. 存现句的语法特点

(1) 主语一般由表示方位处所的词语充当,处所词语前一般不用介词。

(2) 宾语常常含有"一个、几个、许多"这样的修饰语,不能用"这个、那个"修饰。

(七) 比较句

比较句指用来对事物、性状的同异或性质、程度的差别、高下进行比较的句子。例如:

① 他这人跟机器一样没有感情。
② 这孩子快有他爸爸那么高了。
③ 他的成绩不比他弟弟好。
④ 北京的冬天没有黑龙江那么冷。

1. 比较句的构成要素

汉语比较句一般包括四个要素:比较对象、比较点、比较结果、表示比较关系的成分。如"爷爷比爸爸脾气好"这句话中,用来比较的对象是"爷爷"和"爸爸",用于比较的方面(比较点)是"脾气",比较的结果是"好",表示比较关系的成分是"比"。

在汉语比较句的这些构成要素中,一个很重要的特点也是学生不好把握的方面就是比较点的出现与否以及出现的位置。有时比较点可以不出现,这或者是由于不言自明而省略,如"这孩子快有他爸爸那么高了"省略了比较点"个子","冬天北方比南方冷"省略了比较点"天气";或者是由于不容易指出来,如"她办起事来一定跟她人一样漂亮",比较点似乎应该是某种样子(办起事来的样子和人长的样子)。而且比较点又可以出现在不同的位置上,例如(画线词语):

① 他比我学习成绩好。
② 他的学习成绩比我好。
③ 他比我的学习成绩好。
④ 学习成绩他比我好。

另外,在汉语比较句(尤其是下面要谈到的"比"字句)中,为了表达的简练,只要语义上允许就可以将比较对象中相同的成分省略。例如(括号中的成分为省略内容):

⑤ 南方的冬天没有北方(的冬天)那么冷。
⑥ 北京的故宫比台湾的(故宫)大。
⑦ 你的小说语言比(你的)诗歌(语言)更优美。

2. 比较句的类型

两相比较的结果有两种:或有同异(相同、相似或不同),或相差。这样,比较就可以分成同异比较和相差比较。这反映到语言中也有相应的表达方式。

(1) 同异比较

同异比较就是比较事物、性状的相同或相异。同异比较的常见格式有:"A 跟 B(不)一样(……)、A 跟 B 相同/不同、A 跟 B 相似/近似/类似、A 跟 B 差不多(……)"和"A 有 B 那么/这么(……)"等。例如:

① 你的帽子跟她的帽子一样。
② 爸爸炒菜跟教书一样认真。
③ 人家是知识分子,知识分子当然跟咱老百姓就不一样啦。
④ 谁也没料到,这个新媳妇竟跟别人大不相同。
⑤ 他的贪婪跟豺狼相似。
⑥ 她看起来岁数很小,跟你妹妹差不多大。
⑦ 这种大喇叭伸直了有人的肩那么高,喇叭口也有花盆那么大。
⑧ 他的球技怎么可能有迈克尔·乔丹这么好呢?

(2) 相差比较

相差比较也叫高下比较,就是比较性质、程度的差别、高低。表达相差比较的格式中,最常见的是"A 比 B……",其他的格式有"A 不比 B……""A 没有 B……""A 不如 B……"等。例如:

① 长江比黄河长。
② 妹妹扬着头,走在前面,比小时候更加骄傲和自信了。
③ 本来我就没当真,在我心中去台湾不比上月球的机会多。
④ 这姐妹俩,妹妹没有姐姐长得漂亮。
⑤ 现在这年头,养牛真不如卖牛啊。

注意,"A 比 B"句的否定形式是"A 没有 B",而不是"A 不比 B"。如"黄河没有长江长""我没有他能吃苦"。

上面分析了汉语中七种比较有特色的句子类型(即句式)。汉语语法系统中还有一些这样的特殊表达格式,如连谓句("他摊开画布提起画笔作起画来")、兼语句("我请她帮忙")、双宾句("老师送了一本书")等、如"连"字句("连张博士都解决不了这个问题")等,有可能的话大家最好多做一些了解。

学习任何语言的语法,除了学习一些基本句子类型之外,还必须把握一些特殊的句子格式。句式教学是语法教学尤其是第二语言教学过程中的重点,同时也是难点所在。汉语句式中越是特殊的句式,非汉语背景的学习者用得越少,使用时的偏误率也比较高。如"把"字句,它是极具汉语特色的句式,一直是汉语研究和教学中的一大难题。非汉语背景的低年级学生常常较少使用"把"字句,即便到了高年级用得也不十分到位,该用的时候不用,不该用的时候却使用了。又如被动句、比较句,在各种语言中都有一些比较相近的表达形式,所以理解和使用起来比"把"字句要方便一些。但是,这些句子在各种语言之间的对应关系错综复杂,因而第二语言学习者也会常常出现偏误,需要细加辨析。

【思考与检测六】

一、填空:

1. 句型就是按照句子的_____划分出来的句子类型;句类就是按照句子的_____划分出来的句子种类;句式是根据句子的_____划分出来的句型。
2. 句子的语气类型可以分为_____、_____、_____、_____四种。

二、根据结构特点分析下列句子的句型。

[示例]　这件衣服质量很好。　　　（主谓句—主谓谓语句）

1. 出租车两块钱一公里。
2. 多么华丽的服装!
3. 嗨!
4. 轰隆隆,轰隆隆!
5. 来客人了。
6. 莎士比亚英国人。
7. 太棒了!
8. 西藏的民风十分淳朴。
9. 一架银色的飞机飞向蓝天。
10. 这几道题目我实在做不出来。
11. 走开!
12. 她悄悄地走出了房间。

三、指出下列句子的语气类型。

1. 你怎么就这么喜欢看足球却讨厌踢足球呢?

2. 多么令人激动啊！
3. 她对孩子的爱像海水一样深。
4. 请站到这边来。
5. 好威风的场面！
6. 我们是先工作再读书呢，还是先读书再工作呢？
7. 严禁吸烟！
8. 这些证据难道还没有说服力吗？

四、下列句子分别属于疑问句的哪一种类型？

1. 今年暑假，你打算去哪里旅游？
2. 巴特尔的身体好些了吗？
3. 你去过杜甫草堂没有？
4. 是他还是他哥哥考上了中央民族大学？
5. 克里斯蒂娜有没有在大学演讲的经历？
6. 他们到底什么时候回来呀？
7. 王老师上阅读课去了吧？
8. 罗波夫在中国是只住一年呢，还是住两年呀？

五、下列哪些句子是存现句？

1. 马路的两边都是沙漠。
2. 会场里来了几个不明身份的人。
3. 我们都是来自非洲的留学生。
4. 教学楼的后面有一个很大的操场。
5. 吹着长笛的牧童横坐在黄牛背上。
6. 黄牛背上坐着一个牧童。
7. 这里可真是花的海洋。
8. 小姑娘的眼睛里闪烁着晶莹的泪花。
9. 汽车越走越远，一会儿就消失了。
10. 天空中盘旋着一架银色的飞机。
11. 夜空中响起了刺耳的警报声。
12. 孩子的脸上挂满了泪珠。
13. 大雨过后，天空出现了一条美丽的彩虹。
14. 前面走来一个穿着花格裙子的小姑娘。

六、请指出下列"把"字句用得不正确的地方,并改正。

1. 我一定要把中国画学。
2. 请你在柜子里把衣服放。
3. 大风把门口的自行车倒了。
4. 你看看,你把我的裙子都脏了。
5. 教练要把他成为世界冠军。
6. 我们终于把老师的话懂得了。
7. 你把我的朋友见面了没有?
8. 我的朋友把收音机没有修好。
9. 他把这本英文书看得懂。
10. 我每天把饺子吃在留学生食堂。

七、指出下列句子错误,并改正。

1. 他花了一个月时间把李白的诗歌读。
2. 冬天里,俄罗斯冷得比中国多。
3. 明明把糖不分给同伴吃。
4. 他的英雄事迹被我深深地感动了。
5. 天空中有一股浓浓的烟味飘来。
6. 这次去印度尼西亚参观的代表均是由优秀教师组成。
7. 天气预报说今天白天有下雪。
8. 小王的爸爸已经是了局长。
9. 爷爷的故事被讲完了。
10. 我只有一个弟弟,不有哥哥。
11. 在文学史上,李白是很出名了。
12. 这台电脑修好了被他花了一小时。
13. 这支钢笔属于是弟弟的。
14. 他看上去比他哥哥很年轻。

第七节 复 句

一、复句及其关联词语

(一) 什么是复句

复句是由两个或者两个以上意义上相关、结构上互不包含的分句组成的句子。这里所说的分句,就是结构上像单句但没有独立语调的单位。分句之间有停顿,书面上用逗号、分号或冒号表示。例如:

① 由于台风延误了几班船期,码头上人山人海。
② 父母不照管好孩子,就不是称职的父母。
③ 站得高,才能看得远。
④ 痛苦,欢乐;生存,消亡。

所谓"意义上相关",指的是复句内部不论包含几个分句,各个分句之间必须有语义上的联系,否则就不能成为一个"句子"。例如:

⑤ *由于台风延误了几班船期,台风的风力达到12级。

这种"句子"是无法起到正常的交际作用的。

所谓"结构上互不包含",指的是复句的几个分句之间互相不做句子成分。例如:

⑥ 我知道,但是他不让别人说。
⑦ 我知道他不让别人说。

例⑥中"我知道"和"但是他不让别人说"在结构上互相独立,因此这是一个复句;例⑦中的"他不让别人说"是"说过"的宾语,因此这是个单句。

(二) 复句中的关联词语

复句既然是由几个分句构成的,就必然牵涉分句之间的关联问题。有的分句之间通过一些关联词语来连接,有的则直接通过先后顺序来表示。前者可以叫关联法,后者可以叫意合法。

我们先说关联法。关联法就是通过关联词语来表示分句之间的关系。所谓关联词语,就是句子中的起连接作用的词语。关联词语常常由连词充当,一些起关联作用的副词也可以充当关联词语,如"也、又、就、才、都"等;还有一些关联短语,如"不是、还是、一方面、另一方面"等。例如:

① 我们虽然见过面,但是我记不清他的相貌了。
② 你去哪儿,我就去哪儿。
③ 一方面,我们要热爱科学;另一方面,我们不能迷信科学。

用于后一分句的关联词语,如果关联词语是连词,必须放在主语之前;如果关联词语是副词,必须放在主语之后。例如:

④ 虽然春天早已来临,可是她的内心却是寒冬腊月。

这句中的"可是"是连词,放在主语"她的内心"之前;"却"是副词,放在主语之后。

有时同样的分句,所用关联词语不同,复句内部的关系也就不同。如"你去"和"我去"可以通过不同的关联词语组成下面这样的几个复句:

⑤ 你去,我也去。　　　(表示并列关系)
⑥ 或者你去,或者我去。(表示选择关系)
⑦ 如果你去,我就去。　(表示假设关系)
⑧ 只要你去,我就去。　(表示充分条件关系)
⑨ 只有你去,我才去。　(表示必要条件关系)

由此可见,关联词语的使用在复句中的作用比较大。我们下文在介绍复句类型时都要说明每种复句经常使用的关联词语。

关联词语虽有单个使用的情况,但往往配合使用。成对的关联有一定的搭配习惯,不能任意组合。值得注意的是,有些关联词语可以用于多种关系(如例⑦ ⑧中的"就"),必须根据具体的配合情况加以区别。

至于**意合法**,由于不用关联词语,从形式上看比较简单,但往往需要根据语境来判断分句之间的关系。例如:

⑩ 有的人死了,他还活着;有的人活着,他已经死了。

分号前后的两个大的分句是一个并列的关系,其内部是转折关系(如"有的人虽然死了,但是他还活着")。汉语表达中这种利用语义关系直接将分句组织在一起的用法比较多(尤其是在口语中),这是汉语表达的一个特点。

当然,也有的复句,用不用关联词语,意义上没有多大差别。例如:

⑪ 外面下雨了,我们今天不出去了。

⑫ 由于外面下雨了,我们今天就不出去了。

如果仔细体味,一般来说用了关联词语的句子语意上要重一些,更强调两个分句之间的逻辑关系。

需要说明的是,一般人所说的意合法,除了指复句中分句之间不靠关联词语来组合(即没有形式上的联结,只有可以意会的意义间的关联)这种情况外,还包括其他一些形式上可以省略的表达形式。如只要语义关系明确,句子成分能省略就省略。又如前面在分析"被"字句时提到的受事主语句,没有用表示被动的形式标记来标示被动关系。凡是跟印欧语比较在造句过程中形式上显得"简单"一些的表达方式,都被人看作意合表达。这些都有鲜明的汉语特色,用得适切与否往往是判断汉语水平高低的重要标志。当然,意合法并不是随意的组合,同样有很强的结构规则。

二、复句的类型

根据分句之间语义上的地位,我们可以把复句分为两大类:联合复句和偏正复句。**联合复句**中各分句在意义上是平等并列的,没有主次之分。**偏正复句**中各分句在意义上并不平等,而是有主次之分,即有正句和偏句的区别。例如:

① 他会唱民歌,还会唱歌剧。　　　　　　　(联合复句)

② 他虽然会唱民歌,但是不会唱歌剧。　　　(偏正复句)

(一) 联合复句

联合复句通常包括并列复句、承接复句、递进复句、选择复句、解说复句。

1. 并列复句

并列复句中几个分句分别述说相关的几件事或同一件事的几个方面。分句间或者是平列关系,各分句表示的内容并存共现;或者是对举关系,各分句表示的内容相反、相对。例如:

① 虚心使人进步,骄傲使人落后。　　　　　(平列)

② 花木兰既是英雄,也是平民。　　　　　　(平列)

③ 他学法语,而我学德语。　　　　　　　　(对举)

④ 我不是真去洗温泉,而是到后山上住几天。(对举)

一般情况下,并列复句中的几个分句可以前后换位而不影响表达。

经常用于并列关系的关联词语有:成对使用的如"既……,又(也)……""又(也)……,又(也)……""一方面……,另一方面……""一边……,一边……""有时……,有时……""一会儿……,一会儿……"和"不是……,而是……""是……,不是……"等;可以单独使用的如"也、又、还、同时、同样、另外"和"而、而是"等。

2. 承接复句

承接复句中几个分句依次述说连续发生的动作或相关的情况,也叫**连贯复句**。例如:

① 他摊开画布,提起画笔,作起画来。
② 你先把事故原因调查一下,然后写个调查报告。
③ 他一来到游行的队伍中间,游行群众就将他围了起来。
④ 安徽省有个青阳县,青阳县有座佛教圣地九华山。

承接复句中的几个分句不能颠倒顺序。表示连续发生的动作的几个分句之间如果既没有关联词语也没有停顿,便成了单句。例如:

⑤ 他摊开画布提起画笔作起画来。

经常用于承接关系的关联词语有:成对使用的如"首先(先、起先)……,然后(随后、后来、再、又)……""刚……,就……""一……,就……"等;可以单个使用的如"然后、就、便、于是、又、再、后来、接着、跟着、终于、继而"等。

3. 递进复句

递进复句中后一分句比前一分句在意义上更进一层。例如:

① 他不但会吹笛子,而且会做笛子。
② 登山运动需要坚强的意志,有时甚至需要以健康及至生命为代价。
③ 植物尚且有开有合,何况是人?
④ 她跟我一句多余的话都不说,别说有一句带点感情的话了。

递进复句中的几个分句不能颠倒顺序。

递进关系必须使用关联词语。经常用于递进关系的关联词语有:成对使用的如"不但(不仅、不光、不只、非但)……,而且(还、也、又、更、就连)……""不但(不但不、非但不)……,反而(相反还)……""尚且……,何况(更不用说)……""别说(不要说)……,连(就是)……";可以单用的如"甚至(于)、更、更何况、而且、并且、何况、况且、尚且、何况、别说、反而"。

4. 选择复句

选择复句中几个分句分别述说几种可供选择的事项。从选择的事项是未定还是已定来看,选择关系有两种:未定选择和已定选择。

未定选择指每个事项都是备选的。例如:

① 战争中的英雄,或者夺取战争的胜利,或者减少自己的伤亡。
② 这个事情前前后后,到底是我在骗你,还是你在骗我呢?
③ 从北京到香港,不是坐火车,就是乘飞机。
④ 站在前头引导潮流呢,还是跟在后头追随潮流?

经常用于"选择未定"的关联词语有:成对使用的如"或者(或、或是)……,或者(或、或是)……""是……,还是……""不是……,就是……""要么……,要么……"等;可以单独使用的如"或者(或、或是)、还是"等。

已定选择指说话人已经选定了一种,舍弃了另一种。例如:

⑤ 与其跪着生,不如站着死。(选定后者)
⑥ 宁可站着死,决不跪着生。(选定前者)

经常用于"选择已定"的关联词语有:成对使用的如"与其……,不如(毋宁)……""宁可(宁肯、宁愿)……,也不(决不)……"等;单独使用的如"还不如(倒不如)"。

5. 解说复句

解说复句中几个分句之间有解释说明或总分的关系。例如:

① 我终于想起了他那怪怪的网名,叫什么"三七二十二"。(解释说明)
② 我被自己能如此忍耐而感动,也就是说,我自己被自己感动了。(解释说明)
③ 两种景致出现在双眼两侧,一是袅娜的女子行走在河流边,一是悠扬的垂柳飘拂在晚风里。(先总说后分说)
④ 他不是个多年来受着家室之累的人,就是从未被爱情滋润过的老光棍,两者必居其一。(先分说后总说)

解说关系一般不用关联词语。在解释说明的关系中,有的在后一分句使用"即、也就是说"等;在总分关系中,常有数字概括表达。

(二)偏正复句

偏正复句通常包括转折复句、让步复句、因果复句、目的复句、假设复句、条件复句。偏正复句都由偏句和正句构成,偏句起衬托作用,正句才是表达的中心。偏正复句的各种关系大多要使用关联词语来体现,如果只用一个关联词语,大多用于后一分句之前。

偏正复句通常是偏句在前正句在后,但有时顺序相反,起到突出正句的作用,偏句只是用来补充说明正句的。这时处于后面的偏句之前一定要用关联词,而处于前面的正句不需要用关联词。

1. 转折复句

转折复句中偏句说出一个意思,正句转向跟它意思相反、相对的方向。例如:

① 虽然这些说法相当牵强附会,但是我也无法批驳。
② 尽管走了一天,可我一点也不累。
③ 后花园的布置与十多年前稍有不同,然而枫树却正是十多年前所见的枫树。
④ 这一下午,金家的院子里出奇地静,不过,这静里似乎藏着深深的不安。

常用的关联词语,用于偏句的如"虽然、虽、虽说、尽管、固然",用于正句的如"但是、但、可是、可、却、而、然而、还";"只是、不过、倒"常单用于正句中。关联词语成对使用时往往转折意味重(重转),单用时转折意味轻一些(轻转)。

正句在前偏句在后的如:

⑤ 他怎么看都像个孩子,虽然已经上了大学。
⑥ 这一切的一切我都不能忘记,尽管这都已经变成痛苦的回忆。

2. 让步复句

让步复句中偏句承认某种情况,做出让步,但是正句并不产生相应的结果,而是从相反的方面说出正面的意思。例如:

① 即使舍掉自己性命,也要救出自己的孩子。
② 就是烧成灰烬,我也认得出来。
③ 生命再重要,也没有人的尊严重要。
④ 纵使前途渺茫,我都依然前行。

常用的关联词语,用于偏句的如"即使、就算、哪怕、纵使、就是、纵然、再"等,用于正句的如"也、都、还"等。

正句在前偏句在后的如:

⑤ 我仍愿抓住一点自以为是永恒的东西,哪怕只有游丝般微弱。

⑥ 什么也无法替代在这月色下心灵与心灵的诉说,即使是最精彩的表演。

3. 因果复句

因果复句中偏句陈述原因或理由,正句表示结果。有的是说明因果(结果是已实现的现实),有的是推论因果(根据一个事实推出结论)。例如:

① 因为心里兴奋,所以倒也不觉得累。(说明因果)
② 天又蓝又亮,以致阴影里都是蓝黝黝的光。(说明因果)
③ 既然要活下去,就要会生活。(推论因果)
④ 他一连三天没有起床吃饭,可见这次挫折给他的打击多么巨大。(推论因果)

用于说明因果和推论因果的关联词语并不相同。说明因果的常用关联词语,用于偏句的如"因为、因、由于",用于正句的如"所以、才、就、便、故、于是、因此、因而、以致";推论因果的常用关联词语,用于偏句的如"既然、既",用于正句的如"那么、就、又、便、则、可见"。注意,由于"因此"的含义是"因为这样,所以……"的意思,所以"因为"和"因此"不能配合使用。

上面都是前因后果,说明因果的句子还可以前果后因。此时可以只用表示偏句的关联词语,也可以用"之所以……,是因为……"。例如:

⑤ 这故事之所以近乎荒唐,是因为它就出在那十足荒唐的岁月里。
⑥ 他一直受到村民们的敬重,因为他一直关心所有的村民。

4. 目的复句

目的复句中偏句表示目的,正句表示为达到某种目的而采取的动作行为。目的有两种,一是为了得到什么,一是为了避免什么。除了"为了、为"引导的偏句放在正句之前外,偏句大多在正句之后。例如:

① 人们为了尊重他,再不当他的面放这支曲子。(得到)
② 我经常陪她散步、聊天,为的是分散她对儿子的思念之情。(得到)
③ 他们走进森林时一路留下标记,以免出来时迷失方向。(避免)
④ 我们要做好充分的准备,以防万一。(避免)

有时这两种目的可以同时出现。例如:

⑤ 在上一世纪,一些澳洲人曾从南美洲移植了一些高大的仙人掌到澳大利亚去,为的是组成天然篱笆,以防野兽闯入住宅和畜群。

目的复句的关联词语都单用,用于偏句之前。常用的关联词语,用于表示得到的如"为了、为"和"为的是、以便、以求、以、用以、借以、好让、好",用于表示避免的如"以免、以防、免得、省得"。

5. 假设复句

假设复句中偏句提出一个假设,正句表示这个假设成立后所得出的结论。例如:

① 假如你不走出这道墙,就会以为整个世界是一个石头花园。
② 如果艺术和思想都是上品,那么这就是双料的醇酒。
③ 如果说开始是不得已而为师,到后来是他自己的兴趣越来越大。
④ (要是)我没认错的话,你就是跑得第一的那个人。

常用的关联词语,用于偏句的如"如果、如果说、假如、假使、若、倘若、倘使、若是、要是、万一",用于正句的如"那么、就、那、便、则"。"的话"是助词,用于偏句的结尾,一般跟"如果"之类的关联词配合使用,但也可以单个使用。

正句在前偏句在后的如:

⑤ 任何动物都不可能在空中飞翔,如果没有空气的话。
⑥ 我会把一切都告诉你的,要是我知道的话。

6. 条件复句

条件复句中偏句提出一种条件,正句表示这个条件得到满足后所产生的结果。条件关系可分为两种:有条件和无条件。

(1) 有条件句

所谓有条件,就是有某个条件,这个条件必然影响结果。这种特定的条件对结果而言,或者是充分的,或者是必要的。

充分条件指仅仅具有所提出的条件就够了(不管还有没有其他条件),在此条件下就能产生相应的结果。常用的关联词语是"只要……,就(便)……"。例如:

① 只要旁边有个人,我就觉得不孤单了。
② 人只要活得高兴,便不怕穷。

必要条件指必须具备所提出的条件才能产生相应的结果,缺少了这个条件就不行。常用的关联词语是"只有(唯有、除非)……,才……""除非……,否则……""要不然"。例如:

③ 只有下水了,才学得会游泳。
④ 除非经历过痛苦,才知道快乐的真谛。
⑤ 除非他自己改主意,否则谁也说服不了他。
⑥ 快点走吧,要不然就看不上开幕式了。

(2) 无条件句

所谓无条件,就是不管偏句中的条件如何,都不影响产生正句表示的结果。常用的关联词语有"无论(不论、不管)……,都(总是、总、也、还)……"。例如:

⑦ 她无论穿什么衣服,都显得很有气质。
⑧ 不管你有没有时间,都得把所有的事情做完。

有条件和无条件句都可以正句在前偏句在后。例如:

⑨ 你一定能学好的,只要你认真钻研。
⑩ 谁也别想闹事,除非他想到警察局走一趟。
⑪ 你一定要坚持下去,不管经历多大的风风雨雨。

三、多重复句和紧缩句

(一) 多重复句

上面对复句的类型的分析都是只着眼于两个分句之间的关系。其实,在实际的语言交际当中,一个句子内往往包含几个分句。我们前面曾说过,层次性是语言结构的根本属性之一,因此,如果一个句子内包含几个分句,这些分句就有可能处于不同的层级之中。如果将只包含一个结构层次的复句叫一重复句的话,包含两个或两个以上的结构层次的复句就叫多重复句。对多重复句的分析实际上是对层次分析法的使用。

在分析复句时,为了方便和醒目起见,我们常常在构成同一层次的分句之间划上竖线,如用单竖线"｜"表示第一层次,双竖线"‖"表示第二层次,依次类推;同时还标明每个层次的关系。

一层复句一般由两个分句组成。但是,当分句之间只有并列或承接关系时,一层复句也可以由多个分句组成。例如:

① 蓝天是白云的家,｜树林是小鸟的家,｜小河是鱼儿的家。
　　　　　　　　并列　　　　　　　　并列

② 他披上大衣，｜拉开门，｜走了出去。
　　　　　　　　承接　　　　承接

多重复句至少有三个分句组成，而且不止一个层次。在分析多重复句时，首先要全面把握句子的意思，确定句中各个分句的界限；然后仔细辨析各个分句之间的意义关系；最后判定各分句之间的组合层次。先确定第一层次，这个层次体现全句的基本关系；再看第一层次的两个分句内部是否还有层次，如果有的话，再确定第二层次；就这样依次划分下去，直到最低层次。例如：

③ 有的人死了，‖他还活着；　有的人活着，‖他已经死了。
　　　　　转折　　　　　并列　　　　　转折
④ 我们不论遇到什么事情，　都必须确立坚定的信念，‖不但要坚信自己
　　　　　　　条件　　　　　　　　　解说
能够战胜困难，‖　还要勉力自己在取得一些成绩时继续前行。
　　　　　　　递进

当然，并列关系也有可能处在不同的层次之中。例如：

⑤ 苍天之下，没有干涸了的海洋，‖没有削平了的雪山，｜也没有枯萎了的心灵。
　　　　　　　　　　　　　　并列　　　　　　　　　并列

可见，分句数量的多少并不决定层次的多少，关键是不同分句之间的关系远近和关系类型。我们分析多重复句，就这样层层分析，直到都是单个分句为止。分析多重复句的层次和前面所讲的分析句法结构的层次，其实质是相同的。这就更深化了我们对语言结构层次性的认识。

(二) 紧缩句

前面介绍复句时，分句之间都有明显的停顿。但在实际交际中，有些分句之间的语音停顿或词语被压缩了，几个分句便被压缩成一个类似单句的形式。也就是用单句的形式表达复句的内容。这种结构形式不带语调时，有的教材便将它看作连锁语。例如：

如果你愿意来，你就来。→你愿意来就来。
他只要一开口，就得罪人。→他一开口就得罪人。

有些复句的紧缩形式已经形成一些固定格式了。例如：

你们真是不打不相识呀。(假设)

不调查就没有发言权。(假设)

刀非磨不快。(假设)

不说我也知道。(让步)

计划一公开就掀起了轩然大波。(条件或承接)

我越想越觉得不对劲儿。(条件)

无知才会妄为。(条件或因果)

丢了又怎么样?(假设)

想走又不敢走。(转折)

做什么事都要认真。(条件)

走一趟就熟悉路了。(条件或假设)

打死我也不说。(让步)

没有土也培育出了小苗。(转折)

面和心不和。(转折)

买不起别买。(假设)

人多力量大。(因果或假设)

这些固定格式构成的句子一般有关联词语,有的也没有。对不用关联词语或只用一个关联词语的紧缩句,可以通过添加关联词语来帮助理解分句之间的关系。紧缩句的表达方式是汉语表达凝练性的一种表现。

【思考与检测七】

一、填空:

1. 复句是由两个或者两个以上_____、_____的分句组成的句子。

2. 联合复句包括_____、_____、_____、_____、_____等;偏正复句包括_____、_____、_____、_____、_____、_____等。

二、下列句子,哪些是复句,哪些是单句? 请说明区分的理由。

1. 不管有多大困难都不低头的人,才能担此大任。

2. 为了实现自己的理想,他甚至献出了生命。

3. 将军跨上马背,扬起皮鞭,飞驰而去。

4. 就是被撤职,我也要把这事管到底。

5. 他跳上马飞驰而去。

6. 为了心爱的人,她放弃了出国的机会。

7. 这种治沙技术的全面推广,大大改善了环境质量。

8. 珠穆朗玛峰的雄伟壮丽,只有亲眼看见,才能领略。

9. 当时只有我一个人对提案提出了反对意见。

10. 昨天王明又给赵雪梅写了一封信,尽管她从来没有打开过他的信。

三、指出下列复句的关系类型。

1. 出门在外应该常给父母打电话,免得他们担心。

2. 杰弗逊会唱京剧,而且唱得特别棒。

3. 她养过两个儿子,一个在战争中牺牲了,一个在逃亡中走散了。

4. 他就是跑到天涯海角,我也要把他抓住。

5. 你要是稍微注意一点点,就不会造成这么严重的后果。

6. 虽然鲁迅没有写过一部长篇小说,但他的每个短篇都跟长篇一样厚重。

7. 他的艺术为人民所欣赏,是因为他的艺术来自于人民。

8. 无论我怎么做,他都挑毛病。

9. 现在,人类深刻地影响着自然环境,自然环境也深刻地影响了人。

10. 他扫了大家一眼,昂着头走了出去。

11. 与其坐着等死,不如奋起抗争。

12. 只要你到贫困农村走一走,你就能深切地感受到农民生活的艰辛。

四、给下列复句加上合适的关联词语。

1. 禽兽_____有怜悯之心,_____我们人呢?

2. _____科技进步提高了工作效率,_____每个人都感到比以前更加紧张。

3. 他_____看小说,_____听收音机。

4. _____你同意不同意,我_____要按自己的想法办。

5. _____她有过人的才能,倒不如说她以美貌胜人。

6. _____做什么工作,他_____任劳任怨。

7. _____通过托福考试,他吃饭的时候都在看英语书。

8. 昨天晚上他_____躺上床,_____呼呼大睡。

9. _____你早一点听他的劝告,_____不会落到今天这种地步。

10. 他_____不愿意去,那_____不要勉强他了。

11. _____管好自己,_____能管好别人。

12. 一到暑假,我_____回国,_____到中国各地去旅游。

五、分析下列多重复句的层次,并标明分句之间的关系。
1. 虽然是满月,天上却有一层淡淡的云,所以不能朗照,但我以为这恰是到了好处。
2. 如果没有氧,光有氢,或者没有氢,光有氧,都搞不成水。
3. 我想这就和挑西瓜一样:有的看着好,可里边是生的;有的看样子很生,可里边却很甜。
4. 我们不管读什么书,都必须认真去读,不仅了解书的内容,而且通过书的内容去了解其反映的时代和社会,否则就不能算读懂。

第八节 常见语法偏误分析

产生语法病句的原因很多,主要有下面两个方面。一是在结构上、语义上没有很好地掌握汉语的语法规律。尤其是汉语中的一些特殊的现象,如"把"字句、"被"字句、比较句等特殊句式对句子中各种成分的使用限制,补语结构中多样的组合形式和复杂的意义关系,等等。二是受到母语或母方言的干扰。如"我练习书法每天下午""我们吃饭在留学生餐厅",其中表示时间、处所的"每天下午""在留学生餐厅"出现在句子末尾,显然是受到英语等语言表达的影响,汉语中正确的表达应该是"我每天下午练习书法""我们在留学生餐厅吃饭"。又如"每天下午我的房间打扫""我们一块儿学校去吧",其中宾语"我的房间""学校"出现在动词前,显然是受到日语、韩语等语言的基本语序是主宾谓的影响。

如何检查句子是否合乎语法呢?分析一个句子是不是合乎语法,要将着眼点落在构成句子的成分及其关系上。也就是说,需要考察的方面主要有,在一个句子中,句子成分之间是不是能够配合,成分的位置放得对不对,成分是否多余或残缺。另外,句子一旦复杂了,就要看它们内部的关系对不对、顺不顺,表示这些关系的关联词语用得对不对。这样说来,语法错误就会多种多样,这里将留学生习得汉语过程出现的偏误实例分成三个大的方面来谈。当然,一切偏误分析的前提都是对汉语语法结构的基本规律有比较清楚的了解。

需要说明的是,下面对偏误的分析主要是根据本书的内容安排从汉语语法结构本身的特点来谈的,即主要指出偏误所在及如何修改,而对使用者之所以产生如此偏误的原因(如汉语知识的不充分、母语迁移、过度泛化、学习语境的诱导、交际策略偏失、文化迁移等)不做一一分析。

一、句子成分方面的偏误

判断一个句子是不是合格，首先要检查句子中相关的成分能不能搭配。我们在前面介绍句子成分分析法时，把句子成分划分为中心成分（主语、谓语、宾语）和附加成分（定语、状语、补语）。这些成分之间是两两配对的，如主语和谓语、谓语和宾语、修饰语（定语、状语、补语）和中心语都是密切相关的成分，不注意它们的配合，就容易出现语法错误。因此，分析句子时，首先要看这些成分能不能搭配，是否多了一些成分或少了一些成分。一般的分析程序时，先查中心成分，再查附加成分，最后检查中心成分跟附加成分之间的关系。下面分别举例说明。

① 我的汉语作文水平比这个越南学生矮一些。
② 她的丈夫要她在家里办家务。
③ 在中国的这一年里，我一直过着慌张的生活。
④ 有的人在生活作风上拖拖拉拉，得过且过。
⑤ 这个保姆对孩子照顾得实在周全。
⑥ 秋天的香山是一年中最美丽的季节。

这些句子中都存在搭配不当的问题，或者是中心成分之间不能搭配，或者是附加成分跟中心成分不能搭配。

例①的主语是"水平"，谓语是"矮"，两者不能搭配。"水平"论高低，不论高矮。"低"可跟抽象的"水平""标准""级别"等搭配，而"矮"跟"身材""墙、板凳等物体"等搭配。应将"矮"改为"低"。例②的主语是"丈夫"，谓语是"办"，宾语是"家务"。主语和谓语能够搭配，但是谓语和宾语不能搭配。动词"办"强调做某事，而"家务"指家庭事务，跟"办"不搭配，应改为"操持"，强调亲手去做，含有辛辛苦苦地劳动的意味。

例③的中心成分"我—过—生活"，都能够搭配，但是定语"慌张"跟宾语"生活"不能搭配，因为"慌张"指心里急、动作乱，不能修饰"生活"。宜将"慌张的生活"改为"紧张的生活"。这是定语和中心语搭配不当。例④的主语"人"和谓语"拖拖拉拉，得过且过"能够搭配，状语"在生活作风上"跟谓语中的"拖拖拉拉"也能够搭配，但是跟"得过且过"不能搭配，因为"拖拖拉拉"的搭配对象是生活作风，而"得过且过"的搭配对象是生活态度。可将原句改为"有的人在生活作风上拖拖拉拉，在生活态度上得过且过"；或者把状中结构改为主谓结构，变成"有的人生活作风拖拖拉拉,生活态度得过且过";或者干脆删除状语,变成"有的人拖拖拉拉,得过且过",简洁明了。这是状语和中心语搭配不当。

例⑤的主语"保姆"和谓语"照顾"能够搭配,但谓语"照顾"跟补语"周全"搭配不当。"周全"指各方面都考虑到、不疏忽的意思,"周到"也有这样的意思。但"周全"多用来形容计划、说话等,如"计划周全、想得很周全、讲得很周全";而"周到"还多用来形容照顾、服务等,如"想得很周到、服务周到、照顾得很周到"。宜将"周全"改为"周到"。这是补语和中心语搭配不当。

例⑥有些特殊,谓语"是"所联系的主语和宾语搭配不当。"香山"不能是"季节",所以宜将主语改为"香山的秋天"。

⑦ 关于这个问题,在全校引起了广泛的讨论。
⑧ 我对京剧、武术都很浓厚的兴趣。
⑨ 这四年里,我逐渐养成了用汉语对话、写信和思考问题。
⑩ 每个去过九寨沟的游客都说,九寨沟美丽。
⑪ 昨天,我把所有的房间打扫。

上面这些句子中都缺少了必不可少的成分。句子成分之间是配合使用的,如果缺少了某个必要成分,句子的结构就不完整。这就是成分残缺。

例⑦缺主语。句首是介宾结构,这样后半句就没有了主语。宜将介词"关于"删去,让"这个问题"做全句主语。例⑧缺谓语。"很浓厚的兴趣"是宾语,它没有谓语。宜在它的前面加上"有"或"产生了"。例⑨缺宾语中心。"养成"的后面也应是一个定中短语做它的宾语。宜在"用汉语对话、写信和思考问题"之后加上"的习惯",补上中心语。

例⑩形容词"美丽"单独做谓语时不是特别自由,有时需要补上一些成分。这是汉语形容词在使用中的一个特点。或者在"美丽"前加上"很""真"之类的成分做状语;或者在"美丽"后加上"无比"等成分做补语。例⑪缺补语。"把"字句中做谓语的动词不能是光杆动词,应该在后面加上补语,可以改为"打扫得干干净净""打扫了一遍"。

⑫ 我们班的男生,一般情况下,在上课时大家都不怎么发言。
⑬ 我每天读报纸看电视,注意关心国内外大事。
⑭ 上了几节书法课后,我知道怎么运用毛笔的用法了。
⑮ 她刚满十六岁,是一个美丽、漂亮、聪明、好看的新疆姑娘。
⑯ 请你把这张表填完清楚。

跟成分残缺相反,上面这些句子中的相关成分已经完备了,却重复添加了一些成分,在结构和语义上显得累赘。这就是成分多余。

例⑫的主语有多余成分。"我们班的男生"是主语,在谓语里又出现了主语"大家",显得多余,应该删去。例⑬的谓语有多余成分。"关心国内外大事"是一个完整结构,前面又加上了一个跟"关心"语义基本相同的动词"注意",没有必要,宜删除。例⑭的宾语有多余成分。"知道"的宾语"怎么运用毛笔的用法"中,"怎么运用毛笔"和"用法"意思有重复,可以改为"知道怎么用毛笔"或"知道毛笔的用法"。

例⑮的定语有多余成分。"美丽""漂亮""好看"意思相同,应选取一个,删去其他。例⑯里的补语有多余成分。谓语"填"带两个结果补语,一个是动词"完",一个是形容词"清楚",只能保留一个。

二、语序方面的偏误

由于结构和语义上的限制,句子中各个词语往往有比较确定的位置。如果句子中词语的位置放得不合适,就会造成语序不当的错误,影响了句子意思的表达。语序不当大多跟修饰语的摆放位置有关。

① 在圣诞晚会上,我们每个留学生都表现了自己的充分才能。
② 这本小说很有意思,我想看多几遍。
③ 妈妈工作很忙,去工厂每天早上六点。
④ 我学中国功夫两年了在少林寺。

这是修饰语跟中心语的位置关系不当。例①是定语和状语的语序错位。"充分"应该是修饰"表现"的状语,而不能是修饰"才能"的定语。宜将"充分"放在"表现"之前。例②是状语和补语的语序错位。述语动词"看"后有数量词组"几遍"做补语,表示宽泛数量的"多"就不能再出现在补语位置上了,应该放在述语动词之前做状语。原句宜改为"这本小说很有意思,我想多看几遍"。例③的时间词语"每天早上六点"后置是英语等语言中的表达法,汉语里这种时间词语做状语,放在谓语"去"之前。例④的失误有两处。在汉语中,表示动作发生处所的词语放在谓语之前做状语,表示终点的词语通常放在谓语之后做补语,如"在教室看书"和"来到教室"。这句中的"在少林寺"是"学中国功夫"这个动作发生的处所,应该放在它的前面;"中国功夫"和"两年"分别是"学"的宾语和补语(时间补语),补语一般在宾语之前。这句宜改为"我在少林寺学了两年中国功夫"或"我在少林寺学中国功夫学了两年了"。

状语的语序问题在一些特殊句式里表现更为明显。例如：

⑤ 我离开中国之前，把所有的用品可以留给你用。
⑥ 这个小女孩很听话，从来被父母没有批评过。
⑦ 那本书叫人刚才借走了。

在"把"字句、"被"字句中，能愿动词、否定词、时间词语应该放在"把""被"之前。例⑤中的能愿动词"可以"应该放在"把"的前边，例⑥中的否定词"没有"应该放在"被"的前边，例⑦中的时间词语"刚才"应该放在"叫"之前。

⑧ 张老师是有丰富教学经验的一位老先生。
⑨ 所有的学生认真地都在会议室里张贴着标语。

这是多项修饰语的顺序不当。定语和状语都可以有若干项依次排列在一次，这种排列是遵循一定的规则的。多个定语的一般顺序是：表示领属关系的词语＋数量短语或指示代词＋动词（短语）＋形容词（短语）＋表示性质的名词（短语），如"我们请来的讲座人是（北京大学的）（一位）（擅长做实验的）（优秀）（生物）教师"。例⑧的宾语前面有三个定语"有丰富教学经验的""一位"和"老"，前两个定语位置不当，应该换位。多个状语的一般顺序是：表示时间的词语＋副词＋表示处所的词语＋表示情态的词语＋表示对象的词语，如"我［昨天］［已经］［在图书馆里］［仔细地］［把这些材料］核查过了"。例⑨的"张贴"前有三个状语"认真地""都"和"在会议室里"，它们的顺序应该是"都在会议室里认真地"。

⑩ 这首韩国歌曲对我很熟悉。

这里是主客颠倒。例⑩"很熟悉"的主动者应该是"我"，"很熟悉"的对象应该是"这首韩国歌曲"。这句话宜改为"我对这首韩国歌曲很熟悉"或"对这首韩国歌曲，我很熟悉"。

三、句子层次和关联方面的偏误

句子和句子之间是按照一定的关系组织在一起的。对单句而言，如果没有掌握好各种句式的结构特点，就有可能把两种不同的造句形式糅合在一起，造成句式杂糅，层次关系混杂不清。对复句而言，如果没有分清复句的分句之间在意义上的关联，就可能出现把意义上缺少联系的分句放在一起的情况；没有掌握好不同的关联词语所表示的不同结构关系,就会出现关联词语使用不当的情况。其中关联词语的误用现象比较普遍。

① 要想写好汉字,一定要下苦功夫不可。
②《拯救大兵瑞恩》这部电影多么使人感动人心啊!

这是句式杂糅。例①将不同结构套叠在一起。"一定要……"和"非……不可"是两个不同的结构格式,不能套叠使用。或者说"一定要下苦功夫",或者说"非下苦功夫不可"。例②是前后纠缠。"使人感动"和"感动人心"是不同句式,由于语义相关而纠缠在一起,两者只需要保留一个。

③ 如果我们加强锻炼身体,我们的学习就会好起来。
④ 我来到中国才真正发现,中国虽然很大,但是人很多。

这两句中分句之间缺少密切的关联。例③这两个分句用"如果……就……"连接,但从前后分句的语义联系看,它们之间的假设关系表达得不清楚,可以改为"如果我们把身体锻炼好了,就会更有精力去学习"。例④分句间用"虽然……但是……"连接,但是从分句的意思来看,转折关系没有明确地表达出来,因此可以拿掉所使用的关联词语。如果要保留原句的转折关系,就需要将转折的意思表达清楚,这样原句可改为"我来到中国才真正发现,中国虽然很大,但是人很多,人均面积很少"。

⑤ 只要有顽强的毅力,才能成为一名优秀的运动员。
⑥ 因为他身体一直不好,因此经常缺课。

这是关联词语搭配不当。例⑤"只要……,才……"不能搭配。汉语表示特定条件关系的关联词语是表示充分条件的"只要……,就……"和表示必要条件的"只有……才……"。"有顽强的毅力"只是"能成为一名优秀的运动员"的必要条件,所以应选用关联词语"只有……才……"。例⑥"因为……,因此"不能搭配,"因此"本身的意思就是"因为这样,所以……"。表示因果关系的成对使用的关联词是"因为……,所以……""由于……,因此……"等,或只用"因此"。

⑦ 今年夏天,你或者去旅游,或者回国?
⑧ 他喜欢一方面听音乐,一方面看小说。

这是关联词语的误用。例⑦"或者……或者……"用于陈述句中的选择关系,而这里是疑问句,所以应该选用"是……还是……"。例⑧"听音乐"和"看小说"是同时进行的两个具体动作,应该选用"一边……一边……"关联,因为"一方面……一方面……"往往只连接表示抽象意义的并列分句。

⑨ 我掌握汉语的词语很快,赶不上那个尼日利亚的同学。
⑩ 张教授教学认真,关心同学,但原则性强,所以大家都尊敬他。

这是关联词语的漏用和滥用。例⑨是漏用了关联词语,以致不能明确地将分句之间的转折关系表示出来(前一分句也不太好)。可改为"我尽管掌握汉语的词语很快,但仍赶不上那个尼日利亚的同学"或"我掌握汉语的词语很快,可还是赶不上那个尼日利亚的同学"。例⑩是滥用关联词语,分句之间没有必然的转折关系,应该删去"但"。

⑪ 听到他获奖的消息后,同学们不但乐得蹦了起来,而且老师也伸出了大拇指。
⑫ 他今天有急事要办,不等客人到齐,就他一个人先吃了起来。

这是关联词语的位置不对。关联词语在复句中的位置有一定的要求。如果两个分句的主语相同,前一分句的连词放在主语之前或之后;如果主语不同,前一分句的连词放在主语之前。至于后一分句,不管分句的主语是否相同,是连词的都放在主语之前,是副词的都放在主语之后。例⑪分句的主语不同,"不但"应该放在"同学们"之前。例⑫"就"放在"他"前是表范围,而这里是表顺承的时间,所以应放在"他"之后。

【思考与检测八】

在不改变句义的前提下,改正下列句子中的偏误之处。

1. 北京语言大学的地址在海淀区学院路15号。
2. 不了解中国文化,怎么能学好汉语是肯定的。
3. 大学生是积累知识、训练思维的重要阶段。
4. 俄罗斯留学生的演出受到热烈欢迎,对演出评价很高。
5. 刚开始学汉语写汉字的时候,大家都产生了"汉语难学,汉字难写"。
6. 尽管他们来还是不来,但是我们都要去。
7. 老师明天考试我们听力。
8. 你把房间整理了一下昨天。
9. 琼斯经过一个多月的学习,许多语法知识,清晰地在脑中。

10. 如果不深入调查,如何能做好这件工作是不言而喻的。
11. 我的爱尔兰女朋友回国已经半年多过去了。
12. 他不仅忙了一天,而且精神特别好。
13. 放学的时候都我们到咖啡屋喝咖啡。
14. 你只有按时到校,就会取得好成绩。
15. 同学们认真克服并随时发现学习中的缺点。
16. 为了写毕业论文,她一直查资料在图书馆里。
17. 他上课非常认认真真,每次考试都第一。
18. 老师讲语法给我们。
19. 你们看得见看不见黑板上的字吗?
20. 我练太极拳三个月了在武术班。
21. 我们的教室打扫得干干净净,整整齐齐。
22. 一谈起那次西藏之行,他就非常激动起来。
23. 他们看我的时候大吃一惊。
24. 以前常常我去王府井百货商场买东西。
25. 一小时后,有人陆续交卷了。
26. 我们一个星期有了十五六节课。
27. 因为她长得很漂亮,所以从小就爱帮助别人。
28. 在中国的食堂吃了半年的米饭,我已经非常熟练筷子了。
29. 这姐妹俩,妹妹比姐姐很聪明。
30. 昨天他不去美术馆看画展。

第九节　现代汉语语法的特点

在前面各节中介绍现代汉语语法的基本内容时,或多或少、或明或暗地指出了现代汉语语法的一些重要特点,这里再进一步做一些归纳。如果对现代汉语的特点有所了解,既会深化我们对现代汉语语法系统及其具体语言现象的认识,也会进一步提高我们在不同语言之间寻求共性和发掘个性的能力,从而提高汉语交际水平和语言分析能力。

所谓特点,就是相对于某种或某些语言所具有的特殊之处。也就是要进行语言比较,没有比较就没有鉴别,也就无所谓特点了。对母语为非汉语的学习者而言,就是拿汉语跟自己的母语进行比较,知同辨异。当前,人们在归纳汉语语法的特点时,一般拿汉语跟印欧语(如英语、法语、德语、俄语、西班牙语、意大利语等等)语法相比较。下面主要拿英语来比较,看汉语具有怎样的特点。毫无疑问,如果我们拿汉语跟其他语言来比较,会得出汉语的另一些特点来。特点有大有小,这里归纳的几点都是带有全局性的,影响着汉语的表达系统,汉语中很多其他具体特点或表现都是因这些特点而显现的。

一、汉语是话题特征显著的语言

前面说过,句子的基本结构是主谓结构。这是从结构类型来考虑的。其实,如果换个角度,从表达功能上看,主语常常作为谈话的起点,也就是话题,谓语是对主语所作的陈述。跟英语等印欧语言相比,汉语主语的话题特征更加显著,有很多常见的表达类型在英语中很难用相应的主谓结构来表达。例如:

① 这棵树叶子又细又长。
② 我肚子早饿了。
③ 苹果他削了皮。
④ 那个山头,我们已经种上树了。

这些句子都是所谓的主谓结构做谓语的句子,整个句子的主语作为谈话的起点,也就是话题,它们跟后面的动词或形容词语义上的联系比较弱,后面的主谓结构是整个用来说明这个话题怎么样的。所以"这棵树叶子又细又长"不能分析成"这棵树叶子‖又细又长"。如果这样分析了,句子就是在陈述叶子怎么样了。然而,原来句子的意思是这棵树怎么样了,"叶子又细又长"是对"这棵树"的一个陈述。其他的三句都是如此,其中的"我、苹果、那个山头"都是话题,"肚子早饿了、他削了皮、我们已经种上树了"这些主谓结构都是对话题的陈述。这样的表达在汉语中很常见。其他类型可以再举出一些:

⑤ 婚姻的事我自己做主。
⑥ 这种杂志图书馆当废书处理了。
⑦ 水果,我最喜欢香蕉。
⑧ 价钱,这里的便宜。
⑨ 小明,他已经把功课做完了。

⑩ 老张,我早就认识他了。
⑪ 他们,你看看我,我看看你。
⑫ 这场大火,幸亏消防队员到得早。

汉语常常将受事成分放到动词的前面,却不用被动的标记。这种表达方式也鲜明地体现出汉语话题特征显著的特点。例如:

⑬ 衣裳都洗干净了。
⑭ 我功课做完了。
⑮ 什么问题他都能回答。

这些表达中,有的甚至不能将受事成分放到动词后面去。如例⑮如果变成"他都能回答什么问题",意思就发生了根本的变化。

由于处于句首的话题可以将语义范围扩展到一个句子以上,因此汉语表达中常常省略相关成分(尤其是后面句子的主语),只要话题明确即可。这也是我们常常说的汉语具有意合法特点的一个重要表现。例如:

⑯ 她掉脸看壁上的大穿衣镜,立刻恢复理智,本能地擦去脸上的泪痕,把凌乱的鬓发捋平。
⑰ 这些事我和杨重已经跑起来了,已经进入到具体安排了。
⑱ 他衣服笔挺,面料很讲究,鼻梁上架着一副金丝眼镜。
⑲ 那棵树,花小,叶子大,很难看,所以我没买。
⑳ 每天放学回家,宝宝跟上她,像个影子似的,走到哪,跟到哪。

而英语则是主语特征显著的语言,一般情况下每个句子都得有主语。像"下雨了"这样的汉语无主句,英语表达时也要有一个形式上的主语("It is raining"中的"it")。如果将上面这些话题句翻成英语,很多都无法直接对译,因为英语中没有主谓谓语句的表达形式,而这种形式是典型的话题表达结构。因此,在学习汉语的时候,必须对汉语表达的这种结构方式有很到位的了解。

当然,日语、韩语的话题特征也很显著,如果拿这些语言来比,这就谈不上是汉语的特点了。而相对于这些语言中宾语在动词之前而言,汉语基本句子的宾语在动词之后倒成了一个特点了。另外,日语、韩语的介词在所介引的对象之后,而汉语介词在所介引的对象之前,这也构成了一个重要特点。特点因比较而呈现。

二、汉语没有严格意义的形态标志和形态变化

跟形态比较丰富的印欧语相比,汉语缺乏形态,各个词类的词形没有严格意义上的形态标志,在造句时词语缺乏表示语法意义的形态变化。

形态标志和形态变化在印欧语中比较丰富。英语的形态标志往往在构词上有比较明显的体现,我们常常可以通过对词缀形式的分析就能大体知道这个词属于哪个词类。如下面的四个后缀分别是名词后缀、动词后缀、形容词后缀、副词后缀:

—ment:fulfillment(履行)、judgment(判断)、movement(运动)

—fy:classify(分类)、justify(证明)、simplify(简化)

—ful:dreadful(可怕的)、graceful(优雅的)、thoughtful(深思熟虑的)

—ly:actually(真实地)、readily(迅速地)、shortly(不久)

可见,英语的词类有一定的形态标志(当然,相对于俄语、德语,其形态标志还是比较少的)。而汉语的词类一般没有形态标志,虽然有一些后缀如"子、头、儿、者"和"化"等后缀形式,但用这种附加方式构成的词数量很少,而且能够加上后缀的情况也比较少。

印欧语的词在组合成句子的时候,往往有形态变化。一般而言,名词、形容词有数(单数、复数)、格(主格、宾格等)、性(如俄语、德语区分阴性、阳性、中性)等的变化,动词有人称(第一人称、第二人称、第三人称)、时态(过去时、现在时、将来时)的变化。如英语中单数名词不加词尾,可数名词的复数在词尾加"-s"表示,如"tree(树):a tree~two trees";而汉语"树:一棵树~两棵树"中的"树"并没有形态上的标志。又如英语动词的一般现在时、第三人称单数在词尾加"-s"表示,比较"He likes walking"(他喜欢散步)和"They like walking"(他们喜欢散步)就发现,同一个动词"like",主语是第三人称单数时加了"s",主语是第三人称复数时则不加。汉语中则始终都是一个词形"喜欢",没有任何形态标记。再来看"格"的标记。英语中的"格"标记没有俄语、德语丰富,只在人称代词中体现。如"I gave him a book"(我送了他一本书)和"He gave me a book"(他送了我一本书)这两句中的"I"和"me"都是指"我",做主语时用"I",做宾语时用"me";"he"和"him"都是指"他",做主语时用"he",做宾语时用"him"。语法关系不同,词形有变化。而汉语中的"我"和"他"不管在什么位置,词的形式都没有变化。至于"他""她""它"的区别,那是文字问题,口头上读音是一样的。

我们还可以拿一些特殊的表达方式来比较。汉语形容词在用于比较句跟用于非比较句时,词的形态没有变化,如"张三比李四高""王五是我见过的人当中个子最高的"跟"赵六个子高"中的"高"在形式上是一个。而英语中形容词的比较级和最高级必须有词形变化,如"Tom is taller than John"(汤姆比约翰高)和"Henry is the tallest I have ever seen"(亨利是我见过的人当中最高的),"taller"表示比较级,"the tallest"表示最高级。

从上面这些比较中可以看出,英语中这些形态变化,在相应的汉语表达中基本上没有什么表现,汉语主要通过词语的排列顺序、虚词或特殊格式来表示。那么汉语里到底有没有形态标志或形态变化?语法学界的一般看法是,汉语基本上没有形态变化,或者说没有严格意义上的形态标志。如"们"似乎是复数的标志,可以构成"老师们、孩子们、战士们"等,但这些词不加"们"的时候既可以指个体,也可以指群体,如"一位老师～全体老师""孩子来了,家长还没来"。而且"们"一般不能加在非指人的名词之后。可见"们"的使用非常受限制,即便有可用"们"的场合,也是一个选择性的使用,不是强制性使用。这跟英语表示复数的"s"有着根本的区别。

没有严格意义的形态标志和形态变化是汉语的一个重要特点,它是对汉语的其他一些特点的形成有很大的影响,可以说是造成汉语结构方面其他特点的根源。

三、汉语词类和句子成分之间不是一一对应的关系

在印欧语里,词类(这里指实词,因为虚词不充当句法成分)和句子成分之间有一种相对简单的一一对应关系。大多是一对一,少数是一对二。大致说来,名词跟主宾语对应,动词跟谓语对应,形容词跟定语对应,副词跟状语对应。

汉语的词由于没有形态变化,因此做任何句子成分时都不改变词形。这就造成了汉语的词类和句子成分之间的关系比较复杂,基本上是一对多的关系。比如汉语的名词除了经常做主语宾语外,还常常做定语,在一定条件下还可以做谓语。例如:

木头桌子　　中国历史　　历史文献　　(做定语)
今天晴天　　后天元旦　　鲁迅浙江人　(做谓语)

汉语的动词除了经常做谓语外,还可以做主语、宾语、定语。例如:

散步有益健康　　阅读能带来很多乐趣　　(做主语)

喜欢散步	我想知道	怕死	（做宾语）
学习材料	射击冠军	修理车间	（做定语）

汉语的形容词除了经常做定语外，还可以做谓语、状语、补语，也可以做主语、宾语。例如：

胡子长	风景美丽	神色慌张	（做谓语）
快跑	一致反对	热烈欢迎	（做状语）
听懂	擦干净	打扮得漂亮	（做补语）
美丽不是罪过	聪明反被聪明误		（做主语）
嫌脏	喜欢干净	追求幸福	（做宾语）

在我们前面介绍的各类实词当中，除了副词（做状语）、区别词（做定语或用在"是……的"中）外，其他词类在充当句法成分时都有相当的灵活性。

需要特别注意的是，名词做定语、谓语，动词做主语、宾语、定语，形容词做谓语、状语、补语、主语、宾语的时候，跟它们充当主要功能（即名词做主宾语、动词做谓语、形容词做定语）时，它们本身的词性没有改变，名词还是名词，动词还是动词，形容词还是形容词。不要因为它们充当了非主要功能，就认为名词变为形容词、动词或形容词变为名词了。另外，这些词无论用作什么句子成分，形态上都没有变化；而在英语中，形态上往往需要有变化。

由此可见，在现代汉语语法中，属于同一个词类的词可以充当不同的句法成分，同一个句法成分可以由属于不同词类的词充当。也就说，词类和句法成分之间不存在简单的一一对应的关系。

四、汉语短语的构造规则和句子的构造规则基本一致

汉语的词组成短语和短语组成句子，都具有主谓、述宾、述补、偏正、联合这五种基本结构关系。例如：

	短　语	句　子
主谓	会议开始	会议开始了。
述宾	坐汽车	坐汽车。
述补	看得清楚	看得清楚。
偏正	多美的风景	多美的风景！
联合	优美感人	（词曲）优美感人。

所以，我们在前面曾说过，在特定的语境中，汉语的一个短语加上语调以后就可以形成一个句子；一个句子，如果删去语调，也就成了一个短语。

其实，汉语中复合词的构造规则也主要是主谓式、述宾式、补充式、偏正式、联合式这五种基本结构关系，如"心虚、地震、胆怯""提名、司令、伤心""提高、阐明、修正""教室、热爱、漆黑""道路、美丽、动静"。

而在英语里，句子的结构跟短语的结构有明显的区别。英语句子的谓语必须用限定形式，而在短语里，只能用不定式或分词形式，决不能用限定形式。例如：

She reads the book. （她读那本书。）
The book is easy to read. （那本书容易读。）
To read the book is easy. （读那本书容易。）
Reading the book is easy. （读那本书容易。）

第一句中的谓语动词"reads"是限定形式，第二三句中的"to read"是不定式，最后一句的"reading"是现在分词。而在汉语中动词或动词短语无论出现在什么环境中，形式都完全一样。这就意味着汉语短语的构造规则和句子的构造规则基本一致。

除了上面几个方面的特点而外，跟印欧语比较，汉语语法系统中还有其他一些比较显著的特点，如有丰富的个体量词、有语气词系统、有相当复杂的补语系统、定语状语总是前置（如"我们请来的南京大学的一位有丰富研究成果的现代汉语语法学教授""二十年前在这个山村就向村民仔细调查过"）、词语的音节数影响词语的搭配（如"加以考虑～*加以想；深刻思想～*深思想；他十六/他十岁/他六岁～*他十/*他六"）等。跟其他类型的语言比较则会有另外一些特殊之处。这里就不一一陈说了。

【思考与检测九】

一、用你的母语将本节第一部分"汉语是话题特征显著的语言"中的20个汉语句子翻译出来，看看汉语的话题结构形式在你的母语中如何表达。

二、将你的母语的语法跟汉语语法做比较，归纳出一些根本的不同之处。

第四章 汉 字

　　语言是人类最重要的交际工具,文字是用来记录语言的书写符号系统。文字的产生是为了弥补语言交际的不足。人类产生之初,语言就产生了,因此语言跟人类一样已经经历了二三百万年的历史了。而文字只是语言发展到特定阶段的产物,原始文字出现于距今约一万年的时候。目前,世界上所使用的语言有五六千种,可是很多语言并没有文字。也就是说,有的民族有语言而没有文字,但没有哪个民族只有文字而不使用语言。

　　汉字是记录汉语的书写符号系统,它是迄今为止世界上仍在使用的最古老的文字系统。既然文字是用来记录语言的,那么就需要联系汉语的特点来认识汉字的性质和特点。汉字跟汉语是基本适应的,它的产生和发展促进了汉语和汉语交际的发展。

　　学习一种语言,往往需要同时学习记录该语言的文字系统。学习汉语,便需要学习记录汉语的汉字。然而,除了日本、韩国等国的汉语学习者外,很多国家的学习者都反映,学汉语的最大困难莫过于学汉字。因为世界上绝大多数国家使用的是拼音文字,字母数量只有几十个,组成的单词读、写都相对方便。而汉字不仅数量多,而且不容易见字知音,读、写都相对困难。其实,对大多数国家的汉语学习者而言,在接触汉语和汉字以前,根本没有见过汉字,看到一个个汉字,就跟看一幅幅图画一样。因此,学习汉字就有一个从很不习惯到逐步习惯的过程。

　　然而,这只是问题的一个方面。实际上,每种语言和文字,相比较而言,都有它有利于学习和使用的一面,也有它不利于学习和使用的一面。学习汉字也同样如此。汉字数量虽然多,但常用的汉字也就三千左右,用它们可以组成日常使用的绝大多数词语。而且汉字跟语素往往有对应性,而语素又是组成词的材料,这样,学习汉字的过程就已经渗透了学习汉语语素和词语的过程。因此,学习汉字的初期虽有一定的困难,但学习了一定的数量以后,就有了它的方便之处,阅读和写作便有了相当的基础。另外,汉字的结构中体现了汉民族在历史发展过程中对世界的思维和认知,汉字书法的艺术性很强,这样,学习汉字会有利于我们对中国传统文化产生新的感悟和认识。

第一节 概 述

一、汉字的性质

说到某种文字的性质和特点,指的就是这种文字区别于其他文字的本质特征。世界上出现过的文字系统很多,归纳起来可以分为三大类型:表形文字、表意文字、表音文字。现今世界上大多数国家的文字都是表音文字,也有使用表意文字的,但已经没有使用表形文字的了。

表形文字是人类文字发展最初阶段的文字类型,它通过描摹客观事物外部形象的方式来记录和表达该事物,因此也叫象形文字。汉字发展初期的甲骨文就基本属于表形文字。严格说来,表形文字还不是体系严整、功能完善的文字体系。

表意文字是在表形文字的基础上,将表形的笔画和部件进一步符号化、明晰化、系统化后的产物。它通过象征性的表意符号来表达语言中语素的意义,并跟所记录的语素的读音有对应关系,所以表意文字已经是体系严整的文字系统了。汉字就属于表意文字。表意文字所用的符号有成千上万个,汉语所用的表意符号(即汉字)就有数万个,现代常用的也有几千个。实际上,没有纯粹的表意文字,汉字中就有表音成分。

表音文字也叫拼音文字,是使用少量的字母(一般只有几十个)记录语音从而记录语言。这些字母有的记录的是语言的音位或音素(如英文的 26 个字母),有的记录的是语言的音节(如日文的假名),因此表音文字包括音位文字(或称音素文字)、音节文字等。使用表音文字时,人们掌握了字母的发音和拼写规则后,听到一个词的声音就能大体写下这个词,看到一个词就能大体拼出它的读音。需要说明的是,《汉语拼音方案》并不是表音文字,它是采用国际上通行的拉丁字母来给汉字注音的符号系统。

要确定某种文字的性质,就要看这种文字的基本单位记录的是什么样的语言单位。在拼音文字中,英文的基本单位是字母,日文的基本单位是假名。跟表音文字相比,作为表意文字的汉字,它的特殊性很明显。汉字的基本单位是单字,每个字都有字形和字音,绝大多数汉字都有字义。例如:

xué xí yǔ yán　 liǎo jiě wén huà
学 习 语 言 ，了 解 文 化

这句话中的每个汉字除了有特定的字形和读音外,还有特定的意义。这跟英文字母、日文假名单纯用来记音的情况很不相同。汉字的音和义来自它所记录的语素的音和义。上面的8个汉字对应于汉语中的8个语素。由于语素是语言中最小的音义结合体,所以记录它的汉字也就既表音又表意了。如"学"这个字表示汉语里"学"这个语素,因为语素"学"的读音是"xué",意思是"通过阅读、听课、实践等活动来获得知识和技能",于是汉字"学"就读"xué",意思是"通过阅读、听课、实践等活动来获得知识和技能"。这样,汉字的形就跟它所表示的语素的音和义紧密地结合在一起了,形成一个形音义统一体。

因此,汉字是表意体系的文字,汉字的单字记录的是汉语的语素。所以学界通常称汉字为**表意文字**、**语素文字**、**意音文字**。这就是汉字的根本性质。

二、汉字的特点

对汉字的性质有了比较清楚的认识后,就比较容易把握现代汉字的特点了。归纳起来,现代汉字具有以下几个主要特点。

1. 汉字的单个字一般表示单音节的语素

汉字系统的字不但有形体和读音,而且有意义。每个汉字都独立地记录了汉语中的一个完整的音节,即具有声、韵、调三个要素。汉语的一个音节写成汉字的时候往往可以写成几个汉字,即同音字。正因为汉字有义,这些同音字便可以依靠形体的不同而相互区别。即便脱离了上下文,我们仍然可以区别"梅"是梅花的"梅","眉"是眉毛的"眉","煤"是煤炭的"煤","霉"是发霉的"霉"。也就是说,它不但记录了汉语的读音,而且记录了意义。语素正是音义结合体,而汉语的语素基本上都是单音节的,所以汉字的字记录的是汉语单音节的语素。由此可见,汉字和汉语是基本适应的。汉字能够持续存在这么久远,正是跟汉字对汉语的这种适应性有很大关系。

当然,也不是每个汉字记录的都是语素。在多音节语素(也就是多音节的单纯词)中,一个汉字并不记录一个语素,而只是记录这个语素中的一个音节,它跟其他的汉字合起来记录整个语素。例如:

kā fēi　　líng lì　　xiē sī dǐ lǐ
咖 啡　　伶 俐　　歇 斯 底 里

当然,这只是比较特殊的情况,它没有从根本上改变汉字是形音义的统一体这一特点,也就是说绝大多数汉字所代表的是一个音节,表示的是一个语素。由于每个语素代表着一定的概念,因此可以这样说,汉字形音义之间大体存在这样的关系:"一个汉字·一个音节·一个概念"。

2. 汉字的形体是方块形

大多数拼音文字是线性文字,它的基本构成成分(即字母)的组合呈线条性依次横向排列,字母之间不会有交叉。而汉字是平面性文字,它的基本构成成分(即笔画)的组合呈横向和纵向展开,笔画之间可以有交叉。在平面内,一个汉字不管有多少构成成分,都要均衡地分布在一个方框中,呈现为方块形。这就是我们把汉字叫"方块字"的原因。

由于汉字是方块字的原因,汉字中笔画与笔画之间的配合就很重要,字形的美观与否与笔画之间的搭配是否得当有很大的关系。因此,学习汉字,就需要逐渐养成按笔画、笔顺的书写规则和结构规则搭配的习惯。

3. 汉字具有较强的超时空性

一般情况下,汉字所记录的语音随着时间的推移和地域的变迁而发生变化,但汉字的字形却很少变化,汉字所表示的意义的变化也比语音变化慢。这样,就给后代人阅读古代文献、不同方言区的人阅读相同的文献带来了很大的方便。例如"人、上、下、天、地、田、鸟、虫、云、春、河",现代人虽然不知道它们的古音,但仍能理解它们的字义。这些汉字在不同方言区的读音也有差异,但字义却基本相同。也就是说,汉字在交际过程中具有较强的超越时空的性质。相比较而言,拼音文字的词语拼写形式随着时间的推移变化要大得多,这就不利于后代读者的阅读。如现代英国人读几百年前的莎士比亚(1564—1616)的作品已不是一件容易的事,而现代中国人读两千年前的《论语》,稍稍参考一些注释就不是太难。

4. 汉字字数繁多,结构复杂

表音文字只是用数目不多的符号来表示一个语言中数量有限的音位或音节,汉字是用不同笔画和部件构成的大量表意符号来记录汉语的单音节语素,从而代表语素的读音。由于意义的数量很多,这样用来表意的汉字数量也就必然很多。即便本义和派生出来的意义用一个汉字来表示,人们在实际使用中需要的汉字数量仍然很大。东汉许慎的《说文解字》收字 9353 个,清代的《康熙字典》收字 47043 个(据今人统计应为 46964 个),1915 年编成的《中华大字典》收字 44904 个,1990 年编成的《汉语大字典》收字 54678 个,1994 年出版的《中华字海》收字更达 86000

多个。当然,这里有很多是历代积累起来、现在已不再通用的汉字了,每个时代的实际用字并没有这么多。一般使用的汉字也就四五千个(常用的三千左右),加上一些罕用字也就在一万左右。当然,这样的数量也不算少了。

总而言之,汉字和汉语基本适应,成为一个形音义相结合的具有较强超时空性的文字体系,体现了汉字的优点;然而由于汉字数量很多,笔画多,部件繁,结构复杂,加上汉语的音节数量不多而造成的同音字现象严重以及不采取分词连写的书写方式,必然会给初学汉语和汉字的人带来一定程度的不便,给汉字的信息处理和国际文化交流带来一定的困难,这是汉字的局限。

三、汉字的作用

汉字是汉族的祖先在长期的社会实践中创造出来的一种重要而独特的文字系统,它是世界上历史最悠久的、迄今仍在使用的文字。汉字是汉民族智慧的结晶,是汉文化的组成部分。在中国历史发展的长河中,汉字贯通古今、沟通四方,对中国社会的发展,对汉族语言和文化的发展,对中国国家的统一和民族的认同,对中国各民族之间的交流和学习,都起过重要的促进作用。通过汉字记载下来的中华民族文化悠久而灿烂,成为中华民族和全世界人民共同的宝贵财富。希望了解中国文化的人,都需要学习汉字。汉字是记录汉语的唯一法定文字。《中华人民共和国国家通用语言文字法》第三条规定:"国家推广普通话,推行规范汉字。"汉字在中国当前的经济建设和科学文化事业中,继续发挥着重要的作用。

汉字还曾被日本、朝鲜、韩国、越南等邻国借去记录它们的民族语言,形成超越国界的汉字文化圈,促进了中国同这些国家的社会交往和文化交流。至今,日本、韩国等国家还在自己的文字体系中使用一部分汉字。汉字文化对这些国家的文化发展、文化遗产保存产生过积极的影响。新加坡、马来西亚、泰国等国也都颁布了汉字使用政策,在一定范围内使用汉字。

联合国把规范汉字作为工作用的六种文字之一。现在,世界上学习汉语的人越来越多,汉字在沟通中外经济文化交流,在日益扩大的国际交往中继续发挥着重要的作用。

【思考与检测一】

一、填空：

1. 现今世界上的文字类型可以分为_____和_____两种不同的类型。汉字属于_____。
2. 汉字是_____的统一体_____。

二、跟拼音文字相比，汉语具有哪些特点？

三、有人说，汉字没有完备的表音系统，因此是一种落后的文字。你怎样看待这种认识？

第二节　汉字的构造和演变

　　汉字是由各种点和线组成的。每个汉字都是某些点和线的特定组合，形成汉字的书写形体（即字体）。要想有效地辨识汉字，正确地书写汉字，就必须分析汉字的形体结构。对汉字的形体结构，既可以从汉字的现状来考察，分析现代汉字形体的构造原理和构造方式；也可以从汉字的历史来考察，分析汉字形体的演变过程，了解汉字的来龙去脉。

　　初学汉字的时候感到汉字难学，除了汉字本身的原因外，还有就是对汉字的构造原理和构造方式还不了解。如果我们从结构这个角度来认识汉字，弄清汉字结构的构造成分（笔画和部件）以及成分之间的层次关系，就会起到事半功倍的效果。也就是说，结构性不但是我们分析语音、词汇、语法的基础，同样也是我们分析汉字的基础。

一、汉字的构造

　　汉字的形体构造是有层级的。现行汉字的基本结构单位有两级：一是笔画，二是部件。大多数汉字都是由两个或两个以上的部件构成，每个部件又是由笔画构成。

（一）笔画

1. 笔画和笔形

笔画就是构成汉字的各种点和线。书写汉字的时候，每一次从落笔到收笔所写出来的点或线就叫一笔或一画。笔画是构成汉字的最小单位。

笔画的具体形状简称**笔形**。汉字的笔形比较多,为了语文教学和工具书检索的方便,需要整理归并。当前国家发布的一些规范字表确定的基本笔画有下面五种:

一(横) 丨(竖) 丿(撇) 丶(点) ㇋(折)。

前面四种为单一笔形,最后的"折"是复合笔形(即有转折的笔形)。其他各种变化笔形构成的笔画都看作这些基本笔画的派生笔画。

派生笔画是基本笔画出现在汉字不同位置上的各种不同变形。如"马",最后一笔是横(一),但如果"马"位于字的左边时,横就变为提(㇀),如"骑、驰、骋、驴"。又如"木"的最后一笔是捺(㇏);但是当"木"的右边有笔画的时候,为了字形结构的协调,捺就变为点(丶),如"朴、材、林、彬、困"。也就是说,汉字结构内部的笔画是相互配合、彼此呼应的,合乎美学的和谐原则。

在归纳笔画类型时,横包括横(一)和提(㇀)两种笔形,竖包括竖(丨)和竖钩(亅)两种笔形,点包括点(丶)和捺(㇏)两种笔形;折包含的笔形种类比较复杂,除竖钩外其他各种复合笔形都归入折画。为了便于称说,下面将"折"笔的各种派生笔形列出来:

笔形	名称	例字	笔形	名称	例字
㇕	横折	片口	㇌	横撇弯钩	队
㇇	横撇	又水	㇄	竖折	山区
㇀	横钩	买登	㇗	竖提	氏切
㇛	横折折	凹	㇙	竖弯	四西
㇆	横折提	计	㇞	竖折折	鼎
㇈	横折弯	朵沿	㇌	竖折折撇	专
㇇	横折钩	习力	㇉	竖折折钩	与亏
㇉	横折折折	凸	㇄	竖弯钩	儿己
㇂	横折斜钩	飞风	㇜	撇折	幺至
㇃	横折弯钩	乙九	㇟	撇点	女巡
㇅	横折折折撇	及延	)	弯钩	家狂
㇋	横折折折钩	乃孕	㇂	斜弯钩	代武

每个笔形实际上规定了书写的行笔方向。横的行笔方向是由左往右或向上,竖的行笔方向是由上往下或向左钩,撇的行笔方向是由上往左下,点的行笔方向是由上往右下,折的行笔方向是一笔而有转折(竖钩除外)。每个笔画的笔形都是具

体明确的,派生笔画的笔形是为了整字的协调美观而随笔画位置所作的调整。开始学写汉字的时候,一定要掌握基本笔画及其派生笔画的写法,熟悉这些笔画及其笔形,是辨认字形的开始,也是写好汉字的第一步。认识到了这点,会大大提高正确拆分汉字、顺利学写汉字的水平。很多初学汉字的学生在书写汉字时,往往对笔形重视不够,因而写出的字不够美观。

2. 笔画的组合

笔画与笔画的组合有三种类型:相离、相接和相交。

(1) 相离:笔画之间彼此分离。例如:

三 六 八 儿 小 川 门 习 心

(2) 相接:笔画和笔画相连接。例如:

丁 人 乃 幺 正 几 了 弓 凹

(3) 相交:笔画和笔画相交叉。例如:

十 九 力 丈 也 丰 井 车 卅

一般汉字都运用了上述中的两种或三种组合类型。例如"个、亏、火、刃、亿"运用了相离、相接两种方式,"义、斗、戈、必、寸"运用了相离、相交两种方式,"大、巾、生、毛、斥"运用了相接、相交两种方式,"太、汗、坐、赤、匡"则运用了相离、相接、相交三种方式。

有时,相同的笔画由于组合关系的不同,构成的字也不同。例如:

大—丈　　夫—天　　刀—力　　工—土—干

田—甲—申—由　　八—人—入—乂(yì)

3. 笔画数的计算

由于每个笔画的起笔和落笔都是有规定的,因而每一个规范汉字的笔画数都是确定的,如"一、乙"是 1 画,"天"是 4 画,"谢"是 12 画。正确计算笔画数对于汉字教学、查检字典和索引十分必要。而分清笔形则是计算笔画数的关键。

如果对现代汉字规范字形的书写规则比较了解,就能更准确地计算笔画数。总的来说,规则有两条:第一,在同一笔画上,笔尖只能走一次,不能走回头路;第二,写横只能从左到右,写竖撇捺只能从上到下,不能相反。根据这两条规则,多数字的笔画数不难计算出来。只有当笔画的端点相接时,才会遇到计数的困难。此时可以按下面的办法来处理:

(1) 在左上角相接的,分作两画。例如:

厂　几　日　四　见　臣　电　戊　禺

(2) 在左下角相接的,有两种情况。如果是全包围的字,分作两画。例如:

日　四　田　回　团　园　围　申　曲

如果不是全包围的字,只作一画。例如:

山　区　凶　臣　画　出　氏　丢　切

(3) 在右上角相接的,只作一画。例如:

刁　力　己　马　月　句　包　君　禺

(4) 在右下角相接的,分作两画。例如:

日　凶　目　石　自　由　凸　出　幽

有些字的笔画数容易算错。例如:乃(2画)、及(3画)、弓(3画)、马(3画)、专(4画)、丐(4画)、长(4画)、世(5画)、凹(5画)、凸(5画)、鸟(5画)、乐(5画)、弗(5画)、臼(6画)、弟(7画)、承(8画)、哥(10画)、象(11画)、鼎(12画)、臧(14画)。其实,只要根据上面的计数规则,基本上没有什么问题。如"弓",相接之处(即有转折的地方)依次位于相接面的右上角(连上)、右下角(断开)、左上角(断开)、左下角(非全包围,连上)、右上角(连上),所以一共只有3画。

(二) 部件

一般来说,汉字不是由笔画直接构成的,而是先由若干笔画有机组合起来生成相应的部件,再由若干部件有机组合起来生成汉字。也就是说,在笔画和整字之间还有一级构字单位,即部件。部件大于或等于笔画,小于或等于整字。

我们可以根据不同的标准将部件分为成字部件和不成字部件、单一部件和复合部件等类型。

1. 什么是部件

部件是由笔画组合而成的具有组配汉字功能的构字单位。部件也叫字根、字素。

由于部件是由笔画组成的,所以一般而言,部件大于笔画。如"十"有两画,"扌"有三画,"鬼"有九画。但是,在一定的条件下,有的单笔画在构字中具有独立性,是整字的一个直接构成单位,这时这样的单笔画也就成了部件。例如"丝"下边的横画、"旧"左边的竖画、"系"上边的撇画、"勺"里边的点画、"札"右边的折画,都是部件。"一"和"乙"既是一个笔画,又是一个部件。

有的部件既可以跟其他部件组合构成汉字,也可以独立成字,这叫**成字部件**。如"召、全、枭、盒、明、静、屋、树"字中的部件"刀、口、人、王、出、米、合、皿、日、月、青、争、尸、至、木、又、寸"都可以独立成字。有的部件只能跟其他部件组合构成汉字,不能独立成字,这叫**不成字部件**。如"宝、仆、找、狂、到、即、部、熬、慕、看"字中的部件"宀、亻、扌、犭、刂、卩、阝、灬、小、龴"现在都不能独立成字。

2. 部件的层次划分

部件也是有大有小的,有的部件可以切分成更小的部件。其实,从构造过程来看,部件在构字中的作用类似于短语(词组)在造句中的作用。因此我们也可以像分析复杂的短语结构那样,用层次分析法来分析汉字的部件层次。

根据一个部件能否切分成更小的部件,可以将部件分为单一部件和复合部件两种类型。

单一部件指内部结构不能再切分的部件,也叫基础部件。由一个笔画组成的部件必然是单一部件,但大多数单一部件都是由两个或两个以上的笔画组成。如"仇、扔、建、团"字中的"亻、九、扌、乃、聿、廴、囗、才"都是单一部件。

复合部件指内部结构可以再切分成更小部件的部件,也叫合成部件。如"按",第一次切分出"扌"和"安"两个部件。"扌"不能再切分了,是单一部件,而"安"还可以接着切分出"宀"和"女"两个部件,这里的"安"就是"按"字中的复合部件。"宀"和"女"不能再切分了,也是单一部件。这样就得到了两个层次的部件。有的汉字还可以做更多层次的部件切分。我们可以根据切分层次的先后,将切分出的部件依次称作一级部件、二级部件、三级部件等。最底一层部件叫末级部件。例如:

曙: (整字)
    日   署   (一级部件)
          罒   者   (二级部件)
               耂   日   (三级部件)

汉字的数量数万个,但构字部件有限,单一的构字部件有五百多个。在汉字教学和运用中,合理地分析汉字部件可以收到以简驭繁的效果。当然,部件切分不一定把每一个字或者每一个复合部件都切分到基础部件,具体切分到哪一级,要看实际需要。人们习惯上把一些传统的部首看作整体,不再切分。

由于部件下控笔画,上构汉字,因此正确掌握好部件的形、义及两者之间的关系,是有效认识汉字、正确书写汉字的枢纽。汉字教学中特别重视以部件为重要的教学单元,就是积极利用了部件在汉字结构和汉字系统中的地位和作用。

3. 偏旁和部首

将汉字分成若干部件是现代汉字学的分析方法。传统的分析汉字的方法是把汉字分成若干个偏旁,同时根据汉字归类、检索的需要而将部分偏旁归并为部首。

(1) 偏旁和部首的内涵

传统汉字学中有两个重要的概念,就是偏旁和部首。偏旁指汉字字形结构中的某些基本组成部分。如"讲"的偏旁是"讠"和"井","闻"的偏旁是"门"和"耳","栩"的偏旁是"木"和"羽","疆"的偏旁是"土"和"疆","树"的偏旁是"木""又"和"寸"。偏旁一般跟字的读音或意义有联系,它一般是采取二分法分析得到的构字单位,本身不再往更小的单位去分析。如"栩"分析出"木"和"羽"两个偏旁后,"羽"就不再分析了,它跟这个字的读音有联系;"鼾"分析出"鼻"和"干"两个偏旁后,"鼻"也就不再分析了,它跟这个字的意义有联系。偏旁在分析合体字尤其是形声字的时候特别重要。

汉字的偏旁数量众多,字典为了查检汉字的方便,就需要对汉字的偏旁进行归类。部首就是字典、词典等根据汉字形体给偏旁所分的门类,如"一、厂、廾、山、石、口、人、刀(刂)、水(氵)、手(扌)、火(灬)"等。任何学习汉字的人都必须对汉字的部首有所了解。

为什么汉字偏旁的类别叫部首呢?原来,古代编写字书(即字典、词典)时,根据偏旁所表示的意义类属,将具有字形归类作用的偏旁称作部首,放在包含该部件的所有字的最前面,作为领首之字,即一部之首。这样,"水"和"氵"归入同一部,部首是"水";"火"和"灬"归入同一部,部首是"火"。这些部首实际都可以独立成字,所以说部首是字书的字首。这种归并部首的原则是意义为主、形体为辅。但是,现代字典和词典为了查检的方便(尤其是面向初中等汉语水平的读者),部首编排则基本上是形体为主、意义为辅了。对同一个部件由于出现在字的不同部位而引起较小形体变化的,一般算作一部。如"足"和"⻊"归同一部,"牛"和"牜"归同一部。而对形体变化大的,一般分作不同的部来处理。如《新华字典》中便将"刀"和"刂"、"水"和"氵"、"火"和"灬"、"手"和"扌"分成不同的部首。《现代汉语词典》第5版(2005年出版)虽然将它们看作一个部首,但在检字表中还是分开来检索的,实际的处理也是看作不同的部。有时为了查检的方便,对一些特殊的字甚至可以采取多部首查检法。如"疆",一般字典和词典都会将它归入"土"部,《新华字典》和《现代汉语词典》还同时归入"弓"部。

充当部首的汉字部件,大多具有表示意义类属的作用。如"马"部的字"驭、闯、驮、驯、驰、驱、驾、驶、驷、驿、骏、骑"等,字义跟马有关;"灬"(火的变体)部的字"热、烈、烹、煮、焦、蒸、照、煎、熬、熏、熟"等,字义跟火有关。现代汉字中少数部首不表示意义类属,只是单纯的记号,如"丿、丨、丶、乙"等。有少数字的部首还可能代表声音,例如"骂"中的"马","问、闻、闷"中的"门"。

(2) 部首和偏旁的关系

部首是根据汉字形体而对偏旁所做的归类。这样,偏旁和部首之间就存在这样的关系:部首一般都做偏旁,数目相对较少,在形声字中多做义符;偏旁不一定能做部首,它包括了部首和不是部首的一级部件,数目比部首要多得多。例如"江、河、清"三个字,共有四个偏旁"氵、工、可、青",而部首只有一个"氵"。

(3) 部首的名称

为了便于称说,每个部首都应该有特定的名称。成字部件构成的部首,它的名称用该字的读音,如"火"读 huǒ,"马"读 mǎ,"鼻"读 bí。多音字按更常用的那个音读,如"中"读 zhōng,不读 zhòng;"几"读 jǐ,不读 jī;"长"读 cháng,不读 zhǎng。不成字部件构成的部首,一般有习惯名称。为了大家学习的方便,下面列出常见部首及其通行的名称,成字部首和易于称说的部首一般没有列入。这些部首的名称也是它们做偏旁时的名称。

部首	名称	例字
匚	匠字框	巨匹医
卜	上字头	占贞卡
刂	立刀旁	刑刚到
冂(冋)	同字框	同用周
亻	单立人	化亿仇
厂	反字旁	后历质
夕	危字头	争兔负
勹	包字头	句勾勿
几	风字框	风凤凰
亠	六字头	亡交市
冫	两点水	冲次冯
丷	兰字头	并关兑
宀	秃宝盖	冠军写

部首	名称	例字
讠	言字旁	订认识
凵	凶字框	画幽函
卩	单耳旁	印却卸
阝	左耳旁	阳阶队
阝	右耳旁	邦部邮
厶	私字头	允台丢
廴	建之旁	廷延建
艹	艹字头	节艺芝
廾	弄字底	异弃葬
尢	尤字身	尤龙尴
兀	尧字底	元尧尷
扌	提手旁	打扫扔
弋	式字框	式贰式

囗	国字框	回团困	灬	四点底	煮杰照
丷	光字头	当党尚	礻	示字旁	礼祥神
彳	双立人	很行往	夫	春字头	春秦奏
彡	彡撇儿	形影须	罒	四字头	罗罪罢
犭	反犬旁	狂狗狼	皿	皿字底	盐盛监
夂	折文儿	务备复	钅	金字旁	钢铁针
饣	食字旁	饥饿饭	疒	病字旁	疯疮症
丬	将字旁	壮状妆	衤	衣字旁	被袜补
忄	竖心旁	忧忙怀	癶	登字头	癸登凳
宀	宝盖头	安完字	覀	西字头	要贾票
氵	三点水	汉河流	虍	虎字头	虚虏虑
辶	走之旁	进还远	竹	竹字头	笔竿第
彐	录字头	录绿氯	䒑	撇尾羊	差盖着
彐	寻字头	寻灵归	羊	羊字头	美盖羔
纟	绞丝旁	红结级	龷	卷字头	卷券拳
幺	幼字旁	幻幼玂	聿	建字里	肆肄肇
巛	三拐儿	巢巡邕	艮	垦字头	恳艰良
耂	老字头	考者孝	足	足字旁	路跑跤
小	竖心底	恭忝慕	釆	番字头	悉釉释
攵	反文旁	放故救	豸	豹字旁	豺貌貂
爫	采字头	爱妥受	卓	朝字旁	韩乾戟
火	火字旁	炸烂烧	隹	隹字旁	雌雄售

由于一个汉字的偏旁(包括部首)常常跟这个字的意义或声音有联系,因此传统的汉字教学非常重视分析偏旁在构字中的作用。

(三) 整字

由笔画到部件,再由部件到整字,汉字就是这样层层构造而生成的。不过,从构造过程上看,有的汉字相对复杂些,有的汉字相对简单些,因此还需要对汉字的结构类型和结构模式作出分析。

1. 独体字和合体字

整字就是指汉字系统里一个一个的字,是汉字的使用单位。整字是由部件构成的,部件是构字单位,所以一般而言,整字大于部件,但也有可能一个汉字只有一个部件构成。这样,整字就可以分为独体字和合体字两类。

独体字是指由一个基础部件构成的字。如"人、口、目、手、耳、日、月、山、水、牛、羊、虫、上、下、中、大、小、长、九、井、东、电、夷"等字就是独体字,无法分离出两个部件来。即使像"雨、更、事、重"这些笔画很多的字,由于不能再拆分,仍然是独体字。

合体字是指由两个和两个以上基础部件构成的字。如"好"有两个部件,"森"有三个部件,"摊"有四个部件,它们都是合体字。在现代通用的汉字中,独体字的数量占到总字数的4%左右,而合体字占到96%左右。在合体字中,有近四分之三的合体字都是由两个或三个部件构成。

"一"和"乙"比较特殊,它们既是一个笔画,又是一个部件,还是一个汉字。

2. 现代汉字的结构模式

现代汉字合体字中的部件组合方式是有一定的规律的,这就形成了一些固定的结构模式。根据第一级部件的组合方式,基本上可以归纳为以下五大类:

(1) 左右结构

① 左 右:明 从 伏 权 情 知 识 好 刘 歌
② 左中右:树 谢 锄 倒 搬 湘 斑 粥 街 衍

(2) 上下结构

① 上 下:忠 霜 尘 是 界 蟹 岗 笑 雷 奇
② 上中下:意 竟 慧 舅 器 冀 宴 密 葬 赢

(3) 包围结构

① 全包围:团 困 国 囚 四 回 因 围 固 圆
② 半包围:问 向 凤 凶 这 匡 臣 厄 居 头

(4) 品字形结构:

品 众 晶 磊 鑫 森 淼 矗 焱

(5) 穿插结构:

乖 乘 巫 坐 爽 噩

如果把品字形结构归入上下结构,就只有四类组合方式。而穿插结构是一种极其特殊的结构方式,现代汉字系统中只有寥寥几个字。

上面分析了汉字构造的三级单位:笔画、部件和整字,这是汉字认知的不同层级的基本单位,是汉字教学的基础部分。由笔画到部件,由部件到整字,汉字结构化的特点逐步加强。学习和掌握汉字的结构化的特点和方式,是培养和提升学习者汉字意识的重要方面。

二、汉字的书写规则

汉字笔画的组合是有一定的顺序的。书写汉字时所遵循的笔画先后顺序,就是笔顺。汉字的笔画运行方向是向右、向下,因此笔顺规则的总前提是:书写的起点在左、在上,终点在右、在下,两个相关笔画之间以最短距离为运笔最佳选择。这样,笔顺的基本规则就可以概括为:

① 先横后竖:十　干　土　丰
② 先撇后捺:八　人　入　大
③ 先上后下:三　尘　京　宴
④ 先左后右:川　扑　做　滩
⑤ 先外后内:风　问　用　习
⑥ 先外后内再封口:田　回　国　团
⑦ 先中间后两边:小　水　办
⑧ 先中间后加框:山　凶　函　画

笔顺规则是人们正确书写汉字的经验总结。上述的笔顺规则只是一般的规则,由于汉字结构复杂、形体变化多样,不同汉字的笔顺往往是上述原则的综合运用。按照笔顺规则写出的汉字,可以写得既美观又迅速。

需要注意的是,有一些字或部件以及用它们做偏旁的字,笔顺不容易分清。例如:(括号里的数字为笔画数):

七(2):一 七
九(2):丿 九
匕(2):丿 匕
乃(2):𠃌 乃
与(3):一 与 与
万(3):一 丆 万
丸(3):丿 九 丸
及(3):丿 乃 及

门(3)：丶𠃌 门
义(3)：丶㇂ 义
忄(3)：丶丶 忄
辶(3)：丶㇇ 辶
也(3)：㇇ ㇉ 也
女(3)：㇛ ㇒ 女
叉(3)：㇇ 又 叉
廿(4)：一 十 廾 廿
卅(4)：一 𠄌 卅 卅
比(4)：一 𠃌 𠂉 比
瓦(4)：一 𠃍 瓦 瓦
长(4)：㇒ 一 𠃋 长
片(4)：丿 𠂆 片 片
丹(4)：丿 冂 月 丹
方(4)：丶 一 亠 方
火(4)：丶 丿 𠂇 火
为(4)：丶 丿 为 为
心(4)：丶 心 心 心
丑(4)：𠃌 刀 丑 丑
爿(4)：㇂ 丩 ㇉ 爿
毋(4)：㇄ 口 毋 毋
世(5)：一 十 廾 廿 世
可(5)：一 丁 丙 可 可
轧(5)：一 车 车 车 轧
北(5)：丨 𠄎 𠄌 北 北
凸(5)：丨 𠂉 𠄌 凸 凸
凹(5)：丨 ㇄ 凵 凹 凹
冉(5)：丨 冂 冂 冉 冉
必(5)：丶 心 心 必 必
讯(5)：丶 讠 讯 讯 讯
出(5)：㇄ 屮 屮 出 出

皮(5)：一 厂 广 皮 皮
母(5)：乚 ㄅ 丹 母 母
白(6)：' 亻 亻 白 白 白
舟(6)：' 丿 ń 舟 舟 舟
壮(6)：丶 冫 丬 扌 壮 壮
辰(7)：一 厂 厂 戸 戸 辰 辰
里(7)：丨 冂 曰 日 甲 甲 里
坐(7)：丿 人 从 从 丛 坐 坐
卵(7)：' ㄣ ㄅ 的 卯 卵
垂(8)：一 二 千 手 乖 乖 垂 垂
非(8)：丨 亅 书 刲 非 非 非 非
卑(8)：' 丿 竹 白 白 甶 卑 卑
夜(8)：丶 亠 广 疒 衣 夜 夜 夜
肃(8)：一 コ ヨ 聿 肀 肃 肃 肃
贯(8)：乚 口 므 毌 毌 田 贯 贯
重(9)：一 二 亠 千 重 重 重 重 重
哥(10)：一 丁 丂 可 可 可 可 哥 哥 哥
乘(10)：一 二 千 壬 乖 乖 乖 乘 乘 乘
脊(10)：丶 冫 ソ ハ 火 ビ 科 脊 脊 脊
爽(11)：一 丆 丆 爽 爽 爽 爽 爽 爽 爽 爽
假(11)：丿 亻 亻 亻 作 作 作 作 作 假 假
兜(11)：丿 亻 白 白 白 白 甶 甶 虲 兜 兜
象(11)：丿 ク ク 色 色 争 争 身 象 象 象
率(11)：丶 亠 玄 玄 玄 玄 玄 玄 率 率 率
敞(11)：丶 丷 门 冂 尚 尚 尚 尚 敞 敞 敞
插(12)：一 扌 扌 扌 扌 扌 扌 扌 插 插 插 插
鼎(12)：丨 口 口 目 目 甲 身 鼎 鼎 鼎 鼎 鼎
黑(12)：丨 口 口 口 甲 里 里 里 黑 黑 黑 黑
聚(14)：一 丅 丅 丅 耳 耳 耶 取 聚 聚 聚 聚 聚 聚
燕(16)：一 十 廾 廿 甘 甘 苷 苷 莊 莊 燕 燕 燕 燕 燕 燕
囊(16)：一 丅 丅 丅 丅 可 可 可 哥 哥 囊 囊 囊 囊 囊 囊

所有带"匚(2画)"的字,如"区、匹、匜、匝、匡、匠、匣、医、匿、匪、匮、匾、匾"等,笔顺都是先上横,再内里,最后竖折,左边和下边相接的笔画不要断开。跟"匚"结构相似的"巨(4画)、臣(6画)"和"臣(7画)"以及由它们构成的字"拒、矩、距、苣、炬、柜、渠""卧、宦""颐、姬、熙、赜"等的笔顺也是如此。例如:

区:一 丆 乂 区　　　匡:一 二 三 丅 王 匡
臣:一 丆 丆 丆 乒 臣　　姬:乚 女 女 女 女 奷 姖 姖 姬

其实,我们在前面介绍笔画的书写规则时,指出过这样的情况,当笔画的端点在左下角相接时,如果不是全包围的字,只作一画。据此规则,就不会将这些字中的"凵"断作2画了。

所有右上角的点都最后写,如"犬、弋、戈、武、我、尤、龙、求、甫、书、发"等。由它们构成的字也是如此。

还有几个部首的笔顺跟独体字的笔顺并不一样。例如:

车(部首):一 𠂊 车 车　车(整字):一 𠂊 车 车
牛(部首):丿 𠂉 𠂉 牛　牛(整字):丿 𠂉 𠂉 牛

国家语言文字工作委员会标准化工作委员会编的《现代汉语通用字笔顺规范》,明确了《现代汉语通用字表》规定的7000个通用字的书写笔顺规范,可以备查。

汉字书写时,无论一个字的笔画数是多少,部件有多少,在每次书写时都是按书写规则写成同样大小的方框字。不要把横向的部件写得左右分离、高低失衡,把纵向的部件写得上下分家、大小失当,也不要把笔画多的字写得比同时写的其他字大出许多。书写汉字时,要考虑到汉字立体结构内部各个部件、笔画的组合的协调和布局的规整,而不能把各部件、笔画简单地堆砌在一起。

三、汉字形体的演变

现代汉字是由古代汉字经过漫长演变而逐步定型下来的。我们现在日常手写的规规矩矩的楷书字,是从公元3~4世纪才开始形成的一种字体。而汉字早在3千多年前就产生了。楷书产生之前汉字的写法有过很大的变迁。在汉字悠久的发展史上,出现过甲骨文、金文、篆文、隶书、楷书以及草书、行书等字体,总的趋向是由繁难变为简易,书写越来越方便。

(一) 汉字形体演变的过程

1. 甲骨文

甲骨文是古代刻写在龟甲兽骨上的文字。它是公元前 14 世纪至公元前 11 世纪之间殷商时期通用的文字。甲骨文具有比较强的象形性,笔画线条细瘦,字形瘦长,字体结构大小不一,往往简单的字就小,复杂的字就大。

甲骨文的文字结构不仅由独体趋向合体,而且有了大批的形声字,是一种相当进步的文字。但多数字的笔画和部位还没有定型,属于汉字的早期阶段。

2. 金文

金文指古代铸刻在青铜器上的文字。古人称"铜"为"金",因此将青铜器上的文字称作金文。又由于青铜器以钟和鼎最为常见,所以金文也叫钟鼎文。从商周到秦汉时期都有金文,一般主要指西周(公元前 11 世纪~公元前 8 世纪)青铜器上的文字。金文的象形特点大大弱化,笔画肥大而圆转,字形接近长圆,字体结构较为匀称、整齐。

金文是在甲骨文的基础上发展而来的,但字数比甲骨文少。金文中的形声字明显多于甲骨文,是一种比甲骨文成熟得多的文字。

3. 篆书

篆书一般分为大篆和小篆两种。大篆一般指春秋战国时期的秦国通行的文字,它是在金文极大发展的基础上演变出来的字体;小篆指秦始皇统一中国(公元前 221 年)后在大篆的基础上整理、推行的标准字体。篆文笔画均匀、圆转,字体长圆,字形匀称整齐。

小篆通行的时间虽然比较短,不久就被隶书取代,但这种字体常常使用于郑重的场合,历代的印章基本上都是用小篆。篆书是汉字历史上第一次规范化的字体,为汉字方块化打下了初步的基础。

4. 隶书

隶书是由简略的篆书逐渐发展而成的。隶书不同于篆书的地方是,笔画简化,并由圆笔改为直笔或方笔,字体由长方纵势改为扁平横势。隶书确立了汉字"横、竖、撇、点、折"的基本笔画系统。传统上将这种由点画结构取代篆书的线条结构的变化叫"隶变"。

隶书的出现是汉字由繁复变简单的一大发展,具有划时代的意义。它使汉字从具备象形特点向不再具备象形特点演变,成为便于书写的符号。这是古汉字演变为现代汉字的转折点。文字也因此走向了大众化的方向,在社会生活中发挥着更大的作用。

5. 楷书

楷书从隶书演变而来,从兴起于汉代末期,魏晋南北朝时期已很通行,一直沿用至今,已有 1700 多年的历史了,是通行时间最长的标准字体。楷书笔画趋于平易,字体方正,便于书写,所以从唐代以后一直成为手写的字体。

6. 草书和行书

上述五种字体都是一定历史阶段正式使用的字体。此外,还有草书和行书,作为辅助性字体。草书兴起于东汉,本是草率的隶书,它的笔画、形体相连,不容易辨认。有的草书甚至成了纯粹的艺术品,并不追求实用价值。行书产生于东汉末年,是一种介于楷书和草书之间的字体,笔画连绵,字字独立。它比楷书书写快捷,比草书易于辨认,很有实用价值。

现代汉字通常运用的是楷书和行书,但在一些特殊场合也有运用隶书、篆书、草书甚至金文、甲骨文的。至于书法艺术作品,则随作者所好,自由运用。

注意,我们阅读书籍、电脑打字中见到的宋体、仿宋体、楷体、黑体等,都属于楷书的印刷体,是楷书在汉字印刷上的常用变体。每种字体还有不少变化形式。目前的印刷体中以宋体和楷体为常,其中最通行的是宋体。本书的正文即用宋体,独立占行的举例用楷体,比较重要的术语用黑体。如"教师是太阳底下最光辉的职业"这几个字的四种印刷体是:

教师是太阳底下最光辉的职业　　（宋体）
教师是太阳底下最光辉的职业　　（仿宋体）
教师是太阳底下最光辉的职业　　（楷体）
教师是太阳底下最光辉的职业　　（黑体）

（二）汉字形体演变的规律

总的来说,汉字形体演变过程大体呈现出以下几个规律：

1. 笔画线条化

汉字的笔画的形成有一个历史过程。从甲骨文到篆书的古文字阶段,笔画逐渐形成直笔和圆转两种。隶变以后逐渐形成笔画匀称、线条统一的楷体字的笔画系统。

2. 字形符号化

早期的汉字造字方法,把字形和字义联系起来,以便于分析和理解汉字的读音和意义。每个组成部分都有其由来和理据。通过分析可以找出字形演变的来龙去脉,从而发现意义的根据。随着汉字的发展演变,这种见形知义的理据性逐渐被改变。最大的一次字形系统的演变是从篆书到隶书的"隶变",从根本上打破了古代汉字见形知义的理据性。近现代汉字特别是经过简化的现代汉字,已经彻底打破了楷书所继承的微弱的理据性,这就使汉字系统彻底地符号化了。

3. 结构规范化

经过长期的发展演变,汉字形体逐渐由不规则逐渐变得整齐规范、大小一致、造型美观。这种规范是印刷术发明以来,在长期历史实践中逐步形成的。

【思考与检测二】

一、填空：

1. 现行汉字的构造单位有两级：一是_____,二是_____,其中_____是构成汉字的最小单位。
2. 汉字的基本笔画一般归纳为_____、_____、_____、_____、_____五种。
3. 汉字笔画的组合关系有_____、_____、_____。
4. 汉字整字有_____和合体字两种。其中合体字是由_____部件构成的字。
5. 在汉字形体演变的历史上,出现过_____、_____、_____、_____、_____、_____等各具特点的字体。

6. 汉字字体演变的总趋势是_____。

二、写出下列汉字的笔画数。

卧 使 极 适 魅 世 鼐 融 鸥 画 构 肃

三、说出下列各字第一笔和最后一笔的名称。

快 张 侮 拖 拒 阵 帆 建 瓮 心 观 发

四、根据下列偏旁的名称,各写出三个相应的汉字。

单立人 双立人 宝盖头 秃宝盖 建之旁 走之旁
单耳旁 左耳旁 右耳旁 心字底 竖心底 竖心旁

五、指出下列各个汉字的偏旁和部首。

陇 离 邓 状 背 建 专 传 殴 爽

六、下列汉字,哪些是独体字,哪些是合体字?并指出合体字的结构类型。

母 病 分 走 东 瓦 滩 长 雨 磊 吏 重

七、具体说明下列汉字的笔顺。

将 必 帐 引 笼 身 速 牧 四 忆 背 矩

第三节 现代汉字的结构方式

汉字是由部件构造而成的,这种构造过程有一定的规则性,形成汉字的特定结构方式,即所谓的造字法。上一节说过,从结构上看汉字可以分为独体字和合体字两种类型。独体字和合体字的结构方式不同。独体字是由笔画直接构成的字,它的字形具有整体性,不能从结构上分析;合体字则是由较小的结构单位组合而成的字,它的字形可以从结构上分析出一些组成成分。现代汉字系统中,绝大多数是合体字,独体字数量很少。

古代汉字的结构方式主要有四种:象形、指事、会意、形声。所谓象形,就是用简单的笔画把事物的轮廓或有代表性的特征部分勾勒、描画出来,以此来表示字义。例如:

(人) (月) (牛) (羊) (衣) (木)

"人"像侧面的人形,指人。"月"像月亮残缺时的轮廓,虽然月亮有圆有缺,但以缺为常。"牛"像牛头之形,牛角向上翘起,字形突出了这一特征。"衣"像衣有领、袖、襟之形,古人衣襟对开,这个字正像这种形态("衣"本指上衣,后来泛指衣服)。"木"像有枝叶、茎干和根的一棵树。常见的象形字代表的基本上是人们生活中比较常见的事物,又如"日、水、火、山、云、气、马、羊、犬、鱼、鸟、禾、竹、子、女、口、舌、足、耳、目、心、刀、弓、网、舟、门、田、井"等。由于汉字的多次演变,在现代汉字中,除了少数字还能看出原来象形之物的样子外,大多数象形字已经变得不象形了。

所谓**指事**,就是用象征性符号或在象形字上加提示符号来表示字义。例如:

（上）　（下）　（身）　（亦）　（曰）　（立）

"上",用向上的长弧线表示基准线,上边加一个短线,两个符号结合在一起,就表示上下之"上"这个抽象的概念。与"上"相反,"下"是表示基准的长弧线向下,下边加一短线。"身",在象形字"人"上加一弧形符号,指出身体的躯干部分之所在,本义是身体的躯干部分。"曰"在象形字"口"上加一横画,表示话从口出,本义是说。"立"在象形字"大"下加一横,用以指明一个人站在地上不动之意。指事字比象形字少得多,又如"一、二、三、四、乎(本指乐声悠扬余音不绝)、兮(本指乐声上扬)、亦('腋'的古字)、刃、本、末、尺、匈('胸'的古字)、尤('疣'的古字)、甘、朱"等。现代汉字中的指事字基本上都是从古代的指事字演化而来。有些字还能看出当初造字时的指事意图,有些字已经很难看出指事的意图了。

象形字和指事字都是独体字。前面讲过,在现代通用的汉字中,合体字的数量占到总字数的 96% 左右,独体字只占到 4% 左右。现代汉字中的独体字绝大多数来自于古代象形和指事的造字法造出的汉字,但是这两种造字法在现代汉字系统中已经基本没有造字功能了。由此可见,现代汉字的结构方式以形声和会意为主。现代汉字系统中主要是形声字和会意字,其中又以形声字为主。据统计,在 7000 个通用汉字中,形声字有 3975 个,约占 57%。下面就对会意和形声这两种造字方式加以说明。

一、会　意

所谓**会意**,就是用两个以上的形体组合成一个新的意义。用会意法造出的字就是**会意字**。它通常由两个独体字充当偏旁合成一个字,也可由三个以上的偏旁合成。这些偏旁之间存在某种意义关联,可以综合表达一个意思。例如:

北 步 蠹 从 吠 公 寇 冠 寒 好 卉
及 集 棘 降 解 晶 君 看 磊 利 美
苗 明 鸣 弄 贫 取 森 涉 社 涉 石
受 戍 束 双 死 突 歪 析 鑫 信 休
血 炎 杏 益 饮 斩 占 争 炙 众 坐

现代汉字中的会意字绝大部分都来自于古代汉字中的会意字,其中大多数是由两个义符构成。例如:

尖:上小下大,指上端细小的部分。

吠:从犬从口,表示狗叫。

休:从人从木,像人倚靠在木上,表示休息。

雀:从隹从小,表示小鸟,特指麻雀。

涉:从水(氵)从步,表示两脚过河。

看:从手(楷体形体有变化)从目,像人用手遮着日光看东西。

秉:从禾从手(形体有变化),表示手里拿着禾,本义指拿、持。

北:两人相背,是违背的"背"的本字。

歪:不正为歪。

也有多个义符构成的会意字。例如:

碧:从王(即玉)从石从白,指青绿色的玉石。

冠:从冖(像帽子)从元(人头)从寸(指手),像手拿着帽子戴在人头上,本义指帽子。

寇:从攴从宀从元,像手持武器入室打人。本义是侵犯、劫掠,引申为盗匪、入侵者。

由相同部件构成的字一般都是会意字。例如:

从:从二人,表示跟随、跟从。

林:从二木,表示树木丛生。

棘:从二朿,本指酸枣树,引申为多刺的灌木。

森:从三木,表示树木众多。

晶:从三日,形容明亮。

蠹:从三直,表示直立,高耸。

其他的如"炎、棘、卉、鑫、森、磊"等。

古代的会意字演变为现代汉字后,有些字还能看出当初的会意意图,如"日月"为"明","鸟口"为"鸣","步水(氵)"为"涉",双"人"为"从",双"木"成"林",三"木"成"森"。有些字已经不能看出当初的会意意图了,如"件"从人从牛,表示人分解牛为部分,本义为分解、分割;"奴"从女从又(手),表示操持家务的奴隶,本义为奴隶。

现代汉字也用会意法构造了一些新字,如"不用"为"甭(béng)","不好"为"孬(nāo)","人水"为"汆(cuān)","三人"为"仨(sā)"。大多数新造的会意字来自于繁体字的新造简化字(括号内为繁体字)。例如:

尘(塵):从小从土,指小的土粒,表示尘埃。
笔(筆):从竹从毛,竹表示笔杆(毛笔笔杆用竹制成),毛表示笔毛。
泪(淚):从目从水,水从目出,目中水是泪。
宝(寶):从宀从玉,屋子里有玉,表示宝贵之物。
灭(滅):从一从火,火被东西压住,表示熄灭。
灶(竈):从火从土,表示用砖、坯等制成的生活做饭的设备。
体(體):从人从本,表示身体。
双(雙):从二又,表示两个。
众(衆):从三人,表示人多。

会意字中绝大多数都属于常用字。会意字以及下面马上要讲到的形声字的形旁,鲜明地折射出汉字的表意性质。学习会意字及形声字的形旁,就应该有意识地利用组成各个字的偏旁来推断字的意思,这是培养和发展"望字知义"的能力的重要途径。当然,也要避免机械的"望字生义",因为毕竟绝大多数汉字的意思并不等同于几个偏旁或部件意思的简单相加,更不等于某个偏旁的意思。再考虑到字义发生的演变,现代汉字的意思跟形旁所表示的意思相差就可能更远了。

二、形 声

所谓**形声**,就是由表示意义类属的形旁和表示读音的声旁两部分组成。形旁也叫形符、义符(意符),声旁也叫声符、音符。用形声法造出的字就叫**形声字**。例如表示一种思维过程的 xiǎng,用一个象形字"心"来做它的义符,再用一个会意字"相"来做它的声符,就造出了一个"想"字。

由于形声字以音义兼顾的原则来造字,突破了汉字单纯表意的体制,使字的结构成分有表意、表音的因素,增强了汉字的表达能力和造字能力。因此,形声法可以成系列地造出新字。同一个形旁加上不同的声旁,就可以造出意义相关的一系列形声字,如用形旁"山"构造的形声字有"岭、峰、屿、峻、峙、峡、峪、岩、岗、崖、崩、崇、岛、岚、岸、岔、岳、岱、峦"等上百个。同一个声旁加上不同的形旁,就可以造出读音相关的一系列形声字,如用声旁"由"构成的形声字有"油、邮、柚、釉、铀、鲉、袖、抽、宙、轴、笛、迪"等。由此可见,形声造字法十分方便、快捷,造出来的字便于识记。

在汉字的发展过程中,自形声造字法产生以后,形声字在汉字总数中的比例逐渐提高。古代汉字中的很多形声字一直沿用到现代汉字中。跟古代汉字相比,现代汉字更多地依靠形声造字法构造新字,如新造的简化字"窜(竄)、惊(驚)、响(響)、护(護)、丛(叢)"等。形声字使汉字体系得到了进一步的发展和完善,使汉字的系统性更加突出。形声字的大量增加,成为汉字发展的主流。

由于形声字由表示字义类别的形旁和表示字音的声旁两部分构成,下面便主要谈谈现代汉字中形旁和声旁的关系问题。

(一) 形声字的结构类型

从形声字中形旁和声旁的结构位置来看,汉字形旁和声旁的组合类型主要有下面六种:

① 左形右声:江　村　绿　祖　漂　提　伍　城　例
② 右形左声:功　期　和　飘　放　视　勃　救　彰
③ 上形下声:空　岗　茵　霖　宵　晃　室　星　霜
④ 下形上声:基　装　驾　盲　鲨　膏　婆　摩　翡
⑤ 外形内声:闸　阁　固　圆　圃　匡　匣　裹　衷
⑥ 内形外声:问　闷　闻　辩　辫　辨　瓣

其中左形右声最为常见,内形外声最少。除了这六种基本结构形式外,还有形旁或声旁偏居一角的特殊形式,构字数量较少。

⑦ 声占一角:房(从户方声)　病(从疒丙声)
　　　　　　近(从辶斤声)　魅(从鬼未声)
⑧ 形占一角:颖(从禾顷声)　修(从彡攸声)
　　　　　　佞(从女仁声)　荆(从艹刑声)

有时形旁和声旁相同但位置关系不同,从而构成不同的形声字,例如:

叨—召　含—吟　晖—晕　枷—架
裸—裹　帕—帛　纹—紊　愉—愈

(二) 形旁和声旁的作用

形声字的形旁和声旁分别跟字的意义和声音相关联。这实际上体现了汉字的理据性。一般说来,理据性高的文字,学习和使用起来比较方便。

1. 形旁的作用

形旁的主要作用是表示字的意义类属,帮助了解和区别字的意义。如用"氵(水)"做形旁的字,其本来的意义一般都同水或液体有关联,现在的引申意义也大体能够了解其类属。例如:

① 江 河 湖 潮 流 池 酒 汁 油 泪 浪 洪 泉 冰 浆 尿 泵 汆
② 沐 浮 泻 注 泡 浇 涌 淋 淹 渔 游、汆
③ 清 浊 浑 浓 淡 深 浅、湿 温 渴 滑、淼

对同一声旁的字,可以通过形旁的差异来了解它们不同的意义类属。如"浪、狼、朗、琅、稂",可以通过它们的声符知道它们的本义意义分别跟水、动物、月亮、玉石、禾苗相关联。

即便有的字读音发生了变化,我们仍能通过形旁了解字义。例如"江",在现代汉字中虽然"工"的表音作用已经不存在了,但"氵"的表意作用仍然存在。

当然,这里讲的意义类属,大多是从造字时的字义来理解的,有很多字的意义发生了变化。而且形旁所表示的意义都相当笼统和粗疏。即便如此,现在很多形声字仍然可以从字形上推断它的意义类属。这样,如果对形旁的本来意义及其形体演变有所了解,就会有利于我们辨析现代汉字的字义,减少和纠正错别字。

2. 声旁的作用

声旁的主要作用是表示字的读音。据统计,现代通用汉字中,大约有四分之一形声字的声旁和整个字的读音完全相同,如"码、瞄、倾、围"。这样有效利用声符的表音性,可以帮助我们成系列地认读汉字,培养、提高念字的能力。如以"代、段、免、皇、阑、历、厉、廉、农、容、式、斯、唐、亭、希、析、庸"等做声旁构成的字都跟声旁完全同音。例如由"皇(huáng)"构成的同音字有"凰、惶、湟、徨、煌、蝗、遑"等。

虽然有些字声旁的读音和整个字的读音不完全相同,但在读音上还是有较高的相关性,也可以帮助我们成系列地识记汉字,避免写错别字。例如以"叚(jiǎ)"做

声旁的字韵母都是 ia,如"假(jiǎ,jià)、葭(jiā)、霞(xiá)、暇(xiá)、瑕(xiá)、遐(xiá)",以"段"做声旁的字都读 duàn,如"锻、缎、椴、煅"。我们还可以借此来区别形近字。例如以"仑(lún)"做声旁的字声韵母相同,只是声调不同,如"抡(lūn)、伦(lún)、囵(lún)、沦(lún)、纶(lún)、轮(lún)、论(lùn,lún)";以"仓(cāng)"做声旁的字韵母一般有 ang,如"苍(cāng)、舱(cāng)、伧(cāng)、沧(cāng)、疮(chuāng)、枪(qiāng)、抢(qiǎng)",这样,就很容易辨别"伦—仓、抡—抢、沦—沧"了。

这样,在学习普通话时可以利用声旁类推法记住一组普通话字音。例如对于 n—l 不分的人来说,如果记住了"尼(ní)"的声母是 n,就可以记住以"尼"为声旁的字"泥、怩、呢、妮、旎"的声母了。同样,对于 n—ng 不分的来说,如果记住了"门(mén)"的韵尾是 n,就可以记住以"门"为声旁的字"们、闷、扪、焖、闵、闽、悯、闻、问"的韵尾了。这种类推虽然会遇到一些例外,但总的规律还是有不少的。

(三)形声字常见形旁及其所表字义的类属

既然形声字的形旁通常能够起到表示字义类属的作用,我们在汉字教学中最好对常见的形旁及其所表示的字义类属有所了解。由于汉字的形旁常常充当部首,所以这里就结合汉字的部首来说明。下面将比较常见的充当汉字部首的形旁按所表示的意思做一个粗略的归纳,对其中意思比较隐晦的形旁做些说明并略举几例。

1. 与人或人的身体器官相关的

(1)表人或躯体及相关现象的:人(亻)、儿、子、女、母、大、尸$_1$(指人的躯体,如"居、屠、尿、屁")、身、月$_1$(指肉,如"肝、胆、肌")、骨、士、力、疒、歹。

(2)表人体器官及相关动作的:口、讠(言)、欠(指打哈欠,张口出气,如"歌、欢、欣")、耳、目、见、舌、自(指鼻,如"息、臭、首")、鼻、齿、页(指额,代脸、头等,如"颜、须、颠")、音、忄、心、小(如"恭、慕")、彡(跟毛发等义有关,如"鬓、髯")。

(3)专表上肢及其动作的:手(扌)、爪、又(指右手,如"友、支、受")、寸(跟手有关,如"付、寻、射")、廾(指两手捧物,如"弄、戒、弃")、攴(指击打,如"敲、寇")、攵(如"攻、收、牧")、殳(如"殴、毁、毅")。

(4)专表下肢及其动作的:止(本质人脚,如"趾")、彳(多指行走,如"往、循、径")、辶(本指走路,如"迈、近、运")、廴(本指走长路,如"延")、足(𧾷)、走、立、卩(㔾)(跟人的腿部动作有关,如"却、即、卷")。

2. 与人生存、生活有关的

(1)表居住、宫室的:广、宀、穴、门、户、尸$_2$(指房屋,如"屋、层")、厂$_1$(指高敞棚屋,如"厅、厩、厦")。

(2) 表村邑、农田的:阝₁(在右指村邑,如"都、郡");田。

(3) 表衣饰、食物的:纟(糸)、系、衣、衤、巾、冖(指蒙覆,如"冠、冤、幂")、革;米、饣、食。

(4) 表工具、武器的:车、舟、罒(跟网等义有关,如"罗、罩、罪")、耒、刀、刂、斤、干(本指狩猎工具)、戈、矛、弓、矢。

(5) 表器皿的:皿、酉(跟酒或酒器等义有关)、瓦、缶。

(6) 表财宝的:钅(金)、王(指玉)、贝。

3. 与自然界、鬼神相关的

(1) 表动物的:马、牛、羊、犬、犭、豕、豸、鹿、鸟、隹、龙、鱼、虫、龟、鼠;羽、毛、角、皮、韦。

(2) 表植物的:艹、木、竹(⺮)、禾。

(3) 表天象的:日、月₂(指月亮,如"期、望、朝")、风、雨、气、夕(跟月亮、夜晚有关,如"汐、夙、梦")。

(4) 表地理的:山、土、石、厂₂(与山石相关,如"原、厚、压")、阝₂(在左,指山石等,如"阻、陇、隘")。

(5) 表水火的:水、氵、冫(本指冰,如"冷、冻、冽")、火、灬(指火,如"煮、热、煎")。

(6) 表鬼神的:示、礻、鬼(巫)。

有的声旁的意思跟多个类别相关,我们只是大体上归入某一类,如"金(钅)"既与地理中的矿物有关,也与财宝有关,这里归入财宝。由于汉字形体演变,有的在古代属于不同的形旁而现在已经从字形上不能区别了,如"月"既表示肉的意思,也表示月亮的意思;"阝"在左边与山石相关,在右边与村邑相关。有的形旁已经不容易看出原来的意思了,如"灬"表示火。另外,由于简化归并的原因,不少形旁的意思已经不好辨别了,如"又"本指右手或手的动作,可是"鸡、对、邓、凤、观、汉、权、难、戏、树"中的"又"则是从其他不同偏旁(在繁体字中大多做声旁)简化而来的,成为一个记号了。

(四)形旁和声旁的局限性

有人说,汉字中形声字占90%以上,其实这是从古代汉字的分析中得出的结论。其实,从现代汉字着眼,形声字并没有这么多。一个字是不是形声字,常常是从造字的角度来看的,如果从后代用字来看,有时形声字的形声特点就不明显了。

如"特",本来是从牛寺声,指公牛,现在读 tè,表示特殊、不同于一般,形旁不能表示字义、声旁不能表示字音了。由此可见,形声字形旁的表意功能和声旁的表音功能都有局限性。越是常用的字,这种局限性越突出。

1. 形旁表意的局限

形旁的表意功能具有很大的局限性。实际上,现代汉字系统中只有极少数形声字跟形旁同义,如"爸、船",绝大多数形旁跟字义只是有一些联系,起到一个提示的作用,而且在不同的字中、在不同的时期,这种联系、提示的程度是有很大差异的。

首先,由于社会的发展,客观事物的变化,以及词义的引申,有些形旁的表意特点已不明显了。例如"财、货、资、贿、贡"等字从"贝",因为古代以贝壳为货币,后来货币的形式发生了变化,这些字中形旁的表意作用就不明显了。同样的如"镜"从"钅(金)",因为古代的镜子是用青铜做的,而现在都改用玻璃制作了,这样它的形旁就失去了表意作用。又如"深"从"氵(水)",本义指水的深浅的深("如临深渊"),后来引申出时空距离大("深夜""深谷"),进一步引申为深入、深刻、深奥以及感情浓("深情")、颜色重("深色"),甚至引申出表示程度的"很"义("深信不疑")。这样,形旁的表意作用就越来越弱了。

其次,由于字形演变,有的形旁已经不好辨认和理解了。如"页"本是象形字,本义是头,所以"颜(眉目之间)、颠(头顶)、题(额头)、领(脖子)、项(脖子的后部)、颗(小头)、颂(大头)、颇(头偏)、硕(头大)、顿(叩头)"都从"页",可是字形变化后就不好理解"页"的意思了。像"辨、煎、恭"的形旁,不做溯源分析,也是无法辨识的。

另外,由于文字假借,被假借字的形旁就完全失去了表意作用。如花草的"花"从"艹",表意作用突出;但假借为花费的"花"后,就跟"艹"旁失去了联系。

2. 声旁表声的局限

声旁的表音功能也有很大的局限性,大约有四分之三的形声字,声旁跟整个字的读音不完全相同了。有的声韵完全相同而声调不同,如"高—稿、己—记、方—房访放";有的声母相同而韵母不同,两者成了双声关系,如"句—绚、者—诸煮箸";有的韵母相同而声母不同,两者成了叠韵关系,如"见—现、甫—捕、隹—堆崔谁推唯"。甚至有的形声字与其声符读音完全不同,如"己—妃、它—蛇、隶—逮、兑—说脱悦阅、出—咄屈拙茁"。为什么会出现这样的情况呢?

首先,在造字的时候就没有要求声旁跟字的读音完全一致,两者的读音相同固然很好,相近的情况也存在。声旁实际只是字音的提示符号。其次,由于古今语音的演变,古代一些声音相同或相近的音到现代已经不再相同或相近了。再加上方言的差异,这就更增加了形声字与其表音的声符之间语音关系的复杂性。再次,汉字形体经过演变,有些声旁的形体不好辨认和理解。如"布"本来是从巾父声,"在"本来是从土才声,"巡"本来是从辵(chuò)川声,现在声旁已经不能识别了。另外,有些声旁现在已经不能独立成字了,这样就不知道它的读音了。例如"逆—屰(nì)、温—昷(wēn)、栽—𢦒(zāi)、纠—丩(jiū)、剖—咅(pǒu)"。

我们在汉字教学中,必须充分认识到汉字声旁和形旁的这种局限性。当然,从另一方面来看,汉字的形旁和声旁在表意表音方面虽然有一些局限性,但从识字教学方面来说,有理据的容易学习,所以应当尽量而巧妙地利用汉字自身所具备的意义和读音方面的理据因素,帮助学生更好地理解汉字,了解字形与字音、字义之间的关系,系统地掌握汉字。

【思考与检测三】

一、形声跟会意的区别是什么?
二、指出下列汉字哪些是形声字,哪些是会意字。
　　裂　构　伐　眉　囚　欺　简　武　闰　引
三、指出下列形声字的结构类型。
　　庭　辨　芜　匪　衷　妙　裘　逃　闷　修
四、下列各字都是声旁相同而形旁不同的字,指出它们的字义跟形旁的联系。
　　1. 零龄　　2. 苍舱　　3. 贷袋　　4. 蚊纹汶玟
五、下列各字都是形旁相同而声旁不同的字,指出它们的字音跟声旁的联系。
　　1. 铁钉　　2. 填坑　　3. 团圆　　4. 幕布

第四节　汉字的简化和使用

一、汉字的简化

目前,中国内地使用的是简化字,中国台湾、香港、澳门使用的是繁体字;海外有的地方使用简化字,有的地方使用繁体字。古籍中使用的是繁体字。这样,就有必要了解繁体字和简化字之间的关系。

汉字发展过程中有简化现象也有繁化现象,但总的趋势是简化。当然,这不是说汉字发展表现为无休止的简化,也不是越简越好。简化是为了认读和书写的简易,但是过于简化就不容易更好地体现字与字之间的区别,反而影响了认读。所以为了保留字形之间必要的区别,就不能无限制、无规则地简化。这就是说,简化也有一个适度的问题。从 1964 年发布《简化字总表》至今已有 40 多年了,今后汉字的形体需要保持相对稳定。

(一) 繁体字和简化字

繁体字是简化字的对称,指的是原来笔画较多、汉字简化以后已由简化字代替的字。**简化字**是繁体字的对称,指的是笔画较少、汉字简化以后代替原来繁体字的字。例如:

簡—简	漢—汉	語—语	對—对	電—电
鄧—邓	燈—灯	邊—边	書—书	聲—声
龍—龙	頭—头	體—体	選—选	飛—飞

我们现在所说的简化字只是指《简化字总表》中规定的简化字,繁体字就是跟这些简化字相对应的繁体字。并不是说古代的字都是繁体字,现在用的字都是简化字。有很多字在《简化字总表》发布前后都没有简化,如"一、十、人、刀、寸、天、化、古、平、成、攻、忘、苗、述、品、夏、隆、街、照、裏"等,这时也就无所谓繁简了。只不过有时为了方便而采取比较笼统的称说方式,如说"大陆上使用简化字,港澳台使用繁体字"。

(二) 简化的方法

汉字简化大多采取约定俗成的原则,即采用已经在交际中广泛使用的笔画较少的字,只有少数是新造的。简化的主要方法有:

1. **省略**:把繁体字中的某些部件省略,只留下一部分代表性部件。例如:

| 開→开 | 奮→奋 | 醫→医 | 慮→虑 | 習→习 |
| 號→号 | 虧→亏 | 懇→恳 | 聲→声 | 復複→复 |

其中,有不少简化字是恢复古代的本字。如"从(從)、电(電)、气(氣)、须(鬚)"等,括号外的字在甲骨文中就已经存在了,括号里的繁体字是后来繁化的结果。

2. **简化**:简化形声字和会意字的部件。例如:

| 燈→灯 | 潔→洁 | 蘋→苹 | 鐵→铁 | 連→连 |
| 種→种 | 礎→础 | 優→优 | 劇→剧 | 轟→轰 |

3. **换符**：用一个笔画简单的符号去替换繁体字中比较繁难的部件。有的仅仅保留繁体字的轮廓。例如：

鄧→邓　　對→对　　鳳→凤　　觀→观　　漢→汉
歸→归　　報→报　　擁→拥　　戰→战　　龜→龟

4. **兼并**（代替）：在同时并用的几个字当中，选用一个形体简单的字去代替形体繁难的字，其中大多数时同音兼并，也有近音兼并和异音兼并的情况。例如：

才/纔→才　　后/後→后　　丑/醜→丑　　松/鬆→松　（同音兼并）
别/彆→别　　几/幾→几　　叶/葉→叶　　广/廣→广　（非同音兼并）

这种简化方式很容易造成繁简转换的错位，后面将作专门说明。

5. **楷化**：将某些繁体字的草书形式改用楷书的写法。例如：

長→长　　東→东　　龍→龙　　農→农　　興→兴
書→书　　為→为　　專→专　　樂→乐　　堯→尧

6. **新造**：根据现代汉字系统的音义特点重新构造一个形声字或会意字。例如：

關→关　　塵→尘　　陰→阴　　陽→阳　　護→护
態→态　　筆→笔　　義→义　　滅→灭　　叢→丛

还有一些复杂的情况。另外，有些字同时采取几种简化方法。例如"鹼"简化为"硷"，既改换了义符，又简化了声符。

采取省略、兼并尤其是楷化的简化方法，有时将一些合体的繁体字变成了独体的简化字，如"电（電）、开（開）、乡（鄉）、丰（豐）、击（擊）、发（髮發）、乐（樂樂）、卫（衛）、厂（廠）、万（萬）、丑（醜）、才（纔）、兰（蘭）、农（農）"等。其他简化方法形成的字基本上是合体字。

经过简化，汉字的笔画数大大减少。1986重新发布的《简化字总表》收录的2235个简化字，平均每字10.3画，被代替的2261个繁体字，平均每字16画，平均每字减少5.7画。汉字简化后减少了通用汉字的字数。除了同音代替减少了字数外，两个繁体字共用一个简化字也减少了字数，如"彙、匯"合并为"汇"，"髒、臟"合并为"脏"。这样共减少了102个繁体字。一些繁难的繁体字简化后更便于识别、记忆。如"龟、乱、郁、灶、尔"远比繁体字"龜、亂、鬱、竈、爾"清晰好记。有些字简化后表音更准确，如"态（態）、证（證）"；有些字简化后表意更明确，如"泪（淚）、体

（體）、尘（塵）"；有些字简化后部件更便于分解和称说，如"灭（滅）、庆（慶）。当然，简化字也存在一些不足，但成绩还是主要的。

（三）掌握繁体字和简化字的对应关系

繁体字和简体字之间大多数是一一对应的关系，但也存在一些比较复杂的对应关系，这在繁体字和简化字相互转换过程中显得尤为突出。

1. 兼并法简化过程中的繁简对应

采取兼并法（或者说代替法）简化的方法，必然会造成这样的情况：只有被兼并的字才有繁简之别，用来兼并他字的字根本没有发生形体上的变化。常见的是同音兼并，例如：

才：① [纔]副词：～来。
　　② [才]名词：～能、英～。
丑：① [醜]丑恶：～陋、～出。
　　② [丑]其他义项：～角、子～寅卯。
后：① [後]其他义项：前～、～门、～代。
　　② [后]君主的妻子：皇～。
里：① [裏]跟"外、表"相对或表处所：～边、这～。
　　② [里]其他义项：邻～、公～。

各例中表示第二个义项的字比表示第一个义项的字形体简单，兼并后选择形体简单的字。这样，只有在第一个义项上才有繁简之别，在第二个义项上形体没变。这种类型的字有40多组，其他的如（斜线前面的字是用来兼并的字）：

板/闆	表/錶	出/齣	淀/澱	冬/鼕	范/範
丰/豐	谷/穀	刮/颳	胡/鬍	回/迴	伙/夥
家/傢	姜/薑	借/藉	克/剋	困/睏	漓/灕
里/裏	帘/簾	霉/黴	蔑/衊	千/韆	秋/鞦
确/確	松/鬆	涂/塗	咸/鹹	向/嚮	余/餘
郁/鬱	御/禦	愿/願	云/雲	芸/蕓	沄/澐
征/徵	致/緻	制/製	朱/硃	筑/築	准/準

还有一些近音兼并的情况（声、韵至少有一个方面相同），有30多组。例如：

| 辟/闢 | 别/彆 | 卜/蔔 | 冲/衝 | 种/種 | 担/擔 |
| 斗/鬥 | 划/劃 | 几/幾 | 价/價 | 据/據 | 卷/捲 |

蜡/蠟	累/纍	了/瞭	么/麼	苹/蘋	朴/樸
仆/僕	仇/讎	曲/麯	舍/捨	沈/瀋	胜/勝
术/術	叶/葉	吁/籲	旋/鏇	佣/傭	与/與
折/摺	症/癥	干/乾幹	系/繫係	蒙/矇濛懞	台/臺檯颱

另有极少数异音兼并的情况（声、韵、调完全不同），用一个罕用但笔画较少的字去兼并一个常用但笔画较多的字，读音仍取繁体字的字音。例如：

厂（ān）/廠（chǎng）　　广（ān）/廣（guǎng）

虫（huǐ）/蟲（chóng）　　柜（jǔ）/櫃（guì）

适（kuò）/適（shì）　　腊（xī）/臘（là）

万（mò）/萬（wàn）

2. 一简对多繁现象

汉字简化时，还有一种特殊情况，就是用一个新造的简化字去代替两个同音的繁体字，这样，原来不同的繁体字在意义上的区别就看不出来了。又如：

发：①［髮］头～。

　　②［發］～展、一～子弹。

获：①［穫］收～。

　　②［獲］～得、捕～、猎～。

脏：①［臟］肝～、心～、五～六腑。

　　②［髒］肮～。

这种统一简化的字常见的有20多组，又如（箭头后面的字为简化字）：

擺—襬→摆	惡—噁→恶	當—噹→当	複—復→复
彙—匯→汇	飢—饑→饥	盡—儘→尽	歷—曆→历
鹵—滷→卤	彌—瀰→弥	籤—籖→签	縴—纖→纤
蘇—嚕→苏	壇—罈→坛	團—糰→团	須—鬚→须
鐘—鍾→钟			

兼并法简化、一简对多繁造成的复杂对应关系，常见的字有100来组，只有一一辨析清楚了才不会混用。可是，有人不了解这些特殊情况，以致错误地写出了"皇後、茶幾、乾支、北門星、中文係、萬裏长城、子醜寅卯、前僕後繼"和"發廊、捕穫、日歷、必鬚、鐘情"这样的词形。这是好繁而又不审明繁简关系而出现的问题。

要想比较全面地掌握繁体字和简化字的对应关系,就必须熟悉《简化字总表》,了解简化的规则。本章的附录收入了《简化字总表》,请参看。

现在,简体字的使用和传播范围十分广泛。联合国把简化字作为工作用的六种文字之一。这样,作为汉语学习者,首先要掌握的就是简化字。当然,到了一定阶段,为了某种特定的需要(如阅读古书、欣赏书法以及跟港澳台交际等),完全可以去了解、学习繁体字。繁体字同样也是中国文化的一部分。

二、汉字的使用

使用汉字时,要努力掌握规范汉字,不写错别字。错别字问题是书写汉字中很容易出现的现象。

(一) 错字和别字

错字指的是写出来的"字"不成字,即把笔画结构写得不合标准,写成了汉字中根本没有的字。例如(排在前面的为正字):

染—染   浇—浇   步—步   初—初
拜—拜   展—展   颐—颐   茫—茫

别字是指把甲字写成乙字,即错误地用了别的字来代替本该用的字,也叫白字。例如(括号外的字为正字):

即(既)使   迫不及(急)待   蛊(鼓)惑人心
刻(克)苦   欢度(渡)佳节   过渡(度)阶段

错别字就是错字和别字的合称。由于写了"别"的字当然也是写错了,所以通常所说的写错字实际已将写别字包括在内。

(二) 产生错别字的原因

产生错别字的原因很多。有主观原因,如识记汉字不够细致认真,写字时注意不够,不勤查字典等,自然会出现缺笔少画或张冠李戴的现象。也有客观原因,主要是汉字本身很复杂,难认、难写、难记。下面主要谈谈客观方面的主要原因。

1. 汉字笔画繁难、部件特殊而造成的难记难认

有些错字的反复出现就是因为某些汉字笔画较多,笔画之间的关系不分明。如果一个部件很特殊以致难以称说,就更容易用常见的部首去代替而写出错字了。例如:

微：不相连接的中间那一横常被丢掉。"隆、蒙"也如此。

瀑：右下角的"氺"不成字，不便记忆，容易写成"水"。"暴、曝、爆"也如此。

熙：左上角"𦣞"不便称说，常被写成常见的"臣"。"颐"也如此。

炯：右部"冋"不便称说，容易写成"同"。"迥"也如此。

堕：上部"隋"无法称说，容易写成"隋"。

浇：右上部"尧"无法称说，便在上面加一点。"绕、饶、娆"也如此。

拜：右边4画，右边5画，部件不对称，容易将右边少写一横。

步：下部的"少"无法称说，便容易写成"少"。

2. 由于字形、部件近似而误写

字形、部件太相近，区别度就较低，容易出现错字。常见的是用一个部件来代替另一个部件。由于受"戈、我、找、载、戊"等字的影响，有人便在"贰、武"的最后一笔"乀"上再加一"丿"，把这两个字写成"贰、武"。由于"市"(fú，一竖从上贯到下)和"市"近似，而将"沛(pèi)、肺(fèi)、旆(pèi)、霈(pèi)"中的"市"写成"市"。其他如将"鼻"的下部"丌"写成"廾"，将"祭"的上部写成"癶"，都是这方面的原因。

一些不怎么熟悉的字很容易写成常见的、熟悉的相似字，容易出现别字。"拔"的右边偏旁"犮"(bá)和"发"近似，"发"又比较常见，有人便将"拔"写成"拨"。同样，由于"仑"和"仓"近似，导致将"抢、沧"写作"抡、沦"或相反。又如将"荼(tú)毒生灵"写成"茶毒生灵"，将"病入膏肓(huāng)"写成"病入膏盲"，将"鬼祟(suì)"写成"鬼崇"，将"针灸(jiǔ)"写成"针炙(zhì)"。

3. 由于音同、音近而误写

纯粹由于读音相同或相近而出现误写的情况不是太多，常见的是写同音或近音别字。如将"商榷"写成"商确"，将"班门弄斧"写成"搬门弄斧"，将"以逸待劳"写成"以逸代劳"，将"分道扬镳"写成"分道扬标"。

更多的是在音同、音近的同时，字形或部件又比较相似，就特别容易窜位了。很多由于部件替换而产生的错字都有这方面的原因。如"染"和"丸"韵腹和韵尾相同，"九"和"丸"的字形又相近，便可能将"染"的右上角是"九"写成"丸"。又如"庐、芦、炉"这些形声字跟"卢"同音，便将其中的"户"写作"卢"。出现别字的可能性更大。如将"高粱"写成"高梁"，将"篮球"写成"蓝球"，将"证券"写成"证卷"，将"既然"写成"即然"而将"即使"写成"既使"。

4. 由于语义上的关联而误写

人们识字时总希望从字形、字义上找到造字构词的理据。这种识字意念自然也出现在人们用字的过程中。如将"荡漾"的"漾"意思与水有关,便容易将右下的"永"写作"水"。

　　有些字不但语义上有关联(有的关联只是书写者意念上的),而且字音相同,便更容易出现别字。由于"部署"的意思是"安排、布置(人力、任务)",便误写成"布署";由于"诡"的意思是欺诈、狡猾,便将"阴谋诡计"误写成"阴谋鬼计";由于"决"和"绝"语义相关,便将"坚决"误写成"坚绝"。

　　如果汉字之间的形音义都有关联,写别字的可能性就更大了。由于"注销"的意思是"取消登记过的事项",人们便常常误写成"注消"。将"麻风病"写成"麻疯病",也是如此。根据我们的统计,最容易出现别字的情况就是这种语义上有关联,而字音和字形又相近的字。

　　5. 形旁类推

　　有时一个词中的两个字会出现形旁类推现象。如"鞠躬",表示一个身体的动作,由于受"躬"的影响,"鞠"的左部也写作"身"。将"辉煌"的"煌"错写成"燿",也是形旁类化作用的结果。甚至在形旁类推作用下,一些不加偏旁的字也加上了偏旁。如"安排",由于受到"排"的影响,"安"也就写成了"按"。

　　(三)避免写错别字

　　了解了错别字产生的原因,实际也就找到了避免写错别字和纠正错别字的途径。写错别字大多是由于两个字的字形相似、语音相同或相近、语义相关而造成的。有的只是某一个方面的原因,更多的则是形音义之间的复杂关系造成的。这样我们就需要从分清字形、读准字音、辨明字义这几个方面下功夫。

　　为了使大家更有效地读准字音、减少错别字,我们编制了几个附录:"容易读错的字""容易写错的字""常见别字一览表""容易混淆的偏旁及其相关字辨析",请参看。

【思考与检测四】

一、写出下列繁体汉字的简化形式。

　　飛　　術　　鹵　　傘　　棗　　畫　　際　　齊
　　撲　　齒　　戲　　環　　療　　廚　　竄　　雙
　　懷　　藝　　藥　　麗　　權　　聽　　驚　　體

二、改正下列词语中的错字。

　　最初　　流审　　白皙

困拢　　蒙古　　火炉
麻痺　　水滴　　浩瀚
充盈　　盗贼　　证券

三、改正下列词语中的别字。

布署　防碍　姑负　鬼计　寒喧　涣发　克苦　恢谐　家俱
高梁　坚绝　注消　浪废　气慨　枢钮　题要　甜密　陷井
即然　训炼　云宵　针灸　既使　装璜　松驰　证卷　按排
挤身于　麻疯病　按步就班　迫不急待　草管人命
以逸代劳　并行不背　不符众望　不记其数　残无人道
常年累月　出奇致胜　当人不让　尔立之年　风糜一时
轰堂大笑　欢渡佳节　鬼鬼祟祟　过度阶段　绿草如荫
披星带月　破斧沉舟　认识浮浅　三翻五次　手屈一指
通货膨涨　相形见拙　兴高彩烈　鼓惑人心　熙熙嚷嚷
严惩不待　一愁莫展　一口同声　再此一举　直接了当

第五节　常用汉语字典、字表及检字法

学习汉语汉字，必然会碰到一些字音、字义、字形不够清楚的字，这就需要查工具书。有些涉及规范用法的情况，还要涉及一些字表。而要有效地检索，不但需要知道一些常用的字典、字表，更需要了解常见的汉字检字法。

一、常用汉语字典

这里主要介绍三本现代汉语字典，同时介绍两本古代汉语字典。

1.《新华字典》

原由新华辞书社编写，1953年人民教育出版社出版；后经多次修订，现在通行的是由中国社会科学院语言研究所修订，1998年由商务印书馆出版修订本。收单字（包括繁体字、异体字）10000多个，带注解的复音词3500多个，采取部首检字法。该字典是一部小型语文工具书，主要供中小学教师和学生使用，中等文化程度的读者也可参考。

2.《中华字典》

教育部语言文字应用研究所、中华书局编辑部编,1999年中华书局出版。收单字字头8千多个,相关字头的繁体字和异体字也一并收入,同时收入几千条复音词。该字典第一版采取笔画笔顺检字法,再版时调整为部首检字法。该字典是一部小型语文工具书,主要供初、中等文化程度的读者使用。

3.《现代汉语规范字典》

李行健主编,1998年语文出版社出版。收录《现代汉语通用字表》全部7000个通用字和一部分现代汉语中能见到且又不十分生僻的字,同时在正编之外收录一部分生僻字作为备查字,采用部首检字法。该字典在字形、字音上严格遵从现有的国家标准,是一部中型语文工具书,主要供中等文化程度的读者使用。

4.《康熙字典》

清代张玉书、陈廷敬等奉康熙皇帝之诏编纂,1716年编成。据今人统计,收字46964个,按214部编排。"字典"这一名称由此开始。它是一部大型的古代汉语字典,普通字典中查不到的冷僻字,一般都用它来查检。

5.《汉语大字典》

汉语大字典编辑委员会编,徐中舒主编,四川辞书出版社、湖北辞书出版社出版,全书八卷,1990年出齐。收字56000个左右,按改进的200个部首检排。该字典是以解释汉字的形、音、义为主要任务的大型语文工具书。

另外,《现代汉语词典》(中国社会科学院语言研究所词典编辑室编,商务印书馆出版,2005年第5版)、《现代汉语规范词典》(李行健主编,外语教学与研究出版社、语文出版社出版,2004年出版)、《辞海》(上海辞书出版社出版,1999年出版修订本)等常用词典都立有字头,在一定程度上起到了字典的功用。

二、常用字表

现代汉字规范化主要包括字量、字形、字音、字序这四个方面。要实现汉字在这四个方面的规范化,就要做到"四定":定量、定形、定音、定序。为此,20世纪50年代以来中国政府发布了一系列的关于汉字规范化问题的文件,其主要成果体现在一系列汉字字表中。目前国家语言文字工作委员会正在按照"四定"的汉字规范化要求制定《规范汉字表》。这里介绍已经发布的几种常用字表。

1.《简化字总表》

1964年5月,中国文字改革委员会编辑出版《简化字总表》,1986年10月重新发布时对个别简化字做了调整,调整后的《简化字总表》共收简化字 2235 个。《简化字总表》包含三个字表:第一表是"不做简化偏旁用的简化字",共收简化字 350 个;第二表是"可做简化偏旁用的简化字和简化偏旁",共收简化字 132 个,简化偏旁 14 个;第三表是"应用第二表所列简化字和简化偏旁得出来的简化字",共收字 1753 个。《简化字总表》是中国政府公布推行的全部简化字的总汇,是现阶段简化字的规范标准。

2.《现代汉语常用字表》(附:《汉语水平词汇与汉字等级大纲》)

1988 年 1 月 26 日,国家语言文字工作委员会和国家教育委员会联合发布《现代汉语常用字表》。这个表共收现代汉语常用字 3500 个。这 3500 个常用字分为两级,一级常用字 2500 个,二级次常用字 1000 个。经过检测,一级常用字的覆盖率是 97.97%,二级次常用字的覆盖率是 1.51%,两者合计为 99.48%。它具有较高的学术性和实用性,是当前社会上比较流行的规范性的常用字表。

国家对外汉语教学领导小组办公室汉语水平考试部编制的《汉语水平词汇与汉字等级大纲》收汉字 2905 个,分为四级:甲级字 800 个,乙级字 804 个,丙级字 601 个,丁级字 700 个。这 2905 个字中有 2485 个字是《现代汉语常用字表》中的一级常用字。

3.《现代汉语通用字表》

1988 年 3 月 25 日,国家语言文字工作委员会和中华人民共和国新闻出版署联合发布《现代汉语通用字表》。这个表共收现代汉语通用字 7000 个,其中包括《现代汉语常用字表》的 3500 个字。它规定了每个字的规范笔形,包括笔画数、笔顺和组合结构。它全面体现了中华人民共和国建立以来汉字整理和简化的成果。

4.《现代汉语通用字笔顺规范》

1997 年 4 月 7 日国家语言文字工作委员会和新闻出版署联合发布《现代汉语通用字笔顺规范》,规定了《现代汉字通用字表》中的 7000 个汉字的笔顺,列出了每个汉字的跟随式笔顺(即一笔接一笔地写出整字)。它既是汉字信息处理、出版印刷的笔顺标准,也是汉字教学、辞书编纂的笔顺依据。

5.《印刷通用汉字字形表》

1964 年 5 月中国文字改革委员会编成《印刷通用汉字字形表》,收印刷通用宋体字 6196 个,给每个通用汉字规定了标准字形,包括笔画数、结构和书写笔顺。《字形表》既是印刷用字字形的标准,也成为写字教学的字形标准。《字形表》规定的字形,习惯上叫作新字形,在这以前使用的铅字字形叫作旧字形。许多语文工书都附有《新旧字形对照表》,就是根据这个字表编成的。

6.《普通话异读词审音表》

1985年12月27日国家语言文字工作委员会、国家教育委员会和广播电视部联合发布《普通话异读词审音表》。《审音表》的编排以字为单位,但不叫"异读字审音表",共审定了普通话里的异读字839条的读音,其中审定为"统读"的有586字。

三、常用检字法

在查找字典时,首先要知道汉字的排列顺序。其实,不仅查找字典,图书、资料、档案等各种目录、索引的编制,人名、地名、单位名的排列,汉字在计算机中的编码,都要用到字序。

拼音文字的排序比较简单,因为每个词都是由字母拼写而成,所以按照字母表中规定的顺序就很容易给词语排序。而汉语中的词是由一个个汉字构成的,汉字的字数极其繁多,结构复杂,因此建立起一定的字序就不像拼音文字那么简单。但我们也就需要根据一定的标准来给汉字排序。

汉字具有形、音、义三个方面的属性,根据每个属性都可以编排字序,这样传统检字法就有形序法、音序法、义序法三大类。它们各有各的适用范围。每种大的检字法还可以分成一些小类。我们在使用各种工具书时,首先要阅读它的凡例,其中就有对该工具书的字词排序方式的说明。

现在用得比较多的是形序法和音序法。下面介绍形序法中的部首检字法、笔画检字法和音序检字法中的汉语拼音字母检字法。

(一)部首检字法

部首检字法指的是按汉字的部首编排查检汉字的方法。本章第二节在介绍汉字的构造时,介绍了有关"部首"的知识。

部首法由东汉许慎的《说文解字》首创,将汉字归为540部。后来的字书(字典)大多归为200部上下,如《康熙字典》共有214部,《辞海》有250部,《辞源》沿用214部,《新华字典》共有189部,《汉语大字典》共有200部。现在一般采用《汉字统一部首表(草案)》归纳的201部,《现代汉语词典》第5版和《现代汉语规范词典》的字头就是如此。

部首检字法首先归纳汉字的部首,然后将汉字逐个归入各部以备查检。只有对归纳的部首比较熟悉,才能提高查字的效率。

部首检字法一般包括两部分:部首目录和检字表。检字时,首先确定待查字的部首,然后按待查字所属的部首在"部首目录"内查出页码,再到"检字表"中找到相应的汉字。"检字表"内,同一部首的字一般按除去部首笔画以外的画数排列。如"湖",部首是"氵",三画;余下的"胡",九画。我们先到"部首目录"三画的下面中找到"氵";再根据"氵"部标示的页码到"检字表"中查找,在"氵"部九画的地方找到这个字。

部首检字法是一种适用面比较广、采用历史长的检字法,一般工具书都以这种检字法为主。但是,部首检字法的不足之处是,有些字的部首难以一下子确定,不同工具书对具体部首的归并也不完全一致。这是部首检字表必须解决而又不容易解决的问题。正因为有一些汉字(尤其是独体字)读者不容易确定它们的部首,如"〇(líng)、乙、九、才、以、东、册、戍、我、柬、能",为了查检的方便,一般字典都在"检字表"后面附有"难检字笔画索引"。

(二) 笔画检字法

笔画检字法指的是按汉字笔画数的多少及起笔的笔形顺序来编排检字的方法。由于这种检字法既考虑了待查字的笔画数,又考虑了笔形顺序,所以通常称作笔画笔形检字法。编排字序时,先按笔画数排序,笔画少的在前,笔画多的在后,笔画数相同的排在一起。由于汉字系统中相同笔画数的字很多,这就有必要根据新的编排原则来排序。现在的通常排法是,笔画数相同的按起笔笔形"一(横)、丨(竖)、丿(撇)、丶(点)、乛(折)"排序,起笔相同的按第二笔笔形排序,第二笔笔形相同的按第三笔笔形排序,以此类推。也有工具书采取"丶、一、丨、丿、乛"的笔形排序。查检汉字前需要了解编排汉字的笔形顺序。

笔画检字法简单方便,容易掌握。不足的地方是,有的字笔画繁多,如"蠹(dù,24画)、憨(hān,25画)、爨(cuàn,30画)、齉(nāng,36画)",计算起来很费事。另外,有的字起笔不好确定,如"长、惊",这给检字带来了一定的困难。

(三) 音序检字法

音序检字法指的是按汉字读音拼写字母的顺序来编排检字的方法。音序检字法有不少类型,现在中国内地通行的是汉语拼音字母检字法,就是采用《汉语拼音方案》字母表中字母的顺序来排检汉字。音节相同的字按"阴平、阳平、上声、去声"来编排,轻声字一般排在相同音节的所有字头之后。

这种查字法的优点很明显,如果熟悉普通话的字音,就可以很容易查检到该字,不受字形的影响;但是如果不知道该字的字音,或者不熟悉普通话的语音,查检起来就很不方便了。

其实,这种检字法也还需要借助笔画笔形检字法来帮助编排字序。因为汉语中有的音节同音字很多,需要确定字序。如"yì",《新华字典》就收了72个字,这就有一个根据字形来排序的问题。在同音字的排序方法上,《新华字典》和《现代汉语词典》(第5版)不同。现在一般采取《现代汉语词典》的排序方法:同音字按笔画多少排列,笔画少的在前,多的在后;笔画相同的,按起笔笔形横、竖、撇、点、折的次序排列。

上面三种常用的检字法各有优点和局限,现在的工具书往往都有两种和三种检字法的索引,以便互相补充,方便读者使用。其实,人们在检字时也往往灵活运用。如果一个字,知道读音而要查检意思,一般按音序检字法直接到"字典正文"中查找;如果是不知道读音的字,便只能用形序法来查检,而且形序法的两种类型也可以互相补充。

【思考与检测五】

一、指出下列各字的部首。

美 丽 宁 静 的 天 鹅 湖 上 未 见 一 只 小 鸟

二、将下列各字按笔画数从少到多排列,笔画数相同的按笔顺排列。

在 这 儿 人 们 充 分 地 享 受 着 繁 荣 昌 盛 幸 福 安 宁 的 新 生 活

三、给下列汉字按汉语拼音排序。

祖 国 啊 我 是 你 河 边 上 破 旧 的 老 水 车 数 百 年 来 纺 着 疲 惫 的 歌

主要参考文献

北京大学中文系现代汉语教研室编(2003)《现代汉语》(重排本),北京:商务印书馆。
北京大学中文系现代汉语教研室编(2003)《现代汉语专题研究》,北京:北京大学出版社。
曹 文(2000)《汉语发音与纠音》,北京:北京大学出版社。
陈阿宝主编(2002)《现代汉语概论》,北京:北京语言大学出版社。
陈光磊(1994)《汉语词法论》,上海:学林出版社。
程美珍主编(1997)《汉语病句辨析九百例》,北京:华语教学出版社。
崔永华主编(1997)《词汇文字研究与对外汉语教学》(对外汉语教学研究丛书之一),北京:北京语言文化大学出版社。
董少文(1988)《语音常识》,上海:上海教育出版社。
房玉清(1993)《实用汉语语法》,北京:北京语言学院出版社;增订本,2001,北京:北京大学出版社。
符淮青(2004)《现代汉语词汇》(增订本),北京:北京大学出版社。
高家莺、范可育、费锦昌(1993)《现代汉字学》,北京:高等教育出版社。
胡裕树主编(2000)《现代汉语》(重订本),上海:上海教育出版社。
黄伯荣、廖序东主编(2003)《现代汉语》(增订三版),北京:高等教育出版社。
贾彦德(1999)《汉语语义学》(第二版),北京:北京大学出版社。
李大遂(1993)《简明实用汉字学》,修订本,2003,北京:北京大学出版社。
李大忠(1996)《外国人学汉语语法偏误分析》,北京:北京语言文化大学出版社。
李晓琪主编(2006)《对外汉语文化教学研究》(汉语教学专题研究书系之一,赵金铭总主编),北京:商务印书馆。
林 焘、王理嘉(1992)《语音学教程》,北京:北京大学出版社。

刘广徽、金晓达(2008)《汉语普通话语音图解课本》,北京:北京语言大学出版社。
刘叔新(1995)《汉语描写词汇学》,北京:商务印书馆。
刘月华、潘文娱、胡韡(2001)《实用现代汉语语法》(增订本),北京:商务印书馆。
卢福波(1996)《对外汉语教学实用语法》,北京:北京语言文化大学出版社。
陆俭明(2005)《现代汉语语法研究教程》(第三版),北京:北京大学出版社。
吕叔湘(1979)《汉语语法分析问题》,北京:商务印书馆。
吕叔湘主编(1999)《现代汉语八百词》(增订本),北京:商务印书馆。
罗常培、王均(2002)《普通语音学纲要》(修订本),北京:商务印书馆。
马　真(1997)《简明实用汉语语法教程》,北京:北京大学出版社。
马　真(2004)《现代汉语虚词研究方法论》,北京:商务印书馆。
马庆株编(1999)《语法研究入门》,北京:商务印书馆。
钱乃荣主编(1995)《现代汉语》,北京:北京语言学院出版社。
裘锡圭(1990)《文字学概要》,北京:商务印书馆。
邵敬敏主编(2007)《现代汉语通论》(第二版),上海:上海教育出版社。
施春宏(2005)《语言在交际中规范》,北京:中国经济出版社。
苏培成(2001)《现代汉字学纲要》(增订本),北京:北京大学出版社。
孙德金主编(2006)《对外汉语词汇及词汇教学研究》(汉语教学专题研究书系之一,赵金铭总主编),北京:商务印书馆。
孙德金主编(2006)《对外汉语语法及语法教学研究》(汉语教学专题研究书系之一,赵金铭总主编),北京:商务印书馆。
孙德金主编(2006)《对外汉语语音及语音教学研究》(汉语教学专题研究书系之一,赵金铭总主编),北京:商务印书馆。
孙德金主编(2006)《对外汉字教学研究》(汉语教学专题研究书系之一,赵金铭总主编),北京:商务印书馆。
王　还主编(1992)《汉英虚词词典》,北京:华语教学出版社。
王　宁(2002)《汉字构形学讲座》,上海:上海教育出版社。
王建勤主编(1997)《汉语作为第二语言的习得研究》(对外汉语教学研究丛书之一),北京:北京语言文化大学出版社。
王建勤主编(2006)《汉语作为第二语言的学习者习得过程研究》(汉语教学专题研究书系之一,赵金铭总主编),北京:商务印书馆。
王建勤主编(2006)《汉语作为第二语言的学习者与汉语认知研究》(汉语教学专题

研究书系之一,赵金铭总主编),北京:商务印书馆。
王建勤主编(2006)《汉语作为第二语言的学习者语言系统研究》(汉语教学专题研
　　究书系之一,赵金铭总主编),北京:商务印书馆。
王理嘉(1991)《音系学基础》,北京:语文出版社。
吴启主主编(1990)《现代汉语教程》,长沙:湖南师范大学出版社。
吴宗济主编(1992)《现代汉语语音概论》,北京:华语教学出版社。
邢福义、汪国胜主编(2003)《现代汉语》,武汉:华中师范大学出版社。
邢公畹主编(1994)《现代汉语教程》,天津:南开大学出版社。
徐　青主编(1997)《现代汉语》(修订版),上海:华东师范大学出版社。
徐世荣(1993)《普通话语音教程》,北京:语文出版社。
尹斌庸、苏培成主编(1994)《科学地评价汉语汉字》,北京:华语教学出版社。
于根元主编(1994)《现代汉语新词词典》,北京:北京语言学院出版社。
于根元主编(1999)《实用语文规范知识小词典》,北京:语文出版社。
语文出版社编(2006)《语言文字规范手册》(增补本),北京:语文出版社。
袁家骅等(1989)《汉语方言概要》(第二版),北京:文字改革出版社。
袁毓林(1998)《汉语动词的配价研究》,南昌:江西教育出版社。
张　斌主编(2001)《现代汉语虚词词典》,北京:商务印书馆。
张　斌主编(2004)《简明现代汉语》,上海:复旦大学出版社。
张静贤(1992)《现代汉字教程》,北京:现代出版社。
张永言(1982)《词汇学简论》,武汉:华中工学院出版社。
赵金铭主编(1997)《新视角汉语语法研究》(对外汉语教学研究丛书之一),北京:北
　　京语言文化大学出版社。
赵金铭主编(1997)《语音研究与对外汉语教学》(对外汉语教学研究丛书之一),北
　　京:北京语言文化大学出版社。
赵金铭主编(2004)《对外汉语教学概论》,北京:商务印书馆。
赵元任(1979)《汉语口语语法》,吕叔湘译,北京:商务印书馆。
周　荐编(2004)《二十世纪现代汉语词汇论文精选》,北京:商务印书馆。
朱　川主编(1997)《外国学生汉语语音学习对策》,北京:语文出版社。
朱德熙(1982)《语法讲义》,北京:商务印书馆。
朱德熙(1985)《语法答问》,北京:商务印书馆。

思考与检测答案

第一章 语 音

【思考与检测一】

一、1. 物理属性 生理属性 社会属性

2. 音高 音强 音长 音色 音色 音高

3. 语流当中最自然 从音色的角度切分出来的最小

4. 4 2 2

5. 字母表 声母表 韵母表 声调符号 隔音符号

二、三、四、〔略〕

五、tā zài hēi bǎn shàng huà de huà ér hěn piào liàng
　　他 在 黑 板 上 画 的 画儿 很 漂 亮

这句话中包含了11个音节。

六、七、〔略〕

【思考与检测二】

一、1. 21

2. 双唇音 唇齿音 舌尖前音 舌尖中音 舌尖后音 舌面音 舌根音

3. 塞音 擦音 塞擦音 鼻音 边音

4. m n l r

5. g k h;z c s

二、三、四、〔略〕

五、1. 找 2. 前 3. 棍 4. 上

六、1. 村 2. 条 3. 三 4. 补

七、1. l 2. p 3. d 4. f 5. c 6. ch 7. h 8. x

八、变(b)—片(p),前者为不送气音,后者为送气音。
　　旦(d)—贪(t),前者为不送气音,后者为送气音。
　　存(c)—纯(ch),前者为舌尖前音,后者为舌尖后音。
　　男(n)—兰(l),前者为鼻音,后者为边音。
　　复(f)—护(h),前者为唇齿音,后者为舌根音。
　　街(j)—该(g),前者为舌面前塞擦音,后者为舌根塞音。
　　海(h)—写(x),前者为舌根音,后者为舌面前音。
　　字(z)—次(c),前者为不送气音,后者为送气音。
　　强(q)—扛(k),前者为舌面前塞擦音,后者为舌根塞音。
　　庄(zh)—窗(ch),前者为不送气音,后者为送气音。
　　赞(z)—站(zh),前者为舌尖前音,后者为舌尖后音。
　　桑(s)—商(sh),前者为舌尖前音,后者为舌尖后音。

九、补(b)写—谱(p)写　　　　读(d)书—图(t)书
　　干(g)完—看(k)完　　　　经(j)理—清(q)理
　　摘(zh)除—拆(ch)除　　　早(z)上—草(c)上
　　放(f)荡—晃(h)荡　　　　留念(n)—留恋(l)
　　昏(h)乱—纷(f)乱　　　　陆(l)地—入(r)地
　　难(n)求—篮(l)球　　　　诗(sh)人—私(s)人
　　米缸(g)—米糠(k)　　　　短暂(z)—短见(j)
　　有刺(c)—有气(q)　　　　早(z)市—找(zh)事
　　触(ch)发—促(c)发　　　　揭(j)开—切(q)开
　　入(r)水—露(l)水　　　　商(sh)业—香(x)液
　　不扫(s)—不小(x)　　　　三(s)人—仙(x)人
　　恼(n)人—老(l)人　　　　对(d)味—退(t)位
　　公费(f)—工会(h)　　　　代(d)沟(g)—太(t)抠(k)
　　脆(c)弱—最(z)弱　　　　糟(z)了—焦(j)了
　　主(zh)力—阻(z)力—举(j)例　数(sh)目—肃(s)穆—畜(x)牧
　　　gài　　xiè　　　　　　　nǔ　　lǚ
十、机械→机械　　　　　　　旅行→旅行
　　fàn　　huàn　　　　　　fù shòng　 hù sòng
　　焕发→焕发　　　　　　　护送 → 护送
　　cuàn　chuàn　　　　　　 zǔ cí　 zhǔ chí
　　串连→串连　　　　　　　主持 → 主持

```
nánshè    lánsè              niángsi    liángshi
蓝色 → 蓝色                  粮食 → 粮食
dán    tán                   fāng     huāng
谈论 → 谈论                  开荒 → 开荒
yóu    róu                   xū    shū
柔和 → 柔和                  输赢 → 输赢
cǎn    chǎn                  suǐjǔn   shuǐzhǔn
产量 → 产量                  水准 → 水准
cháiléng  cáinéng
才能 → 才能
```

【思考与检测三】

一、1. 单元音韵母　复元音韵母　鼻音韵母

2. in 为前鼻音韵母,ing 为后鼻音韵母

3. er

4. n[n]　ng[ŋ]

5. ai、ei、ao、ou；ia、ie、ua、uo、üe；iao、iou、uai、uei

二、[略]

三、
```
xīn zhí kǒu kuài              bīng qiáng mǎ zhuàng
心 直 口 快                    兵 强 马 壮
duō chóu shàn gǎn             mǎ dào chéng gōng
多 愁 善 感                    马 到 成 功
chūn guāng wú xiàn            jiān rèn bù bá
春 光 无 限                    坚 韧 不 拔
děng ér xià zhī               zì lì gēng shēng
等 而 下 之                    自 力 更 生
```

四、

汉字	汉语拼音	声母	韵母		
			韵头	韵身	
				韵腹	韵尾
思	si	s		i	
猫	mao	m		a	o
短	duan	d	u	a	n
恰	qia	q	i	a	
庄	zhuang	zh	u	a	ng
用	yong		i	o	ng

五、气(i)味—趣(ü)味　　　　　　急(i)促—局(ü)促
　　分派(ai)—分配(ei)　　　　　　考(ao)试—口(ou)试
　　反(an)问—访(ang)问　　　　　申(en)明—声(eng)明
　　名义(i)—名誉(ü)　　　　　　戏(i)曲—序(ü)曲
　　私(i[)事—失(i[ʃ])事　　　　　　贫(in)民—平(ing)民
　　潜(ian)力—权(üan)力　　　　竭(ie)力—角(üe)力
　　灰(ui)色—黑(ei)色　　　　　　金(in)星—精(ing)心
　　确(üe)实—切(ie)实　　　　　　卫(uei)国—外(uai)国
　　出身(en)—出声(eng)　　　　　勋(ün)章—胸(iong)章
　　亲(in)近(in)—钦(in)敬(ing)—清(ing)静(ing)

六、　sǒufù　shǒuhù　　　　　　qìnxìn　qìngxìng
　　　守护→守护　　　　　　　　庆幸→庆幸
　　　zùhuò　zhùhè　　　　　　xuān　xiān
　　　祝贺→祝贺　　　　　　　　先期→先期
　　　fīxín　fēixíng　　　　　　qīngqì　qīnqiè
　　　飞行→飞行　　　　　　　　亲切→亲切
　　　gò　guò　　　　　　　　　zòdèi　zuòduì
　　　经过→经过　　　　　　　　作对→作对
　　　mó　móu　　　　　　　　yì　yù
　　　谋士→谋士　　　　　　　　声誉→声誉
　　　zǎnnǎn　zhǎnlǎn　　　　　mǒng　měng
　　　展览→展览　　　　　　　　猛烈→猛烈

【思考与检测四】
一、1. 声调的实际读法(就是一个音节高低升降曲直长短的变化形式)，声调的分类(就是把一种语言中调值相同的字归纳在一起所形成的类别)
　　2. 阴平　阳平　上声　去声
二、[略]
三、hézuò(合作)　　　ēnqíng(恩情)　　　sìshí(四十)
　　yǔshuǐ(雨水)　　　ānníng(安宁)　　　yuānwang(冤枉)
　　huāfèi(花费)　　　zìzhǔ(自主)　　　shìchǎng(市场)
　　yīngxióng(英雄)　　kǔnàn(苦难)　　　zhuīqiú(追求)

四、1. 背:bèi 瞒；　　bēi 负担

2. 钉:dīng 钉子；dìng 把钉子锤打进别的东西里

3. 好:hào 喜爱（跟"恶"相对）；hǎo 使人满意的

4. 教:jiāo 把知识或技能传给人；jiào 宗教

5. 磨:mò 一种把粮食弄碎的工具；mó 摩擦

6. 为:wèi 表示原因、目的；wéi 做

7. 数:shù 数目；shǔ 查点（数目）

量:liàng 数量,数目；liáng 用某种标准来确定事物的长短、大小、多少等

五、成人（成仁）—承认　　　　预言（寓言）—语言

树叶—输液（书页）　　　　时代—世代

笔直（比值）—币制　　　　相同—相通

天空—填空　　　　　　　　会议（会意）—回忆

枪毙—墙壁　　　　　　　　知道—指导—直到

通信—童心（同心）—痛心

【思考与检测五】

一、1. 声母　韵母　声调

2. 声调　韵腹

3. 4　1

二、siāosi（消息）→xiāoxi　　　　shānpuō（山坡）→shānpō

mōngyén（蒙人）→mēngrén　　jànxē（间歇）→jiànxiē

qùedìn（确定）→quèdìng　　　siànguǎng（向往）→xiàngwǎng

píǎo（皮袄）→pí'ǎo　　　　　tuēihuān（推翻）→tuīfān

lióudùng（流动）→liúdòng　　ìluèn（议论）→yìlùn

lǎuōng（老翁）→lǎowēng　　　xuānnùn（鲜嫩）→xiānnèn

luìsuěi（泪水）→lèishuǐ　　　qiújiòu（求救）→qiújiù

shàngè（上颚）→shàng'è　　　dèiǒu（对偶）→duì'ǒu

hǒjù（火炬）→huǒjù　　　　　qóngkuèn（穷困）→qióngkùn

iàoù（药物）→yàowù　　　　　lǐndǎu（领导）→lǐngdǎo

üuánìong（援用）→yuányòng　jùfù（住户）→zhùhù

yùyiè（玉液）→yùyè　　　　　tuēnghúng（通红）→tōnghóng

xàolù(效率)→xiàolǜ　　　　iǒuuèi(有为)→yǒuwéi

guèizhú(贵族)→guìzú

三、[略]

【思考与检测六】

一、读本调：子弹　子弟　子女　才子　臣子　女子　鱼子　原子　瓜子脸
　　　　　男子汉　败家子　皇太子　太阳黑子　海外游子　不肖子孙

　　读轻声：杯子　个子　围子　李子　院子　笛子　钻空子　江湖骗子

　　规律：[略]

二、[略]

三、说明：有的词有多个义项，这里均只列出一个常见义项。

地方：dìfāng 中央下属的各级行政区划的统称。

　　　dìfang 某一区域；空间的一部分；部位。

实在：shízài 诚实；不虚假。

　　　shízai(工作、干活儿)扎实；地道；不马虎。

多少：duōshǎo 指数量的大小。

　　　duōshao 疑问代词，问数量。

生气：shēngqì 因不合心意而不愉快。

　　　shēngqi 生命力；活力。

星星：xīngxīng 细小的点儿。

　　　xīngxing 星。

地下：dìxià 地面之下；地层内部；

　　　dìxia 地面上。

本事：běnshì 文学作品主题所根据的故事情节。

　　　běnshi 本领。

合计：héjì 合在一起计算。

　　　héji 盘算。

自然：zìrán 自然界；

　　　zìran 不勉强；不局促；不呆板。

老子：lǎozǐ 人名，春秋时代人物，道家创始人。

　　　lǎozi 父亲。

精神：jīngshén 指人的意识、思维活动和一般心理状态。

　　　jīngshen 表现出来的活力。

对头：duìtóu 正确；合适。

　　　duìtou 仇敌；敌对的方面。

大爷：dàyé 指不好劳动、傲慢任性的男子。

　　　dàye 伯父。

人家：rénjiā 住户。

　　　rénjia 指自己或某人以外的人；别人。

兄弟：xiōngdì 哥哥和弟弟。

　　　xiōngdi 弟弟。

虾子：xiāzǐ 虾的卵。

　　　xiāzi 虾。

摆设：bǎishè 把物品按照审美观点安放。

　　　bǎishe 按照审美观点安放好的东西。

四至九、[略]

第二章 词 汇

【思考与检测一】

一、1. 词　固定短语

2. 音义

3. 固定、自由

二、成长 是 有 过程 的，正 如 一 颗 果子，在 它 青涩 的 时候，你 无法 要求 它 成熟，如果 你 因此 而 失去 等待 的 耐心，你 也许 会 错失 一 颗 最好 的 情感 之 果。

三、创造 2；扑克 1；牡丹 1；作者 2；啤酒 1；禽流感 3；扑通 1；玫瑰花 2；马虎 1；宇航员 3；法兰西 1；马到成功 4；咖啡伴侣 3；电子计算机 5

四、1. 语素：7（骆驼、队、走、出、了、沙、漠）；

词：5（骆驼队、走、出、了、沙漠）。

2. 语素：17（他、买、到、了、一、张、奥、林、匹、克、运、动、会、开、幕、式、的、入、场、券）；

词：10（他、买、到、了、一、张、奥林匹克运动会、开幕式、的、入场券）。

五、

	想	人民	坐车	芙蓉	理想化	巧克力	蜘蛛网	奥林匹克
汉字	1	2	2	2	3	3	3	4
语素	1	2	2	1	3	1	2	1
词	1	1	2	1	1	1	1	1

六、〔略〕

【思考与检测二】

一、1. 一　两

　　2. 词根　词缀

　　3. 词根(语素)　词根(语素),词根(语素)　词缀(语素)

　　4. 联合式(并列式)　偏正式　主谓式　述宾式(动宾式)　补充式

二、崎岖　蝴蝶　逍遥　葡萄　侥幸　蜿蜒

三、白布　太冷　吹起　吹风　说完

四、1. 词缀　词根　词根　词根　词根

　　2. 词根　词缀　词根　词缀　词缀

　　3. 词根　词根　词缀　词根　词缀

　　4. 词根　词根　词缀　词根　词缀

　　5. 词缀　词根　词根　词缀　词根

　　6. 词根　词缀　词缀　词根　词缀　词根

五、主谓　偏正　联合　附加　述宾　附加　述宾

　　主谓　附加　补充　偏正　附加　补充　主谓

　　附加　联合　述宾　附加　述宾　联合　联合

　　联合　附加　偏正　重叠　补充　附加　述宾

　　偏正　偏正　附加　联合　补充　重叠　附加

　　附加　附加　附加　重叠

六、前加式　前加式　后加式　后加式　前加式　前加式

　　后加式　前加式　后加式　前加式　后加式　后加式

　　中加式　后加式　后加式　中加式　中加式

七、人均(每人平均):提取法

　　中青年(中年青年):合并法

安检(安全检查):提取法

四化(工业现代化、农业现代化、国防现代化、科学现代化):标数法

奥运会(奥林匹克运动会):提取法

影视(电影电视):提取法

清华(清华大学):截取法

八、[略]

【思考与检测三】

一、1. 概括性　模糊性　民族性

2. 感情色彩义　形象色彩义　语体色彩义

3. 多义词的几个义项中产生最早的　多义词的多个义项中最主要、最常用的

4. 引申　比喻

5. 语音　意义

二、狡猾—聪明(褒—贬)　　　　　创造—杜撰(褒—贬)

攻克—攻占(褒—中)　　　　　称赞—奉承(褒—贬)

教训—教诲(中—褒)　　　　　计策—诡计(中—贬)

比较—比附(中—贬)　　　　　鼓励—煽动(褒—贬)

勾结—团结(贬—褒)　　　　　成果—结果—后果(褒—中—贬)

论辩—诡辩—雄辩(中—贬—褒)　保护—庇护—爱护(中—贬—褒)

武断—果断—决断(贬—褒—中)

三、小气—吝啬(口—书)　　　　　碧空—天空(书—通)

洗—洗涤(书—通)　　　　　　朋友—哥们(通—口)

丢掉—摈弃(通—书)　　　　　诞辰—生日(书—通)

头颅—脑壳(书—通)　　　　　乱说—瞎扯(通—口)

瑕疵—缺点(书—通)　　　　　撒气—迁怒—出气(口—书—通)

道歉—致歉—赔不是(通—书—口)

四、1. 端正(多义词)

2. 收拾(多义词)

3. 内向(单义词)

4. 嫩(多义词)

5. 网点(单义词)

五、1. 脸:①本义;②引申义;③引申义;④比喻义;⑤引申义。
2. 春:①本义;②比喻义。
3. 亮:①本义;②引申义;③比喻义。
4. 投入:①本义;②引申义。
5. 便衣:①本义;②引申义。
6. 锤炼:①本义;②比喻义。

六、1. 潮:多义词
2. 听信:同音词
3. 到位:多义词
4. 副:同音词
5. 本事:同音词
6. 麻痹:多义词

【思考与检测四】

一、1. 意义相同或者相近　等义词　近义词
2. 理性意义　色彩意义　用法
3. 意义相对、相反　绝对反义词　相对反义词

二、[略]

三、1. 夸大。"夸张"不能带宾语。
2. 亲切。"亲切"指一方对另一方,"亲密"一定指双方;"亲切"可以做谓语,"亲爱"不能做谓语,一般做定语。
3. 毁坏。"损坏"的程度比较轻,与句子的整体意思不合拍。
4. 展开。"展开"能用于具体事物,指把合拢的东西打开,"开展"和"展览"不能;"展开"后可带宾语,"展览"不能。
5. 必需。"必需"是动词,能做定语;"必须"是副词,不能做定语。
6. 昏暗。"昏暗"是光线不足;"漆黑"指一片黑暗,没有光线。原句意思是看不清,所以应该用"昏暗"。而"黑暗"一般用于抽象的事物。
7. 议论。"议论"有对人或事物的好坏、是非等所表示的意见的意思,"谈论""讨论"没有这个意思。
8. 漂亮。"美丽"和"漂亮"虽都可指事物好看,但"美丽"更注重于内在本质美好,"漂亮"更侧重于外观好看。

四、1. "紧密"改为"周密"。"周密"的意思是周到而细密,常和"计划、设计、方案、安排"等搭配使用;"紧密"多指关系十分密切,不可分割。

2. "人口"改为"人"。"人口"是集合名词,不能再受数量词修饰。

3. "性质"改为"品质"。"性质"一般用于物,不用于人。

4. "继续"改为"持续"。"持续"强调连续不断;"继续"强调前后相连;"持续"一般要求后接时间补语,"继续"较少接时间补语。

5. "完满"改为"美满"。"完满"的意思是完整,没有欠缺;"美满"的意思是美好圆满,且常和"生活"等搭配使用。

6. "担负"改为"担任"。"担负"指承担责任、工作、费用等,一般不跟具体的职务名称搭配;"担任"则指担当某种具体职务或工作。

7. "勾结"改为"团结"。"勾结"是贬义词,跟句子意思不合。

8. "时代"改为"时期"。"时期"指具有某种特征的一段时间,"时代"指历史上划分的某个时期。

五、绝对反义词:生—死;积累—消费;完整—残缺

相对反义词:薄—厚;痛苦—快乐;丑恶—美丽;脆弱—坚强;低落—高涨;
和善—凶狠;拘泥—大方;冷落—热闹;喜剧—悲剧;赞同—反对;
光明—黑暗;后退—进步;富裕—贫穷;民主—专制;上升—下降

【思考与检测五】

一、1. 全民常用性　稳固性　能产性

2. 从外族语言中连音带义吸收进来

3. 定型　固定

4. 形式简洁而意义精炼

二、三、[略]

四、纯音译:马达、白兰地、浪漫、摩托、哈达、木乃伊

音译+类名:卡片、啤酒

六、出生入死　　　深入浅出
量入为出　　　喜新厌旧
眼高手低　　　生离死别
三长两短　　　大材小用
异口同声　　　扶弱抑强

头重脚轻　　　　朝不保夕

同生共死　　　　此起彼伏

阳奉阴违　　　　厚积薄发

七、非→蜚(也可作"飞")　遗→贻　中→衷　即→既　愁→筹

弛→驰　株→诛　崖→涯　逮→待　上→尚

八、九、十、〔略〕

【思考与检测六】

一、1. 新词的产生　旧词的隐现　词义的演变

2. 词义的扩大　词义的缩小　词义的转移

二、1. 新词产生的途径主要有下面这样一些：新造、旧词增加新义、专业术语通用化、方言词语或特定地区用语通用化、外来词的引入、缩略构词。

2. 软件：新造，专业术语通用化

影视：缩略构词

菜单：旧词增加新义

展销：新造

克隆：外来词的引入

亮相：旧词增加新义

基因：外来词的引入

绿色：旧词增加新义

开放型：新造

打工仔：方言词语或特定地区用语通用化

迪斯科：外来词的引入

网站：新造

艾滋病：外来词的引入

第三者：旧词增加新义

同志：旧词增加新义

三、1. 走：词义的转移

2. 坟：词义的缩小

3. 松绑：词义的扩大

4. 府：词义的扩大

5. 姑:词义的缩小

6. 庞:词义的转移

7. 牺牲:词义的转移

8. 勾当:词义的缩小

9. 起飞:词义的扩大

10. 行礼:词义的转移

第三章 语　法

【思考与检测一】

一、1. 语言结构

　　2. 语素　词　短语　句子　句子

　　3. 能否独立运用　最小

二、1. 语素:人　是　有　思　想　的　动　物

　　　词:人　是　有　思想　的　动物

　　　短语:人是有思想的动物　是有思想的动物　有思想的动物　有思想

　　　句子:人是有思想的动物。

　　2. 语素:黎　明　和　黄　昏　都　充　满　昏　黄　的　光　线

　　　词:黎明　和　黄昏　都　充满　昏黄　的　光线

　　　短语:黎明和黄昏都充满昏黄的光线　黎明和黄昏　都充满昏黄的光线　充满昏黄的光线　昏黄的光线

　　　句子:黎明和黄昏都充满昏黄的光线。

三、[略]

【思考与检测二】

一、1. (新进)的光盘‖[已经]卖〈光〉了。

　　2. (每个)人‖[都][无限]眷念(自己)的母亲。

　　3. (张家界)的(美好)景色‖[深深]地吸引了(各地)的游客。

　　4. 老师傅‖[把教学楼的大门]漆〈成〉蓝色。

　　5. (那几个)孩子‖[早][就]做〈完〉了(老师布置)的(寒假)作业。

二、1. 定语　2. 补语　3. 主语　4. 谓语　5. 状语　6. 宾语

三、1. "旅游"不能带宾语。"旅游广西桂林"可改为"去广西桂林旅游"。

2. "深入"不能修饰"印象"。"深入的印象"可改为"深刻的印象"。

3. "个子"与"很结实"不能搭配。"个子很结实"可改为"个子很高"或"身体很结实"。

4. "访问"与"车间"不能搭配。"访问了几个车间"可改为"参观了几个车间"。

5. 状语"十分"和"特别"重复。"十分特别笔直"可改为"十分笔直"或"特别笔直"。

6. "书籍"是集体名词,不能用"很多"修饰。"很多书籍"可改为"很多书"。

7. "车"与"开始"不能搭配。"车就开始了"可改为"车就开了"。

8. 补语"懂"和"明白"重复。"听懂明白"可改为"听懂"或"听明白"。

【思考与检测三】

一、1. 语法功能

2. 充当句子成分

3. 及物　不及物

4. 语素之间可以插入别的成分

5. 性质　状态

6. 人称代词　指示代词　疑问代词

二、名词:电话　绿色　思维　高见　提纲　下面　热度　反话　反响

　　动词:变化　绿化　思考　高举　提高　提升　下班　下降　反对　反映　繁育

　　形容词:碧绿　高傲　下贱　鲜红　热烈　反常　繁杂　沉甸甸

三、四、[略]

五、"漆黑"是状态形容词,"黑暗"是性质形容词,它们在与副词搭配上不同。我们可以说"很黑暗",但不说"很漆黑"。

六、[略]

七、1. 你　我　虚指

2. 这　那　虚指

3. 哪儿　虚指

4. 哪儿　任指

5. 谁　任指

6. 谁　虚指

八、[略]

九、1. "很"做补语时前面必须有"得",因此不可以说"乱很了",应改为"很乱"或"乱得很"或"乱极了"。

2. "二十三四"和"来"都表示概数,不能一起用,应改为"二十三四个"或"二十来个"。

3. "战争"是名词,不能做谓语,应改为"发生了战争"。

4. "简单"是形容词,一般不带宾语,应改为"简化了一些报名手续"。

5. "二本书"改为"两本书"。

6. "很主要"改为"很重要"。

7. "非常孤零零的"改为"非常孤单"或"孤零零的"。

8. "猛然的车祸"改为"偶然的车祸"。

9. "一百多只奶牛"改为"一百多头奶牛"。

10. "结婚男朋友"改为"跟男朋友结婚"。

【思考与检测四】

一、她(代词)│趴(动词)│在(介词)│窗台(名词)│上(方位词)│向(介词)│窗(名词)│外(方位词)│看(动词),忽然(副词)│发现(动词)│眼(名词)│前(名词)│飞(动词)│过(助词)│一(数词)│只(量词)│雪白(形容词)│的(助词)│小(形容词)│鸟(名词)。她(代词)│张(动词)│开(动词)│嘴(名词),想(动词)│问(动词)│一(数词)│句(量词),喂(叹词),小(形容词)│鸟(名词),你(代词)│飞(动词)│到(介词)│什么(代词)│地方(名词)│去(动词)│呀(语气词)?可是(连词),她(代词)│没有(副词)│出声(动词),静(形容词)静(形容词)地(助词)│看(动词)│着(助词)│鸟儿(名词)│飞(动词)│了(助词)│过去(动词)。

二、1. 比:①动词 ②介词 ③动词

2. 管:①动词 ②介词 ③量词

3. 给:①介词 ②动词 ③助词 ④介词

4. 在:①介词 ②副词 ③动词 ④介词

5. 要:①动词 ②连词 ③动词 ④助动词

6. 对:①介词 ②动词 ③形容词 ④量词

7. 和:①介词 ②名词 ③连词 ④介词

8. 一起:①名词 ②副词

9. 活跃:①形容词 ②动词

三、1. 不　　　　2. 没(没有)　　　　3. 没(没有)
　　4. 不　　　　5. 不 不　　　　6. 不
　　7. 没(没有)不　　8. 不　　　　9. 没(没有)
　　10. 没(没有)　　11. 不/没　　　　12. 不
　　13. 不 没　　14. 没(没有)

四、1. 的 得 地　　　　2. 的 得
　　3. 的 地　　　　　　4. 得 得
　　5. 的 地　　　　　　6. 得
　　7. 的 的　　　　　　8. 的 得

五、1. 着　　　　　　　　2. 着 了
　　3. 着　　　　　　　　4. 过 了
　　5. 着 过　　　　　　　6. 了 了
　　7. 过 了　　　　　　　8. 过

六、1. "和"可以自由连接并列的两项或多项名词,但在连接动词或形容词时,动词和形容词不能单独出现,前后必须有其他成分,如状语、补语等。

2. "并"连接并列的两项动词。

3. "而"连接并列的两项形容词。

七、区别:(1)"千万"是指"务必",表示嘱咐叮咛;而"万万"指绝对,无论如何。
　　(2)"千万"多用于肯定句;而"万万"则用于否定句。

八、1. 除 → 除了　　　　2. 及 → 以及
　　3. 为了 → 为　　　　4. 只有 → 只要
　　5. 或者 → 还是　　　6. 了 → 过
　　7. 关于 → 对　　　　8. 吗 → 呢
　　9. 因此 → 所以　　　10. 对于 → 对

九、[略]

【思考与检测五】

一、联合短语　介宾短语　联合短语　偏正短语　主谓短语　介宾短语
　　方位短语　连谓短语　述补短语　述宾短语　连谓短语　复指短语

一、
述宾短语　联合短语　兼语短语　偏正短语　"的"字短语　复指短语
复指短语　连谓短语　方位短语　兼语短语　述补短语　主谓短语
述补短语　"的"字短语　兼语短语　兼语短语　述补短语　偏正短语
偏正短语　述宾短语　述补短语　联合短语　连谓短语　复指短语
偏正短语　述宾短语　主谓短语　述宾短语　述补短语　主谓短语

二、数量补语　结果补语　可能补语　可能补语　趋向补语
　　结果补语　处所补语　程度补语　结果补语　可能补语
　　程度补语　数量补语　状态补语　趋向补语　结果补语
　　状态补语　状态补语　处所补语　数量补语　状态补语

三、

1. 那个 东北 小 姑娘 特别 喜欢 笑。

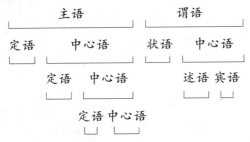

(那个)(东北)(小)姑娘‖[特别]喜欢笑。

2. 我 为他调动的事 前后 奔波 了 半年。

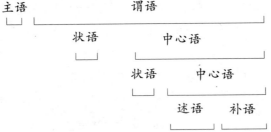

我‖[为他调动的事][前后]奔波了<半年>。

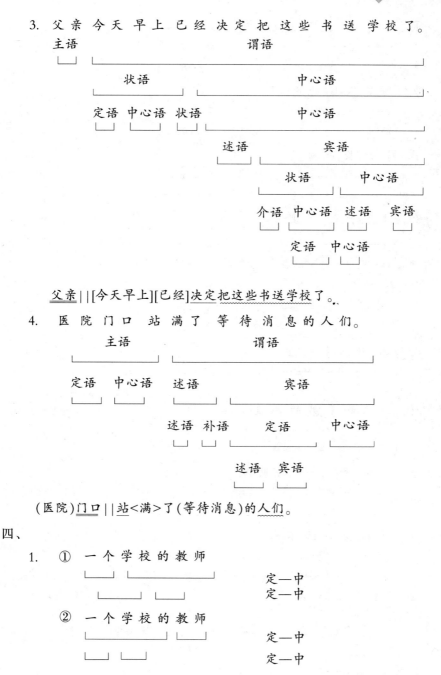

父亲||[今天早上][已经]决定把这些书送学校了。

(医院)门口||站<满>了(等待消息)的人们。

四、

1. ① 一个学校的教师　　　定—中
　　　　　　　　　　　　　定—中

② 一个学校的教师　　　定—中
　　　　　　　　　　　　定—中

2. ① 热爱 人民的总理　　　述—宾
　　　　　　　　　　　　　定—中

　 ② 热爱人民的总理　　　定—中
　　　　　　　　　　　　　述—宾

3. ① 对 厂长的意见　　　　介—宾
　　　　　　　　　　　　　定—中

　 ② 对 厂长的 意见　　　 定—中
　　　　　　　　　　　　　介—宾

4. ① 我们 三个 一组　　　　主—谓
　　　　　　　　　　　　　主—谓

　 ② 我们 三个一组　　　　主—谓
　　　　　　　　　　　　　复指

5. ① 妹妹和弟弟的朋友　　　联合
　　　　　　　　　　　　　定—中

　 ② 妹妹和弟弟的朋友　　　定—中
　　　　　　　　　　　　　联合

6. ① 地板上　睡不好　　　　状—中
　　　　　　　　　　　　　方位　述—补

　 ② 地板上睡不好　　　　　主—谓
　　　　　　　　　　　　　状—中　状—中
　　　　　　　　　　　　　方位

7. ① 安排 好工作　　　　　 述—宾
　　　　　　　　　　　　　定—中

```
         ②  安排好  工作              述—宾
            └┬┘└┬┘                  述—补
             └──┘
8.       ①  新  职工  宿舍            定—中
            └┬┘ └┬┘                 定—中
             └───┘
         ②  新  职工  宿舍            定—中
               └┬┘ └┬┘               定—中
                └───┘
```

【思考与检测六】

一、1. 结构　语气　某种局部特征

　　2. 陈述句　疑问句　祈使句　感叹句

二、1. 主谓句—主谓谓语句

　　2. 非主谓句—名词非主谓句

　　3. 非主谓句—特殊非主谓句

　　4. 非主谓句—特殊非主谓句

　　5. 非主谓句—动词非主谓句

　　6. 主谓句—名词谓语句

　　7. 非主谓句—形容词非主谓句

　　8. 主谓句—形容词主谓句

　　9. 主谓句—动词主谓句

　　10. 主谓句—主谓谓语句

　　11. 非主谓句—动词非主谓句

　　12. 主谓句—动词主谓句

三、1. 疑问句　2. 感叹句　3. 陈述句　4. 祈使句

　　5. 感叹句　6. 疑问句　7. 祈使句　8. 疑问句

四、1. 特指问句　2. 是非问句　3. 正反问句　4. 选择问句

　　5. 正反问句　6. 特指问句　7. 是非问句　8. 选择问句

五、存现句有：1、2、4、6、8、10、11、12、13、14

六、1. 述语不能是光杆动词。应改为"我一定要把中国画学好。"

　　2. 处所补语应放在动词后面。应改为"请你把衣服放在柜子里。"

　　3. "把"后面的述语"倒"的主语不是"大风"，而是"自行车"。应改为"大风把门

口的自行车刮倒了。"

4. "把"后面的述语"脏"的主语不是"你",而是"我的裙子"。应改为"你看看,你把我的裙子都弄脏了。"

5. "把"后面的述语"成为"的主语不是"教练",而是"他"。应改为"教练要把他训练成为世界冠军。"

6. "懂得"是心理活动动词,不能用在"把"字句中。可改为"我们终于把老师的话弄懂了。"或"我们终于懂得了老师的话。"

7. "我的朋友"没有受到影响并产生某种结果。应改为"你跟我的朋友见面了没有?"

8. "没有"放在了"把"的后面。应改为"我的朋友没有把收音机修好。"

9. "懂"在这句话中是可能补语,而不是表示结果。应改为"他把这本英文书看懂了。"

10. "每天"表示句中的动作经常发生,不强调结果,不宜用"把"字句。应改为"我每天在留学生食堂吃饺子。"

七、1. 述语动词"读"是光杆动词。应改为"他花了一个月时间把李白的诗歌读完。"

2. 表达相差比较的句子,谓语应放在后一个比较对象的后面。应改为"冬天里,俄罗斯比中国冷得多。"

3. 否定词"不"放在了"把"的后面。应改为"明明不把糖分给同伴吃。"

4. "感动"的人是我。应改为"他的英雄事迹把我深深地感动了。"或"我被他的英雄事迹深深地感动了。"

5. "有"字句中,宾语后面不能再有别的动词。应改为"天空中有一股浓浓的烟味。"

6. "是"前后的主宾语不搭配。应改为"这次去印度尼西亚参观的代表均是优秀教师。"

7. "有"字句中,"有"后面不可以再有别的动词。应改为"天气预报说今天白天有雪。"

8. "是"字句中,"是"后面不能用"了"等动态助词。应改为"小王的爸爸已经是局长了。"

9. "被"字句多表示不如意的事情。应改为"爷爷的故事讲完了。"

10. 在"有"字句中,"有"的否定形式是在"有"之前加"没"。应改为"我只有一个弟弟,没有哥哥。"
11. "是……的"句式中,"的"字不可以用"了"替换。应改为"在文学史上,李白是很出名的。"
12. 述语"修好了"应放在"被"的后面。应改为"这台电脑被他花了一小时修好了。"
13. "是……的"句式中,"是"用在主谓之间。应改为"这支钢笔是属于弟弟的。"
14. 在比较句中,不能用"很"。应改为"他看上去比他哥哥年轻多了。"

【思考与检测七】

一、1. 意义上相关　结构上互不包含
　　2. 并列复句　承接复句　递进复句　选择复句　解说复句
　　　转折复句　让步复句　因果复句　目的复句　假设复句　条件复句

二、单句:1、3、5、6、7、9
　　复句:2、4、8、10
　　理由:单句是由几个句子成分直接构成,复句是由几个单句形式(即分句)构成。复句的每个分句独立出来就是单句。

三、1. 目的复句　2. 递进复句　3. 解说复句　4. 让步复句
　　5. 假设复句　6. 转折复句　7. 因果复句　8. 条件复句
　　9. 并列复句　10. 承接复句　11. 选择复句　12. 条件复句

四、1. 尚且　何况　　2. 虽然　但是　　3. 一边　一边
　　4. 不管　都　　　5. 与其说　　　　6. 无论　都
　　7. 为了　　　　　8. 一　就　　　　9. 如果　就
　　10. 既然　就　　 11. 只有　才　　　12. 不是　而是

五、1. 虽然是满月,‖ 天上却有一层淡淡的云,‖ 所以不能朗照,| 但我以为
　　　　　　　　　 转折　　　　　　　　　　　　因果　　　　　　　　转折
　　这恰是到了好处。

　　2. 如果没有氧,‖ 光有氢,‖ 或者没有氢,‖ 光有氧,| 都搞不成水。
　　　　　　　　　并列　　　　　　　选择　　　　　　并列　　　　假设

3. 我想这就和挑西瓜一样：|有的看着好，‖|可里边是生的；‖有的看样子很
　　　　　　　　　　　　　解说　　　　　　转折　　　　　　并列
生，‖|可里边却很甜。
　　　转折

4. 我们不管读什么书，|都必须认真去读，‖不仅了解书的内容，‖|而且通过
　　　　　条件　　　　　　　　解说　　　　　　　　　递进
书的内容去了解其反映的时代和社会，‖|否则就不能算读懂。
　　　　　　　　　　　　　　　　　　　条件

【思考与检测八】

1. 北京语言大学的地址是海淀区学院路15号。
2. 不了解中国文化，怎么能学好汉语呢？
3. 大学时期是积累知识、训练思维的重要阶段。
4. 俄罗斯留学生的演出受到热烈欢迎，观众对演出评价很高。
5. 刚开始学汉语写汉字的时候，大家都产生了"汉语难学，汉字难写"的看法。
6. 不管他们来还是不来，我们都要去。
7. 老师明天考我们听力。
8. 我昨天把房间整理了一下。
9. 琼斯经过一个多月的学习，把许多语法知识清晰地记在脑中。
10. 如果不深入调查，如何能做好这件工作？
11. 我的爱尔兰女朋友回国已经半年多了。
12. 他虽然忙了一天，但精神特别好。
13. 放学的时候我们都到咖啡屋喝咖啡。
14. 你只有按时到校，才会取得好成绩。
15. 同学们随时发现并认真克服学习中的缺点。
16. 为了写毕业论文，她一直在图书馆里查资料。
17. 他上课认认真真，每次考试都第一。
18. 老师给我们讲语法。
19. 你们看得见黑板上的字吗？
20. 我在武术班练了三个月太极拳了。
21. 我们的教室打扫得干干净净。

22. 一谈起那次西藏之行,他就非常激动。
23. 他们看到我的时候大吃一惊。
24. 以前我常常去王府井百货商场买东西。
25. 一小时后,人们陆续交卷了。
26. 我们一个星期有十五六节课。
27. 她长得很漂亮,从小就爱帮助别人。
28. 在中国的食堂吃了半年的米饭,我已经非常习惯筷子了。
29. 这姐妹俩,妹妹比姐姐聪明多了。
30. 昨天他没去美术馆看画展。

【思考与检测九】

[略]

第四章 汉 字

【思考与检测一】

一、1. 表音文字　表意文字　表意文字

　　2. 形音义

二、三、[略]

【思考与检测二】

一、1. 笔画　部件　笔画

　　2. 横　竖　撇　点　折

　　3. 相离　相接　相交

　　4. 独体字　两个和两个以上基础

　　5. 甲骨文　金文　篆文　隶书　楷书　草书　行书

　　6. 由繁难变为简易,书写越来越方便

二、卧(8)　使(8)　极(7)　适(9)　魅(14)　世(5)　鼐(14)　融(16)　鸥(9)
　　画(8)　构(8)　肃(8)

三、快:第一笔,点;最后一笔,捺。　　　张:第一笔,横折;最后一笔,捺。
　　侮:第一笔,撇;最后一笔,点。　　　拖:第一笔,横;最后一笔,竖弯钩。
　　拒:第一笔,横;最后一笔,竖折。　　阵:第一笔,横撇弯钩;最后一笔,竖。

帆:第一笔,竖;最后一笔,点。　　建:第一笔,横折;最后一笔,捺。
瓮:第一笔,撇;最后一笔,点。　　心:第一笔,点;最后一笔,点。
观:第一笔,横撇;最后一笔,竖弯钩。　发:第一笔,撇折;最后一笔,点。

四、[略]

五、偏旁:陇(阝、龙)　离(亠、禸)　邓(又、阝)　状(丬、犬)　背(北、月)　建(又、聿)　专(注:无偏旁)　传(亻、专)　殴(区、殳)　爽(大、※※)

　　部首:陇(阝)　离(亠)　邓(又或阝)　状(丬)　背(月)　建(又)　专(一)　传(亻)　殴(殳)　爽(大)

六、独体字:母　走　东　瓦　长　雨　吏　重

　　合体字:病(包围结构或半包围结构)　分(上下结构)

　　滩(左右结构或左中右结构)　磊(品字形结构)

七、[略]

【思考与检测三】

一、[略]

二、会意字:伐　眉　囚　武　引

　　形声字:裂　构　欺　简　闺

三、庭:外形内声　　辫:内形外声　　芜:上形下声
　　匪:外形内声　　衷:外形内声　　妙:左形右声
　　裹:下形上声　　逃:外形内声　　闷:内形外声
　　修:左形右声

四、五、[略]

【思考与检测四】

一、飞　术　卤　伞　枣　画　际　齐
　　扑　齿　戏　环　疗　亏　窜　双
　　怀　艺　药　丽　权　听　惊　体

二、最初　流窜　白皙　困扰　蒙古　火炉
　　麻痹　水滴　浩瀚　充盈　盗贼　证券

三、布(部)署　防(妨)碍　姑(辜)负　鬼(诡)计　寒喧(暄)
　　涣(焕)发　克(刻)苦　恢(诙)谐　家俱(具)　高梁(粱)

坚绝(决)　注消(销)　浪废(费)　气慨(概)　枢钮(纽)
题(提)要　甜密(蜜)　陷井(阱)　即(既)然　训炼(练)
云宵(霄)　针灸(灸)　既(即)使　装璜(潢)　松驰(弛)
证卷(券)　按(安)排　挤(跻)身于　麻疯(风)病　按步(部)就班
迫不急(及)待　草管(菅)人命　以逸代(待)劳　并行不背(悖)
不符(负)众望　不记(计)其数　残(惨)无人道　常(长)年累月
出奇致(制)胜　当人(仁)不让　尔(而)立之年　风糜(靡)一时
轰(哄)堂大笑　欢渡(度)佳节　鬼鬼崇(祟)崇(祟)　过度(渡)阶段
绿草如荫(茵)　披星带(戴)月　破斧(釜)沉舟　认识浮(肤)浅
三翻(番)五次　手(首)屈一指　通货膨涨(胀)　相形见拙(绌)
兴高彩(采)烈　鼓(蛊)惑人心　熙熙嚷(攘)嚷(攘)　严惩不待(贷)
一愁(筹)莫展　一(异)口同声　再(在)此一举　直接(截)了当

【思考与检测五】

一、美(羊)　丽(一)　宁(宀)　静(青)　的(白)　天(一)
　　鹅(鸟)　湖(氵)　上(丨)　未(一)　见(见)　一(一)
　　只(口)　小(小)　鸟(鸟)

二、人　儿　分　生　们　宁　地　在　充　安　享　这　幸
　　昌　的　受　荣　活　盛　着　新　福　繁

三、啊　百　愈　边　车　的　纺　歌　国　河　旧　来　老
　　你　年　疲　破　上　是　数　水　我　着　祖